辽宁省教育科学"十四五"规划 2024 年度课题：

新文科背景下应用型高校日语专业转型发展研究，课题号 JG24DB173

大学生外语学习的
理论支撑与方法策略研究

张　玥　著

九州出版社

JIUZHOUPRESS

图书在版编目（CIP）数据

大学生外语学习的理论支撑与方法策略研究 / 张玥

著. -- 北京：九州出版社，2025. 3. -- ISBN 978-7

-5225-3722-1

Ⅰ. H09

中国国家版本馆CIP数据核字第202584JR26号

大学生外语学习的理论支撑与方法策略研究

作　　者	张 玥 著
责任编辑	云岩涛
出版发行	九州出版社
地　　址	北京市西城区阜外大街甲35号(100037)
发行电话	(010)68992190/3/5/6
网　　址	www.jiuzhoupress.com
印　　刷	定州启航印刷有限公司
开　　本	710毫米×1000毫米　　16开
印　　张	16.5
字　　数	230千字
版　　次	2025年3月第1版
印　　次	2025年5月第1次印刷
书　　号	ISBN 978-7-5225-3722-1
定　　价	98.00元

　　随着教育模式的变革，以学习者为中心的教学理念在全球范围内日益受到重视，尤其在外语教育领域，这一理念正引领着学术研究和教学实践的新方向。在二语习得的研究中，探索和发展有效的外语学习策略、方法和模式变得尤为重要。这些研究不仅强调学习者从被动接受知识转变为主动探索和构建知识，还强调如何让学习者能够更好地适应并利用这些策略和方法，实现语言学习的效果最大化。

　　对于中国的大学生来说，掌握外语并非仅仅是学术上的需求，更是通向全球舞台的关键。良好的外语能力不仅能够帮助学生拓宽国际视野，还能增强他们在全球化背景下的竞争力和影响力。因此，基于中国国情和大学生的特点进行外语学习策略的研究显得尤为迫切。这些研究需要结合中国的教育背景、文化特点和学生的具体需求，旨在提供更加贴近实际、更具操作性的学习方法，帮助学生在实际应用中更有效地运用外语。在这个过程中，研究者和教育工作者需要密切关注最新的学习理念和学习模式，将理论研究与实际教学紧密结合，形成科学、系统的学习策略和培养方法。同时，还需要关注技术进步对学习策略培养的影响，例如，利用数字化工具和平台提高学习效果，为学生提供更加丰富、更有互动性的学习体验。基于以上条件，大学生才能找到更高效的学习途径，才能够在全球化的时代更好地实现个人发展和职业目标。

　　基于以上目标，本书从多个维度深入剖析了外语学习的理论与实践。第一章涵盖学习的定义、内涵及不同学派的理论基础。从行为主义到人本主义，各种理论透彻地解释了学习过程的心理机制和教育实践的指导原则，为后续章节打下了坚实的理论基础。第二章深入探讨了外语学习的相关概念、重要意义、重要原则和理论假设。本章不仅阐释了学习外语的必要性，还提出了外语学习过程中应遵循的关键原则和理论。第三章分析了内部和外部两大类影响外语学习的因素。通过识别和理解这些因素，学习者可以更有效地调整自己的学习策略和方法，以应对外语学习过程中的各种挑战。第四章致力于介绍和分析不同的外语学习策略。本章不仅系统地分析了各种学习策略，还探讨了如何在教学实践中运用这些策略，以提高教学效果和学习效率。第五章聚焦于大学生外语学习的主要方法，详细讨论了意群中心学习法、重复训练学习法、体验式学习法和项目式学习法等方法的具体应用。这些方法旨在提高大学生的语言应用能力和理解水平。第六章则更加具体地聚焦于语音、词汇、语法和文化等方面的学习方法。这些方法帮助大学生打下坚实的语言基础，为高级语言技能的学习奠定基础。第七章介绍了听力、口语、阅读、写作和翻译等技能的学习方法。本章还特别强调了跨文化交际技能的重要性，这是在全球化背景下尤为重要的一种能力。最后，第八章对大学生外语学习的未来发展趋势、面临的挑战和现实机遇进行了深入分析。本章还讨论了创新技术，如人工智能、互联网等在大学生外语学习中的应用，描绘了一幅未来外语教学和学习的新图景。

　　本书旨在通过全面系统的分析和讨论外语学习的各个方面，为大学生、外语教师和外语教育研究者提供宝贵的参考和指导。通过本书，读者将能够更深入地理解外语学习的复杂性，掌握更多有效的学习策略和方法，从而在外语学习上取得更大的进步。

目 录

CONTENTS

第一章　关于学习的基本理论

第一节　学习的定义与内涵

一、"学习"的起源与演变

在中国文化发展的历史长河中，"学"与"习"两个字各自承载着深厚的文化意涵，它们原是独立使用的汉字，分别描述了知识掌握的不同阶段。若追溯"学"的字形，可见其象形构成，似双手操作算筹，喻示着通过思考、推敲以掌握知识之法。"学"字从本义上讲，就是一种智力活动的过程，它要求人们在面对未知和疑问时进行积极的大脑活动，通过推理和计算达到理解的目的。另外，"习"字的古形似小鸟展翅高飞，给人以勤学苦练、不断尝试之意。它描绘了学习者如同幼鸟初飞，反复练习直至飞翔技巧纯熟的过程。在这个意象中，练习不仅仅是一种机械的重复，更是一种能力的逐步建构，一个通过不断实践，把知识内化为技能的过程。

随着时代的变迁，"学"与"习"这两个概念被合并，共同指向了一个包含了理论学习与实践应用两个方面的综合过程。在这个过程中，不仅需要通过思维的活动获取知识，还需要通过实践活动来巩固和应用这些知识。但是，这一过程在不同的历史时期有着不同的侧重点。例如，在科举制度确立之后，学习的含义逐渐偏向于文本学习和记忆，而实践和技能的培养相对被忽视。

在当代教育中，"学习"不再单一地指向书本知识的积累，而是更加强调知识与能力、理论与实践的结合。现代教育研究表明，有效的学习应该是一种动态的、互动的过程，它涉及认知、情感和身体协调性的全面发展。此外，随着信息技术的发展，学习方式也在不断创新中，如远程在线教育、虚拟现实技术在教育中的应用等，都为学习提供了更为丰富的手段和环境。这些新兴学习方式使得"学习"这一古老的概念焕发出新的生命力。

二、学习的定义

（一）不同学者对学习的定义

不同的学者对学习的概念和本质理解不同，因而对学习所做的定义也呈现出各自的特点，以下列举一些比较有代表性的定义。

加涅认为，学习是人的倾向或能力的变化，这种变化能够保持而不能单纯归因于生长过程。[①]

赫根汉和奥尔森将学习描述为由于不断的练习而导致的行为的相对持久的变化，这种变化的产生是由于练习，而不是由疲劳、药物、损伤等因素所致。[②]

施良方在《学习论》中指出，学习是指学习者因经验而引起的行为、能力和心理倾向的比较持久的变化。这些变化不是因成熟、疾病或药物引起的，而且不一定表现出外显的行为。

彭聃龄在《普通心理学》中阐述，学习是个体在一定情景下由于反复的经验而产生的行为或行为潜能的比较持久的变化。

张厚粲在《心理学》中提出，学习是通过主客观的相互作用，在主体头脑内部积累经验、构建心理结构以积极适应环境的过程，它可以通

---

① 加涅.学习的条件和教学论 [M].上海：华东师范大学出版社，1999：3.
② 赫根汉，亨利.心理学史导论：上 [M].7 版.郭本禹，方红，译.上海：华东师范大学出版社，2020：1-32.

过行为或者行为潜能的持久变化而有所表现。

姚梅林在《学习心理学——学习与行为的基本规律》中描述，学习是因经验而引起的，以心理变化适应环境变化的过程，可通过行为或行为潜能的变化体现出来。

（二）本书对学习的定义

通过分析以上定义的内涵与外延，本书认为学习是一个深刻的心理过程，其核心在于信息和经验的获取、加工、存储以及应用，它涵盖认知、情感和行为技能等多方面的发展。从更广泛的视角看，学习不仅仅是简单的记忆和重复，而是对知识的深化理解和内化，通过这一过程，个体不断构建和重构知识体系，使其能够适应环境，解决问题，并在此基础上创新。

学习依赖于个体对环境的感知和认知能力，这是学习开始的基础。通过感知，个体能够接收外界的信息；通过认知，个体对这些信息进行加工和理解，形成个人的知识结构。这些知识结构并非静态的，它们会随着新信息的接收和旧信息的复述而不断更新和发展。在学习过程中，个体会通过思维的逻辑性和批判性来优化自己的知识结构，提高信息处理的效率和质量。

此外，学习还是一个循环迭代的过程，包括目标设定、策略运用、练习和反馈。在这一过程中，内省扮演着关键角色，使个体能够反思自己的学习路径和方法，评估学习成果，并据此调整学习策略。这种基于反馈的调整是学习效果提升的重要机制。练习和应用则有助于将理论知识转化为实践技能，使个体不仅增强知识的实用性，也加深对知识的理解和记忆。

学习的定义还应该体现其持久性和稳定性。学习导致的变化不是短暂或偶然的，而是经历时间的考验，能够持久存在于个体的行为和思维中。这种变化是基于经验和练习，而非生理成熟或其他非学习因素所导致。因此，学习可以被视为一个长期的发展过程，它要求个体不断地与环境互动，积极地构建和应用知识，从而实现个人的成长和全面发展。

三、学习的类型

从不同的角度出发可以将学习分为不同的类型，每种类型都强调不同的学习特点和方法。以下是一些常见的学习类型。

（一）主动学习和被动学习

1. 主动学习

主动学习是一种以学生为中心的学习方式，学生在学习过程中扮演积极的角色。这种学习方式强调学生的主动参与和自主探索。在主动学习中，学生不是接收知识的容器，而是通过提问、讨论、批判性思维和解决问题来构建自己的知识体系。例如，学生可能会参与到小组讨论中，主动搜索相关资料以支持自己的观点，或者在项目中实际应用所学知识。主动学习还包括实验、模拟和角色扮演等多种形式，这些都要求学生不仅要理解知识，还要能够应用和分析知识。主动学习能够提高学生的参与度和兴趣，帮助他们更好地理解复杂概念，培养批判性思维和创新能力。

2. 被动学习

被动学习通常发生在更传统的教学环境中，学生在学习过程中的主动性较低。在被动学习中，教师通常扮演信息传播者的角色，而学生则是信息接收者。常见的被动学习形式包括听讲座、阅读教科书和观看教育视频。这种学习方式通常注重记忆和理解知识，而不是批判性思考或应用能力的培养。被动学习在某些情况下是有效的，特别是在需要大量吸收和积累基础知识的初学阶段。然而，单一的被动学习可能会导致学生参与度低下和兴趣缺乏，因此通常需要与其他更具互动性的学习方法结合使用，以增强学习效果。

（二）形式学习、非形式学习与非正式学习

1.形式学习

形式学习通常指在正式的教育机构中进行的有组织的学习活动，如学校或大学的课程。这种学习通常有固定的学习计划、明确的学习目标和评价标准。形式学习的特点是通常由专业的教育人员指导，学习内容和进度相对固定，并且有正式的认证或学位授予。形式学习环境提供了系统性和结构化的学习体验，强调基础知识的积累和理论的学习。此外，形式学习也为学生提供了与同龄人交流和合作的机会，有助于社交技能和团队合作能力的培养。但是，形式学习可能在某些方面限制了学生的创造性和自主学习的机会。

2.非形式学习

非形式学习是一种更为灵活和开放的学习方式，它发生在传统教育系统之外，如在线课程、研讨会或成人教育课程。这种学习通常自发性更强，有时是由学习者自主发起的。非形式学习的特点是灵活性和多样性，它为学习者提供了根据自己的兴趣和需求选择学习内容和节奏的机会。此外，非形式学习强调实践和应用，更加关注技能的发展和知识的实际应用。这种学习方式特别适合那些希望继续教育或者在特定领域深造的成年人。尽管非形式学习可能缺乏正式的学历认证，但它在职业发展和个人兴趣培养方面扮演着重要角色。

3.非正式学习

非正式学习是一种自然发生的学习过程，它在日常生活的各种活动中无意识地进行。例如，通过与他人的交流、工作、兴趣爱好，甚至是媒体消费等活动，人们可以学习新的知识和技能。非正式学习的特点是无组织、非系统化，且往往是不自觉的。这种学习方式使学习者能够在真实的情境中学习，有助于培养适应能力和解决现实问题的能力。非正式学习强调学习是一个终身的过程，它可以随时随地发生，不受正式教育结构的限制。尽管非正式学习可能不被正式认可，但它在个人成长和

终身学习中发挥着至关重要的作用。

（三）同步学习和异步学习

1.同步学习

同步学习是一种实时的、交互性强的学习方式。在同步学习中，教师和学生在同一时间参与教学活动。这种学习模式可以通过线上直播课程、视频会议或者实体教室中的传统授课来实现。同步学习的主要优势在于，它提供了即时反馈和实时互动的机会，使学生能够立即向教师提问并获得答复，同时能与同学进行讨论。这种互动不仅促进了学生对知识的理解和消化，还增强了学习的社交元素，有助于构建学习社区和增强学习动力。然而，同步学习的挑战在于它要求所有参与者都必须在同一时间参与，这可能会限制某些学生的加入，尤其是那些时间安排较为紧张或处于不同时区的学生。

2.异步学习

异步学习是指学生可以根据自己的时间表进行学习的模式，如通过访问在线课程平台、观看预录的视频课程、参与在线论坛或通过电子邮件交流。这种学习方式的主要优点是灵活性和便利性，学生可以根据自己的日程安排和学习节奏来安排学习时间。异步学习特别适合自我引导型的学习者，以及那些需要在工作、家庭和学习之间平衡时间的成人学习者。此外，异步学习环境通常提供丰富的资源，如在线文献、互动练习和论坛，支持学生的自主学习。然而，异步学习的挑战在于缺乏即时的反馈和互动，这可能会影响一些学生的学习动力和参与度。

（四）合作学习和个人学习

1.合作学习

合作学习是一种集体学习的方法，学生在小组中一起工作，共同完成项目或学习任务。这种学习模式鼓励学生通过小组讨论、协作解决问题和共享资源来学习。合作学习的优点在于促进了学生之间的社交互动，有助于培养团队合作能力和沟通技巧。在合作学习中，学生不仅从教师那里学习，也从同伴那里获取知识和见解。这种互助和分享的环境可以增加学习的深度和广度，还有助于培养批判性思维能力和创新能力。合作学习的挑战在于确保所有组员都积极参与并公平贡献，有时也需要有效管理团队内部的不同意见和冲突。

2. 个人学习

个人学习是一种独立的学习方式，强调学生的自我引导和自我管理。在这种学习模式下，学生独立完成学习任务，如阅读课程材料、完成作业和项目。个人学习的主要优点是具有高度的个性化和自主性，学生能够根据自己的学习风格和兴趣来探索和深入学习。这种学习方式特别适合那些有明确学习目标和较强自律能力的学生。个人学习还有助于培养学生的独立思考能力和自学能力，这些能力对于终身学习至关重要。然而，个人学习的挑战在于可能缺乏外部的动力和支持，学生需要更多的自我激励和更强的时间管理能力来维持学习的连续性和效率。

（五）理论学习和应用学习

1. 理论学习

理论学习是专注于理论知识和概念理解的学习方式，强调对基础原理、理论框架和抽象概念的深入掌握。在理论学习中，学生主要通过阅读文献、听讲座和参与讨论来学习。这种学习方式的核心在于打下坚实的理论基础，有助于深入的专业学习。理论学习强调逻辑推理、批判性思维和分析能力的培养，帮助学生形成系统化的知识结构，理解复杂概念和理论间的联系。此外，理论学习也是培养学术研究能力的重要步骤，它为学生提供了理解和评估专业领域内研究和实践的必要知识。然而，理论学习可能会缺乏实际应用的环节，因此需要与实践活动相结合，以增强理论知识的实用性和培养学生的应用能力。

2. 应用学习

应用学习强调将理论知识应用于实际情境，如通过实验、案例研究和实地考察等方法。这种学习方式使学生能够将理论知识转化为实际技能和实践经验，从而加深对理论的理解并增强应用能力。在应用学习中，学生有机会通过实际操作来解决实际问题，这不仅能增强学习的趣味性和参与度，还能帮助学生提升解决问题的能力、创新思维和团队协作能力。例如，在实验室进行实验、参与项目工作或在实习中应用所学知识，都是应用学习的实例。应用学习特别适合于那些需要将理论知识转化为实际操作的领域，如工程、医学和商业等。它鼓励学生探索理论与实践之间的联系，为将来的职业生涯和专业发展打下坚实的基础。应用学习的挑战在于需要合适的实践机会和适当的指导，以确保学生能够在安全有效的环境中学习和发展。

第二节　行为主义学习理论

一、行为主义学习理论概述

（一）行为主义学习理论的提出和发展

行为主义学习理论始于 20 世纪初，是心理学领域的重要理论。这一理论由约翰·华生于 1913 年首次提出，标志着心理学研究的一个重要转变——从内心活动转向可观测和可测量的外在行为。华生的这一理论，强调了刺激与反应之间的关系，即人类和动物的行为可以通过外部环境的刺激来预测和控制。20 世纪 50 年代，这一理论达到了发展的高峰，部分原因是 B.F. 斯金纳的贡献。斯金纳在其著作《言语行为》中详细介绍了操作性条件反射的机制，这是一种基于后果的学习方式，即行为受到其结果的影响而变化。斯金纳通过实验展示了如何通过强化（奖励或惩罚）来增加或减少特定行为的发生率，从而推动了行为主义学习理论在全球的影响和应用。

行为主义学习理论主要由三个部分组成：试错学习理论、经典条件反射学习理论和操作性条件反射学习理论。这三部分共同构成了心理学中的联结主义学说，即行为是通过个体与环境之间的互动而学习的。尽管行为主义学习理论在心理学史上占有重要地位，但随着时间的推移，它也受到了一些批评和挑战。例如，认知心理学的兴起强调了内在心理过程的作用，认为学习不仅仅是外在刺激和行为的简单联系，还涉及认知过程，如思考和记忆。此外，神经科学的发展也为我们理解大脑如何处理学习和记忆提供了新的视角。尽管如此，行为主义学习理论仍然是心理学和教育领域中一个非常重要的基础理论，对行为改变、教育实践和治疗干预等领域产生了深远的影响。

（二）行为主义学习理论的关键因素

在行为主义学习理论中，环境和条件因素起着至关重要的作用，它们主要表现为尝试性、充裕性和适当性三个特点。

1. 尝试性

尝试性强调了学习过程中的挑战与适应。在学习的过程中，个体经常遭遇各种挑战，如新信息的吸收、复杂技能的掌握等。这些挑战要求个体不断尝试和调整自己的行为，以克服困难。例如，在学习新语言时，学习者可能初期难以掌握发音和语法，但通过不断练习和尝试，可以逐渐克服这些难题。尝试性的环境鼓励个体去探索、实验并从错误中学习，从而逐步改善和优化学习行为。

2. 充裕性

充裕性指的是学习环境要提供充足且合适的资源和条件，以满足学习过程的需求。一个充裕的学习环境不仅提供必要的物理资源，如书籍、工具、技术设备等，还包括心理和社会支持，如鼓励、指导和同伴交流等。例如，在学习编程时，理想的环境不仅应提供必要的计算机硬件和软件，还应包括可访问的教程、专业指导和可以交流想法的社群。这样的环境使得学习者能够在具有充足资源的条件下更好地掌握知识和技能。

3. 适当性

环境和条件因素必须与学习的目标和内容相匹配。这意味着学习环境应该根据学习内容的特性和学习者的需求进行调整。例如，在教授儿童基础数学时，使用生动的视觉辅助材料和游戏化的学习方法会更加有效。适当性还涉及学习节奏和难度的调整，以确保学习者不会感到压力大或无聊。通过提供与学习内容和学习者能力相匹配的环境，可以促进有效学习并激发学习者的兴趣和动机。

二、行为主义代表人物及主要理论

（一）桑代克与试误学习理论

1. 桑代克

爱德华·桑代克是一位具有开创性意义的美国教育心理学家，被认为是"教育心理学之父"。他的工作为现代教育心理学的发展奠定了基础，特别是在学习理论方面。

桑代克的学术生涯始于 1896 年，当时他的研究主要集中在动物学习上。他的早期研究，尤其是对动物（如猫和鸡）的观察，使他得出了对学习过程中试错方法的初步理解。这些实验对后来的学习理论产生了重要影响，其中最著名的是他的"迷笼"实验，该实验展示了动物如何通过试错来解决问题。桑代克的研究不仅仅局限于动物行为。随着时间的推移，他开始将注意力转向人类学习，对教育心理学做出了深远的贡献。他于 1903 年出版的《教育心理学》一书，是他在这一领域的开创性作品。该书不仅确立了桑代克的学术地位，还标志着现代教育心理学的诞生。在这本书中，桑代克详细阐述了对学习过程的看法，包括著名的学习定律，如准备律、练习律和效果律，这些都对后来的教育实践和理论产生了深远的影响。

桑代克的工作以其对学习机制的深入洞察而著称，特别是他关于如何形成和强化学习联结的观点。他的研究方法和发现不仅在心理学和教育领域产生了广泛影响，也为行为主义心理学的兴起铺平了道路。

2. 试误学习理论

试误学习理论是由桑代克通过对动物的一系列实验提出的，如饿猫迷笼实验等，他通过这些实验证明了学习过程是通过刺激情境与正确反应之间的联结来实现的。试误学习理论是一个深刻阐述了学习过程中行为和环境相互作用的理论，特别强调了准备律、练习律和效果律这三大定律。

（1）准备律。准备律强调了学习过程中初始态度和心理准备的重要性。根据桑代克的观点，学习者在学习初期的情绪和心态对学习成果有显著影响。当学习者对学习内容感到好奇或有兴趣时，他们更容易与所学内容建立有效的联系，从而使学习过程顺利进行。相反，如果学习者对学习内容感到厌烦或不感兴趣，他们可能难以建立起有效的学习联结，导致学习效果不佳。因此，创造一个激发学习者兴趣和好奇心的环境是至关重要的，它有助于学习者在学习过程中保持积极和专注。

（2）练习律。练习律涉及学习过程中的重复和持续实践。桑代克将其细分为应用律和失用律。应用律表明，通过重复练习，学习者可以强化学习内容与其行为之间的联系。例如，一个人通过反复练习钢琴曲目，可以更熟练地演奏它。相反，失用律指出，如果学习者停止练习，已建立的联系可能会逐渐减弱，甚至遗忘。这就解释了为什么长时间不练习某项技能会导致技能退化。因此，持续的练习对于保持和提高学习效果至关重要。

（3）效果律。效果律关注的是行为之后的结果对学习过程的影响。桑代克认为，一个行为如果带来满意的结果，那么这个行为更有可能在将来被重复。例如，如果一个学生在考试中取得好成绩，这种成功的体验可能会激励他们在未来更加努力学习。相反，如果行为的结果不令人满意，这种行为在将来可能会被避免。桑代克的这一观点也表明，正面的反馈和奖励在学习过程中起着重要的激励作用，而惩罚并不总是有效的促进学习的工具。因此，创建一个积极的反馈环境，鼓励和奖励学习者的进步，是促进有效学习的关键。

（二）巴甫洛夫与条件反射学习理论

1.巴甫洛夫

伊万·彼得罗维奇·巴甫洛夫是一位俄罗斯生理学家和心理学家，尽管他最初的专业领域是医学和生理学，但他在心理学领域的贡献尤其显著。巴甫洛夫出生于1849年，是行为心理学的先驱之一，以其关于条件反射理论的研究而闻名于世。他的理论和实验方法论为后来的科学家提供了一个理解和研究行为的框架。尽管他的大部分工作都集中在动物实验上，但他的发现和理论对理解人类行为和心理过程也有深远的意义。

2.条件反射学习理论

巴甫洛夫最知名的实验是关于古典条件作用的研究，这种现象后来也被称为"巴甫洛夫条件作用"。这些实验最初是在研究消化过程中的唾液分泌时进行的。巴甫洛夫注意到，狗在看到食物或喂食它们的实验助手时会开始分泌唾液。这一观察激发了他对这种自动反应机制的深入研究。在实验研究中，巴甫洛夫通过将铃声（一个中性刺激）与给狗食物（一个自然引起唾液分泌的刺激）配对，展示了如何训练狗对原本中性的刺激产生条件反应。经过一系列的重复训练后，狗开始在没有看到食物仅听到铃声的情况下也会分泌唾液。这就是经典条件反射形成的过程。

在实验中，条件反射的形成说明动物学会了对刺激信号做出反应。巴甫洛夫认为学习是条件刺激（铃声）与条件反应（唾液分泌）之间形成的联系，这里的联系是暂时神经联系。也就是说，学习是大脑皮层暂时神经联系形成、巩固和恢复的过程。

条件反射学习理论是帮助人们理解学生学习行为的重要途径。这种理论主要指出，动物或人类可以通过关联刺激和反应来学习特定行为。

在教学环境中，这种理论的应用表现为教师通过正向刺激，如奖励和鼓励，来促进学生形成积极的学习行为。通过条件反射，学生可以将学习内容与愉悦的情绪联系起来。例如，当教师在解释某个概念时伴随着鼓励和表扬，学生可能会发展出对这个学习内容的积极态度，进而增强学习动力。条件反射也可以用来纠正学生的不适当行为。当学生展现出负面行为时，教师可以通过提供负反馈或改变教学策略来引导学生形成正确的行为模式。

然而，应用条件反射学习理论时也需要注意其局限性。这种学习方式可能导致学生对奖励过度依赖，而忽视了内在的学习动机和自我驱动的重要性。因此，教师在运用条件反射理论时，应平衡外在刺激和内在动机的关系，鼓励学生发展自我调节和自我激励的能力。此外，条件反射学习理论的有效性也取决于教师如何设计和实施学习活动。教师需要创建一个支持性的、积极的学习环境，同时确保学习活动能够充分吸引学生的注意力和兴趣。这包括使用各种教学方法和材料，以及调整课堂动态以满足学生的不同学习需求。

（三）斯金纳与操纵性条件学习理论

1.斯金纳

伯尔赫斯·弗雷德里克·斯金纳，美国心理学家，是现代行为主义心理学派的重要代表之一。斯金纳生于1904年，逝于1990年，他的理论和实验对心理学特别是行为分析领域产生了深远的影响。斯金纳最著名的贡献是对操作性条件作用的研究。除了操作性条件作用的研究，斯金纳还在教育、心理治疗和社会政策等领域做出了贡献。他是行为主义心理学的坚定拥护者，认为心理学研究应专注于可观察的行为，而非内部心理状态。他的一些观点在学术界引起了广泛的争议，特别是关于自由意志和决定论的问题。斯金纳的著作众多，包括《超越自由和尊严》和《行为的科学》，这些作品对心理学理论和实践都产生了深远的影响。尽管他的一些理论在现代心理学中受到了质疑和修正，斯金纳仍然被认为是 20 世纪最重要的心理学家之一。

2.操纵性条件学习理论

操纵性条件学习理论，也称为操作性条件作用，是一种心理学理论，它关注的是行为和其随后的后果之间的关系。这种学习理论的核心在于，个体的行为受到其产生的结果的影响。如果一个行为产生了积极的结果，那么这个行为在将来被重复的可能性增加；相反，如果一个行为带来了消极的结果，那么这个行为在未来出现的概率则会减小。这种学习过程是通过个体与环境的相互作用实现的，其中，环境对个体行为的反应起着关键的作用。

操纵性条件学习理论强调了"强化"的概念。强化既可以是积极的，也可以是消极的。积极强化指的是在行为之后添加一个愉快的刺激，从而增加这种行为在未来发生的可能性。例如，当学生在考试中取得好成绩后得到奖励，他们未来勤奋学习的动力可能会增强。相反，消极强化涉及移除一个不愉快的刺激以增加某种行为发生的概率。比如，当学生完成作业后不再受到家长的催促，他们可能会更倾向于在未来及时完成作业。

在教学中应用操纵性条件学习理论时，教师可以通过奖励和惩罚来调节学生的行为。例如，教师可以通过给予表扬或奖励来增强学生的积极学习行为，或者通过批评或减少特权来减少学生的消极行为。这种方法可以有效地引导学生形成所需的学习习惯和行为模式。然而，过分依赖奖励和惩罚可能会导致一些问题。例如，学生可能会变得过于依赖外部奖励，而忽视内在动机的重要性。此外，过度的惩罚也可能导致学生产生恐惧和厌学情绪。因此，在运用操纵性条件学习理论时，教师需要平衡外部激励与内在动机，创造一个积极的、支持性的学习环境，以促进学生全面发展。

第三节 认知主义学习理论

一、认知主义学习理论概述

认知主义学习理论在教育心理学中占有重要地位，它与行为主义学习理论形成鲜明对比。行为主义理论关注外在行为的变化和强化，而认知主义则强调内在的心理过程和知识结构。这种理论源自格式塔心理学派，在一段时间并不被人重视，但自 20 世纪 50 年代中期以来，随着诸如杰罗姆·布鲁纳、戴维·保罗·奥苏贝尔等心理学家的努力，再次获得了学术界的广泛关注。

认知主义学习理论认为，学习是一个涉及心智的积极过程。在这个过程中，个体面对问题情境进行内部的信息加工和知识组织，从而形成和发展认知结构。这种理论不仅仅关注刺激与反应之间的直接联系，而是强调这种联系是通过内在的心理活动，如感知、记忆、思考等来实现的。因此，学习被视为一种内部认知的变化，而不仅仅是外在行为的变化。此外，认知派的学者还强调学习行为的中间过程，如学习者的目的、动机，以及学习材料的意义等。他们认为，这些因素是学习过程中的关键变量，对学习效果有着直接的影响。在这个视角下，教学策略也应关注如何促进学生的内部认知过程，而不仅仅是强化外部行为。

二、认知主义代表人物及主要理论

（一）克勒的顿悟说

克勒的顿悟学习理论在心理学和教育领域具有深远影响。该理论的核心观点是，学习并非仅仅是通过简单的刺激和反应的联结，而是一种通过对问题的整体性理解而突然发生的认识过程。这一理论最初是通过对黑猩猩解决问题的方式的观察而提出的。其中，克勒强调，动物在面对问题时能够通过顿悟来重新组织其知觉经验，从而找到解决问题的方法。这一观点颠覆了之前普遍认为的通过试错学习的理论。

从实际应用的角度来看，克勒的顿悟理论强调了学习者理解学习内容本质特征的重要性。在教学中，这意味着教师应当引导学生掌握知识的核心和本质，而不仅仅是表面的事实和信息。这种深层次的理解有助于知识的长期记忆和应用，使学生能够在不同情境中灵活运用所学知识。

克勒的顿悟学习理论存在以下几点局限性。

一是顿悟与尝试错误的关系。克勒的理论过分强调顿悟的作用，而忽略了尝试错误过程的重要性。在现实中，学习往往是一个动态的过程，涉及多种策略的综合应用。尝试错误是学习过程中一个重要的环节，特别是在面对复杂问题时。这一过程通常涉及外显的行为特征和操作方式的探索，而顿悟则发生在心理活动层面，是对问题的突然理解或洞察。实际上，尝试错误和顿悟常常是相互交织的，一个完整的学习过程可能从尝试错误开始，最终通过顿悟达到理解。

二是缺乏对心理活动机制的详细解释。克勒的顿悟学习理论在描述灵感或顿悟的突然闪现方面做得很好，却没有充分阐释这种心理活动的来源和实际步骤。换句话说，虽然顿悟被视为学习的关键时刻，但克勒没有清晰地展示这种顿悟是如何形成的，包括心理过程和认知机制在内的背后动因并未被详细解释。这使得该理论在指导具体教育实践和深入理解学习过程的机制方面存在局限。

三是对学习相关问题研究的不足。虽然克勒的顿悟学习理论在理解学习过程的某些方面提供了新的视角，但对于学习过程中的其他重要方面的研究却相对缺乏。这包括学习动机、情感因素、社会文化背景等对学习过程的影响。这种缺乏全面性限制了顿悟学习理论在更广泛的教育和心理学应用中的有效性，因为学习是一个多方面、复杂的过程，涉及多种因素的交互作用。

（二）布鲁纳的认知发现说

杰罗姆·布鲁纳，作为美国认知心理学领域的关键人物，对教育心理学的发展产生了深远影响。1990年，他与乔治·米勒共同在哈佛大学成立了认知研究中心，进一步推动了这一领域的研究。布鲁纳在教育领域的贡献尤为突出，特别是在1959年美国国家科学院举办的中小学数理课程改革会议上。作为会议主席，布鲁纳在1960年发表的《教育过程》报告，不仅深刻影响了当时美国中小学的教学改革，而且对全球范围内的教育实践产生了显著影响。

布鲁纳的学术著作包括《思维的研究》《认知心理学》和《发现的行为》等，都深入探讨了学习过程中的认知结构形成。在布鲁纳看来，学习是一个以学生为中心的过程，在学习中，学生积极地构建自己的认知框架。其认知学习理论主要有以下观点。

1. 学习是主体主动构建起新的认知结构的过程

在布鲁纳的认知学习理论中，学习被视作一个积极的、主体性的认知结构构建过程。这种观点强调学生在学习中的主动角色，而不是仅仅作为被动的知识接收者。学生的认知结构包括他们的概念体系和知识内容，这种结构的形成需要学生进行主动的认识活动。在这个过程中，学生不断地发展和完善自己的认知结构，这一过程涉及类别的建立和编码系统的形成。从布鲁纳的视角来看，学习新知识的过程基于已有的认知结构，涉及新知识的获取、知识的转化和评价。这一过程不仅仅是记忆或理解，而是一个更为复杂和动态的知识构建过程。

2. 学习应是学习学科的基本结构

布鲁纳还提出了关于学科基本结构的学习观点。他认为知识具有层次结构，学科之间存在相互联系。因此，理解一门学科的关键在于掌握其基本结构。这种理解方式允许学生即使面对特殊或难以理解的内容时，也能够通过已有的知识框架来进行理解。在教学过程中，教师应当强调知识的概括性，帮助学生构建一个有效的编码系统，并清晰地梳理学科的层次结构。这一点对于学生深入理解学科内容非常重要，尤其是在他们无法详细学习所有知识的情况下。

3. 强调在学习中主动发现并构建认知结构

布鲁纳特别强调了学习中的主动发现和认知结构的构建。他认为，学生对学习内容的兴趣是持续学习和深入研究的关键。当学生对某个学科产生兴趣时，他们会主动学习相关的知识、原理和规律。在这个过程中，学生不仅利用教材，还会进行独立思考，这有助于他们根据已有知识解决问题并提升自身能力。因此，激发学生的兴趣和主动性是实现有效学习的关键要素之一。

（三）奥苏伯尔的认知同化论

奥苏伯尔的认知同化理论在教育心理学领域占有重要地位，其核心观点是学习是认知结构的重组过程。这一理论突出了已有认知结构在学习新知识中的重要作用，并强调学习材料内在逻辑关系的重要性。在奥苏伯尔的视角中，学习不仅是获取新知识的过程，更是新知识与旧知识之间发生相互作用、同化和重组的过程，这一过程最终导致学生对知识的新理解和新意义的形成。

奥苏伯尔区分了机械学习和有意义学习两种类型。机械学习关注记忆和重复，主要涉及文字符号之间的表面联系。相比之下，有意义学习则更侧重于深层次的理解和逻辑意义的获得。在有意义学习中，学生不仅需要理解学习材料本身的逻辑意义，还要将这些材料同化进自己已有的认知结构中。这种同化过程涉及使用已形成的认知结构来吸收和重新组织新的知识，从而使学生的认知结构经历改变和发展。

同化过程是有意义学习的关键。在这个过程中，新的知识被纳入并重新编排在学生现有的认知框架中。这不仅仅是添加新知识的过程，更是深层次的知识重构和重新理解的过程。学生的现有知识基础对新知识的同化起着决定性的作用，如果没有相关的认知基础，新知识就难以被有效地同化和理解。此外，奥苏伯尔还讨论了接受学习的概念。在接受学习中，学生主要通过接受已确定的事实和概念来学习，这种方式强调学生将接受的新知识内化到自己的认知结构中。这种学习方式与发现学习不同，后者更侧重于学生的自主探索和实践。

奥苏伯尔认为，接受学习和发现学习既可能是有意义的学习，也可能是机械的学习。奥苏伯尔更倡导使用有意义的接受学习法和发现学习法来学习。教师在教学过程中应为学生提供高质量的学习材料，便于学生学习和吸收。奥苏伯尔将这种强调接受学习的方法称为"讲解教学"。

在应用有意义学习理论的教学实践中，教师需重视引导学生主动思考，这是实现有意义学习的核心环节。采用恰当的教学策略不仅能够开阔学生的思维视野，还能激发他们的创新思维，从而提高他们在各个方面的思维训练和问题解决的灵活性。实践证明，积极引导学生开展深入思考有助于他们更好地掌握真正的知识，进而达到有意义的学习效果。在课堂上，教师应着力激发学生的学习潜能。这包括在教学语言和非教学语言的使用上进行恰当的搭配，以及创造积极的教学氛围。教师应通过自身情感的传递来激发学生的情感，促使他们积极参与学习过程，充分发挥他们的主观能动性。

然而，奥苏伯尔的有意义学习理论也存在一些局限。

一是这一理论的适用范围较为有限，主要适用于陈述性知识的学习，而不适合技能、操作技巧或行为模式等领域的学习。

二是尽管课堂讲授和自主阅读都是有效的学习方式，但奥苏伯尔的理论更多地集中在前者，忽视了自主阅读在知识获取中的重要性。

三是奥苏伯尔的理论主要集中在知识的学习和教学方面，而较少涉及智力开发和学生能力培养等方面，因此该理论在全面提升学生综合素质方面存在一定的不足。

（四）加涅的学习条件论

罗伯特·加涅的学习条件论是现代认知派学习理论的重要组成部

分，其理论核心在于把学习视作一个信息处理过程，强调了外部和内部条件在学习过程中的重要作用。加涅认为，学习是将外部输入的信息转化为个人记忆结构的过程。这一过程不仅受到外部环境因素的影响，如输入信息的结构和形式，也受到学习者内在条件的制约，如已有的知识、技能、学习能力及动机等。

在加涅的理论框架中，学习被划分为不同的层次，包括从简单的低级学习到复杂的高级学习。他认为，低级学习为高级学习奠定基础，且每一阶段的学习都涉及特定的心理过程和外部因素。加涅提出的学习过程包括动机、领会、习得、保持、回忆、概括、操作和反馈等阶段，每个阶段都有其独特的内部心理活动和外部条件需求。这一过程的有机联系系统强调了不同阶段间的连续性和相互作用。

在教育实践中，加涅的学习条件论为教师提供了指导原则。教师需要深入理解学习过程中的各个阶段，并根据学生在不同学习阶段的特点，设计和提供适宜的外部学习条件。这意味着教师不仅是知识的传授者，还是学习环境的设计者、管理者和学生学习的评价者。加涅的理论强调教师在教学过程中应综合考虑学生的内部条件和外部环境，创造有利于学生学习的环境，从而提升教学效果和学习质量。

加涅的学习条件理论为理解学习过程中的复杂性和动态性提供了深刻的洞见，尤其是在如何结合学生的内在需求和外部环境来设计有效的学习体验方面。这一理论不仅有助于提升学生的学习效果，还为教师的教学设计和实践提供了宝贵的指导。通过对学习条件的深入理解，教师可以更有效地促进学生的学习进步，帮助他们达到学习目标。

加涅提出的信息加工学习论着眼于学生如何选择认知模式以及如何在处理信息时做出正确的反应；信息加工学习理论对信息的选择和学生的认知过程也十分关注。因此，在学习方法方面，信息加工学习理论认为教师应充分指导学生，使学生能够根据教学呈现进行学习。在指导学生学习的过程中，教师应采取如下一系列有效策略以确保学习的有效性和高效性。

首先，深入了解学生的基础知识。这一点至关重要。教师需要评估学生目前的学习水平，以判断他们是否具备理解更高阶段知识的能力。在教授新知识之前，教师应鼓励学生复习和回顾已经掌握的知识和认知结构，为学习新知识打下坚实的基础。

其次，教师应帮助学生做好学习的心理准备。通过使用不同的激励手段，如正向强化，教师可以吸引学生的注意力并激发他们的内在学习动机。这样，学生可以对即将接受的学习内容和刺激做好准备，从而提高学习效率。

再次，教师在教学中应适时给予刺激和提示。在学生回忆已学知识和认知结构后，教师应开始教学任务，并提供相关的提示以刺激学生的学习兴趣和思考。

最后，学习过程中的反馈十分重要。加涅强调，学习后的反馈对提高学习效果非常关键。反馈可以采取多种形式，如教师对学生作业的批改和评价，以及在课堂上对学生反应的即时反馈等。这些反馈有助于学生了解自己的学习情况，从而更有效地学习。

第四节　建构主义学习理论

一、建构主义学习理论概述

建构主义学习理论在现代教育领域中扮演了重要的角色，尤其是在改变传统的教学方法和提升学习质量方面。这一理论的核心在于，学习不仅仅是从外部世界接收和吸收知识，而是一个涉及学习者主动建构和重组知识的过程。建构主义的提出是对行为主义学习理论的扩展和深化。行为主义关注的是外部刺激与反应之间的联系，看重教育者向学习者传授客观世界的知识。相比之下，建构主义更加强调学习者在学习过程中的主动性和创造性，重视学习者现有知识对新知识获取的影响，以及个体内部的认知活动。

建构主义学习理论认为，知识不是被动接受的，而是通过学习者的主观建构产生的。这意味着学习者对于知识的理解是基于他们自身经验和现有知识所进行的主动建构。在这一过程中，教师的角色从传统的知识传递者转变为引导者和协助者。教师不再是单向的知识提供者，而是通过激发学生的思考，引导学生进行探索和发现，帮助学生将新知识融入他们已有的认知框架。

此外，建构主义学习理论还强调学习是一个互动的过程，这种互动不仅发生在教师和学生之间，也发生在学生与学生之间，甚至是学生与学习环境之间。在这个过程中，学生不仅学习知识，更通过交流和合作发展批判性思维和问题解决能力。这种互动的学习方式促进了学生对知识的深层次理解和应用，有助于学生形成更为完整和灵活的知识结构。因此，建构主义学习理论为现代教育提供了一种更为全面和有效的学习和教学方法。

二、建构主义代表人物及主要理论

（一）皮亚杰的发生认识论

瑞士著名心理学家皮亚杰最早提出了发生认识论。发生认识论是一种关注于个体知识构建和认知发展的理论。皮亚杰的理论主张，认知发展不仅仅是外部经验的简单积累，而是个体在与环境的互动中的主动建构过程。他强调了个体在自身认知发展中的积极作用，认为个体通过主动探索和思考，能够构建有意义的知识和认知结构。

皮亚杰的理论认为，个体的学习和认知发展与其自身发展水平密切相关。学生在学习过程中犯错被视为一种正常且有益的现象，因为错误是个体自我调节和达成认知平衡的重要途径。通过错误，学生可以重新审视和调整自己的知识结构，从而更好地理解和吸收新信息。皮亚杰的这一观点强调了学习过程中自我发现和自我修正的重要性，认为这是个体认知成长的关键部分。

皮亚杰的发生认识论对儿童的认知和概念形成过程进行了深入研究，指出儿童是通过与环境的互动和自我探索来构建知识的。这一理论对教育领域产生了深远影响，特别是在儿童教育和发展心理学方面，促进了对儿童认知发展的深入理解，并为设计适应儿童发展阶段的教育策略提供了理论基础。总的来说，皮亚杰的发生认识论不仅丰富了认知心理学的理论，也为教育实践提供了重要的指导原则。

（二）维果茨基的文化历史发展理论

列夫·维果茨基的文化历史发展理论在心理学和教育领域占据着核心地位。该理论的核心观点在于个体的学习和发展是在特定的社会历史文化背景中进行的，强调了社会交往在人类心理发展中的重要性。维果茨基认为，个体的发展不仅仅是内在的生物过程，更是一个深受文化和社会环境影响的过程。

维果茨基提出了关于个体发展的两个关键概念：现实发展水平和潜在发展水平。现实发展水平指的是个体在独立情况下所能达到的成就，而潜在发展水平则是指在成人或更成熟个体的协助下，个体所能达到的潜力。两者之间的差距被称为"最近发展区"，这是个体潜力发展和学习发生的关键领域。在这一理论框架下，维果茨基强调了社会交往和活动在推动人的高级心理机能发展中的重要作用。

维果茨基的理论与建构主义理论在很多方面是互补的，特别是在如何将学习和知识建构的过程放置在文化和社会背景中来理解。维果茨基的研究为如何将建构主义理论应用于实际的教学过程提供了理论基础，强调教师在促进学生发展中的作用不仅仅是知识传授者，更是激发学生潜能、帮助他们跨越最近发展区的引导者。这一理论的实践意义在于，它提供了一个框架，帮助教师和教育者理解学生在不同文化和社会环境下的学习需求和潜力，从而更有效地支持他们的发展。

三、建构主义学习理论主要观点

（一）建构主义知识观

知识是人们对客观世界现有的解说和看法，因此无法绝对准确地概括世界的法则。知识也不是对现实纯粹客观的反映。例如，语言并非绝对事实的表征，它需要具体问题具体分析，并通过实际情境对原有的知识进行再创造。

建构主义学习理论提出了一种全新的知识观，它质疑了知识的客观性和确定性，强调知识的主观性和动态性。这主要体现在以下三个方面。

一是它认为知识并非对现实的直接映射或完美表达，而是对现实的理解和推测。这种理解表明，知识总是在变化中的，随着社会和科技的发展，旧的理解和假设会被新的认知所取代。

二是建构主义强调知识不是简单地总结或概括世界法则的工具，而是需要根据不同的具体环境和情境进行适应和重构。这意味着知识并不是一成不变的，而是需要在不同环境下重新解释和应用。

二是建构主义认为知识并非独立于个体存在的客观实体。即使某些知识被普遍接受和认可，也不意味着每个个体对这些知识的理解是相同的。个体的理解是基于自身的经验和背景构建的，因此，在不同的学习环境和历程中，个体对相同知识的理解可能截然不同。

在这种知识观下，建构主义强调个体在学习过程中的能动性和主动性。知识的获取不是被动接收的结果，而是个体在实践活动中通过主动探索和建构得来的。这种观点改变了传统教育对知识的理解，认为教科书中的知识仅仅是对现象的一种可靠假设，而非解释现实的绝对模板。科学知识虽然包含真理性，但并非绝对正确的答案，它仅仅是对现实的一种可能正确的解释。

建构主义的这种知识观对传统的教学和学习提出了挑战。它主张学生应该通过自己的经验和信念来分析和理解知识，而不是仅仅依赖于教科书、教师或科学家的权威。学生的学习不只是对新知识的理解，而是包括了对新知识的分析、检验和批判。此外，建构主义还认为，在不同的情境下，知识不能简单地套用，学习者需要不断深化对知识的理解，掌握其在具体情境中的复杂变化。

（二）建构主义学习观

建构主义学习观的核心在于，学习是一个主动的、建构性的过程，其中学生不仅仅是信息的被动接收者，而是积极的参与者。在这个过程中，学生根据自己先前的经验和知识基础来解读和理解新的知识。这意味着，每个学生在学习过程中都会有独特的理解和体验，因为他们通过个人的过滤器——由过去的经验和理解构成——来诠释新的信息。在建构主义学习观下，学习不再是简单的记忆或者机械的知识吸收，而是一个涉及批判性思维和主动学习的过程。学生需要对新知识进行分析、比较和重新编码，以便将其有效地融入现有的知识结构。这种方法鼓励学生不仅要理解新知识，而且要能够运用新知识解决问题，创造新的意义。

建构主义者认为世界是客观存在的，但由于个人的经验背景不同，导致对外部世界的理解有所差异，面对同样的问题时会产生不同的看法，因此教师单纯传授知识的教学方法在一定程度上阻碍了学生建构知识。建构主义学习理论主要由以下四个要素构成，如图 1-1 所示。

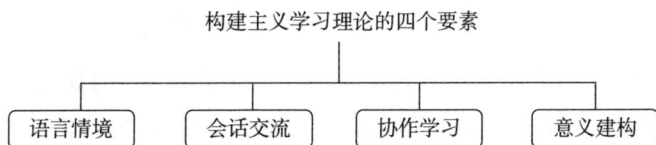

图 1-1　建构主义学习理论的四个要素

1.语言情境

语言情境在建构主义学习中扮演着至关重要的角色。它不仅提供信息的背景，更是构建知识的重要场景。教师在创设语言情境时，需要考虑如何利用现代多媒体工具，如声音、动画、图像和影视等，来增强信息的表达和传达，使学生能够在一个更加生动、直观的环境中学习。通过这样的情境设置，学生可以更加深入地理解和吸收新知识，实现知识的内化。此外，教师还需要设计具有挑战性和吸引力的学习环境，刺激学生的学习兴趣，激发他们的主动探索精神。有效的语言情境不仅能提升学生的学习效果，还能帮助他们将新知识与已有的知识经验相结合，促进其深层次的思考和理解。

2.会话交流

会话交流是建构主义学习的核心要素。它不仅是课堂上语言训练的重要组成部分，也是促进知识建构的关键环节。在这个过程中，教师和学生之间的互动至关重要。教师需要引导学生主动探索和发现，通过问题引导和讨论促进学生的思维活动。在这样的互动过程中，学生被鼓励对新知识进行批判性思考、分析和评价。同时，教师应为学生提供丰富的信息资源，支持学生的多元化学习和个性化学习。在会话交流的过程中，教师应尊重学生的创新意识，鼓励学生积极参与讨论，以实现知识的深层次构建和共享。这种教学方法不仅能促进学生的认知发展，还有助于培养他们的沟通能力和团队协作能力。

3.协作学习

协作学习是建构主义学习理论的重要组成部分，它强调了学习过程中学生之间的合作与互助。在协作学习的环境下，学生不是孤立地学习，而是在一个团队中与他人共同工作，通过集体智慧解决问题。这种学习方式促进了学生之间的交流和信息共享，使学生能够从不同的角度理解和探讨问题。协作学习不仅提高了学生的学习效率，还有助于培养他们的社会交往能力和团队协作能力。

在协作学习中，教师的角色是引导者和协调者，而非传统意义上的知识灌输者。教师需要设计合适的协作任务和活动，鼓励学生在小组内积极讨论和分享，同时要关注每个学生的参与和进步。教师可以通过多种多样的教学方法和媒介，如项目式学习、问题导向学习、角色扮演等，来促进学生之间的互动和合作。这种教学模式强调学生的主动参与和自主学习，有助于学生形成深层次的理解和长期的记忆。

4. 意义建构

意义建构是建构主义学习理论的另一核心要素，它关注学生如何在学习过程中形成对知识的深刻理解和应用。在这个过程中，学生不仅仅是接收和记忆信息，而是需要将新的信息与自己先前的经验和知识结合起来，形成个人的理解。意义建构强调学习的情境性，即学生应该在真实或模拟的情境中学习，以便更好地将所学知识应用于实际生活。教师在这一过程中需要不断更新教学观念，利用现代化的教学工具和资源，如多媒体技术，为学生提供丰富的学习材料和实践机会。

（三）建构主义学生观

建构主义学生观深刻地改变了传统教育对学生的看法。在这一观点中，学生被视为拥有丰富经验和个体差异的主体，而非空白的接受者。这种观点认为，学生在走进教室之前就已经通过日常生活和以往的学习积累了大量的经验。这些经验不仅涉及基本的日常活动，还包括对自然界和社会现象的个人理解。即便面对新的问题，学生也能够运用已有的经验和逻辑推理能力，对问题做出合理的假设和解释。

在建构主义的学生观中，教师不是将信息从头到尾灌输给学生，而是尊重学生的经验和个体差异，引导他们在已有知识的基础上探索和建构新知识。教师应鼓励学生在学习过程中积极发表自己的意见、分享经验，从而促进他们的思维发展和深入理解。此外，教师还应组织师生间、生生间的互动交流，以促进学生的多角度思考和深层次的意义建构。这种互动交流不仅促进了知识的深化理解，还帮助学生发展了批判性思维和解决问题的能力。

为此，建构主义学生观认为，在教学过程中，教师应当充分重视学生的原有经验，将其视为学习新知识的基础。在这种观念下，教学不再是单向的知识传递，而是学生知识理解和经验转化的过程。教师的角色从知识的传授者转变为引导者和协调者，他们应鼓励学生基于自身的经验和理解来探索和建构新知识。这种方法强调教师需要倾听学生的意见，理解学生的思考方式，并在此基础上引导学生扩展或调整自己的理解。

在建构主义学生观中，学生的个体差异被视为学习过程中的宝贵资源。学生在经验背景上的不同导致了他们对问题的多样理解，这种多样性是学习的重要组成部分。教师应促进学生之间的合作和交流，使学生能够了解并欣赏不同的观点，从而丰富他们对问题的理解。这种互动和合作不仅增进了学生的知识理解，还有助于培养他们的批判性思维和解决问题的能力。建构主义还强调，学生是具有极大可塑性的个体。教师应从发展的角度来认识学生，了解不同年龄阶段学生的身心发展特点，并依据这些特点来开展教学。教师应意识到每个学生都拥有巨大的潜力，并应专注于挖掘和培养这些潜力。此外，教师还应认识到每个学生的独特性，重视他们的兴趣、动机、需要和个性特点。在教学中尊重和培养学生的独特性，不仅有助于学生的个性化发展，还能激发他们对学习的热情和兴趣。

第五节　人本主义学习理论

一、人本主义学习理论概述

人本主义学习理论，作为心理学的一个重要分支，着重于研究和理解人的本性、潜能、经验、价值观以及创造力。在教育领域，这一理论强调对个体独特性和差异性的重视，与传统教育理论中寻求普遍性教学原理的方法形成鲜明对比。人本主义学习理论的核心在于关注个体的情感发展，特别是自我概念、自我价值和自我实现等方面。这一理论认为，每个学生都是独一无二的个体，拥有独特的潜能和兴趣，因此，教育应当是个性化的，应注重培养每个学生的特长和兴趣。在教学过程中，教师应当尊重学生的个人选择和自我实现的需要，为学生提供支持和鼓励，帮助他们发掘自己的潜力。

人本主义学习理论还强调学生的情感和心理健康，认为教育不仅是知识和技能的传授，更是个体情感、价值观和自我认识的培养。因此，教育者应当提供一个积极的、支持性的环境，让学生能够自由表达自己的想法和感受，勇于进行自我探索。

二、人本主义代表人物及主要理论

（一）马斯洛的学习理论

美国心理学家马斯洛被公认为是人本主义心理学的领导人之一，他以性善论、潜能论和动机论为理论基础，创建了理论化、系统化的自我实现心理学。

1. 自我实现的人格观

人本主义心理学家认为，人的成长源于个体自我实现的需要，自我实现的需要是人格形成、发展、扩充、成熟的驱动力。马斯洛认为，自我实现是个体发挥和完善自身潜能的渴望，这种需求促使个体不断发展和完善自己，实现潜能的最大化。在这个过程中，个体的成长和发展不是被动地受到外界因素的影响，而是主动地追求内在的满足和自我完善。

2. 内在学习论

马斯洛关注学习的动机和过程，区分了外在学习和内在学习的概念。他认为，外在学习是一种依赖于外部强化和条件作用的学习方式。在这种模式下，学习的重点放在了知识的灌输上，而不是理解和内化上。这种学习被视为被动的、机械的，是传统教育模式的典型代表。在这种模式中，学生相当被动，他们对学习的参与只是对特定刺激（如考试和分数）的零星反应，而不是主动探索和内在驱动的结果。因此，学生学到的知识缺乏个人意义和深度理解。

马斯洛批判这种外在学习方式，认为它限制了学生的个人发展和潜能的充分发挥。相比之下，他提倡的内在学习强调学生的内在驱动力和主动参与。在内在学习的模式下，学习活动是由学生的兴趣、好奇心和探索欲望驱动的，而不是仅仅由教师或外部系统强制的。这种学习方式更有利于个人意义的构建和自我实现的达成。通过这种区分，马斯洛不仅批评了传统的教育模式，也强调了学习过程中个人主动性的重要性。他认为，教育应该更多地关注如何激发和利用学生的内在动力，而不是单纯依赖于外在的奖励和惩罚机制。这种观点对现代教育理论和实践有深远的影响，特别是在如何设计课程和教学方法、如何评价学习成果方面。

（二）罗杰斯的学习理论

20世纪60年代，罗杰斯将他的"来访者中心疗法"移植到教育领域，创立了以学生为中心的教育和教学理论，该理论成为20世纪重要的教育理论之一。

1.认知和情感合一的教学目标

罗杰斯的学习理论重点关注人的整体发展，特别是认知和情感的结合。他提出的教育理念是，情感和认知不仅是人类精神世界中不可分割的部分，而且应当相互融合。他认为教育的目标不仅仅是灌输知识，而是促进学生在身体、心智、情感、精神各方面的全面发展。罗杰斯强调，教育的理想是培养既有情感参与又有认知深度的人，即情知合一的个体。

罗杰斯的这种教育观念强调变化和学习的重要性。他认为，教育的核心目标应当是培养学生适应变化和持续学习的能力。在这个观点中，他强调了"学会如何学习"和"适应变化"的重要性。这种看法反映出一个深刻的洞见：在不断变化的现代世界，静态的知识并不足以应对挑战，重要的是学习过程本身和适应新情况的能力。因此，他主张教学过程应当超越传统的内容传递，更加关注激发学生的主动性和创造性。

2. 有意义的自由学习观

罗杰斯对学习类型的划分也体现了他对教育的深刻理解。他区分了认知学习和经验学习，以及无意义学习和有意义学习。罗杰斯认为，大多数认知学习缺乏个人意义，因为它们主要发生在心智层面，而不触及情感或个人的实际体验。这种学习被他称为"颈部以上"的学习，即与个体的全面发展无关。相反，经验学习则关注个人的实际体验和个性化的成长，强调学生的自发性、主动性以及与他们的愿望、兴趣和需求的结合。罗杰斯认为，这种学习方式更有意义，因为它不仅包含知识的获取，也包括个人情感和价值观的发展。

罗杰斯对自由学习的提倡突出了他的人本主义教育观。他认为，教师应当信任学生的学习潜能，允许学生在自己的学习过程中拥有更多的自主权。这种教育方式不仅促使学生按照自己的节奏和兴趣学习，而且有助于形成更适合学生个性的学习方法。在罗杰斯看来，教育的成功不仅仅取决于知识的传递，更在于如何激发学生的内在动力和创造性，促进他们全面的发展。

3. 以学生为中心的教学观

在罗杰斯的学习理论中，以学生为中心的教学观占据核心地位，他从人本主义的角度出发，强调自我发现和同化的重要性。罗杰斯认为，真正有价值的知识不是被动接受的，而是学生通过自我探索和体验得到的。这种观点颠覆了传统教育中以教师为中心和知识传递的模式，强调教师在教学过程中的角色应从知识的传授者转变为学习资源的提供者和学习气氛的创造者，教育的目标不再是简单的知识传递，而是创造一个有利于学生自主学习和个人成长的环境。

罗杰斯特别强调了促进学生学习的心理气氛的重要性。他认为，这种气氛应该包含三个关键要素：真诚、无条件的积极关注和同理心。真诚意味着教师在教学过程中应展现真实的自我，无需矫饰或虚伪。这种真诚有助于建立师生之间的信任和尊重，创造安全、开放的学习环境；无条件的积极关注强调教师应尊重并接纳每个学生的独特性，包括他们的情感和价值观。这种关注鼓励学生表达自己的观点和感受，从而促进自我意识的提升和个性的发展；同理心要求教师理解学生的内在感受和学习过程，从学生的视角出发，提供适宜的支持和引导。

在这样的教学气氛中，学习过程变成了自我探索和个人成长的过程。学生是学习的主导者，教师的角色是学习的促进者、协作者和伙伴，而学习过程本身成为教育的真正目标。这种以学生为中心的教学观不仅促进了学生的认知发展，还有助于他们的情感和社会能力的成长。

第二章　关于外语学习的基本理论

第一节　外语学习的相关概念

一、外　语

（一）概念概述

外语是指与母语不同的任何语言。它是相对于第一语言而言的，因此，外语的具体含义因人而异。例如，对于一个母语非汉语的人来说，汉语、法语或阿拉伯语都可以被视为外语。外语的学习通常在非母语环境中进行，如学校、语言课程或自学。

（二）内涵解析

外语的内涵不仅限于其作为与母语不同的语言这一基本定义，它还涉及一系列丰富的文化、社会和交际层面的概念。

1.文化多样性

每种外语都是其所代表的文化的载体。语言中蕴含着特定社会的历史、艺术、宗教和社会习俗。例如，学习汉语不仅仅是学习语言本身，也是接触和了解中国悠久历史和丰富文化的途径。同样，学习法语或阿拉伯语也会促进对法国或阿拉伯世界的文化、文学和艺术的深入理解。

2.语言结构的多样性

外语还展示了世界语言结构的多样性。不同的语言有着不同的语法、词汇和发音系统。例如，英语是一种主要使用主—动—宾语序的语言；汉语则更侧重于词语的语调变化；法语和阿拉伯语则各自具有独特的语法规则和词汇体系。这些差异不仅体现了语言的多样性，也反映了不同文化中表达和沟通的独特方式。

3.交际风格的差异

外语的学习还涉及理解不同的交际风格和社会礼仪。每种语言都有其独特的交际方式，这些方式深受其文化背景的影响。例如，一些语言可能更倾向于直接表达，而其他语言则可能更倾向于间接或含蓄的表达方式。了解这些交际风格对于跨文化交流至关重要。

4.思维方式的反映

外语还反映了使用者的思维方式。语言不仅是沟通的工具，也是思维和表达观念的方式。不同语言中的隐喻、比喻和成语等都深深植根于其文化和历史中，反映了该文化的世界观和价值观。因此，学习一种外语也可以看作是接触和理解另一种思维方式的过程。

二、第二语言

（一）概念论述

第二语言是指在个体的语言体系中排在母语之后的语言，它不一定是学习者第二个学习的语言，而是在特定社会和文化环境中常用的非母语。与外语不同，第二语言的学习和使用通常发生在该语言的自然语言环境中，如移居到新的国家或地区。

（二）内涵解析

1.社会文化意义

第二语言通常与特定的社会和文化环境相联系。在使用第二语言的国家或地区，该语言不仅是沟通的工具，还是理解和参与当地社会文化生活的关键。例如，一个搬到法国的外语母语者学习法语，不仅是为了日常交流，更是为了更好地理解法国的文化、历史和社会习俗。第二语言因此成为一种连接学习者与新环境的桥梁，促进学习者对该文化的深入理解和融入。

2.个体认同与多元文化

对于学习者而言，第二语言的掌握往往与个体认同的建构过程密切相关。通过学习和使用第二语言，个体可能会发展出一种跨文化的身份，融合原始文化和第二语言文化的特征。这种跨文化认同使得个体能够在不同文化背景中灵活切换，展现出更为全面和多元的自我。对于移民或在多语言环境中长大的人来说，第二语言可能成为他们日常生活的一部分，反映他们多元文化背景的一面。

3.多语言社会的交流

在多语言社会中，第二语言的运用常常是日常生活的一部分。在这些社会中，人们习惯于使用多种语言进行交流，第二语言的使用不限于与母语使用者的交流，也包括与其他第二语言或多语言使用者的互动。这种语言环境促进了不同语言和文化之间的交流和融合，提高了社会的多样性和包容性。

4.功能性与实用性

第二语言的学习和使用往往与其功能性和实用性紧密相关。在许多情况下，掌握第二语言是为了满足实际生活的需要，如工作、学习或社交。这种语言的使用更侧重于实际应用，而非理论学习。因此，第二语言的运用常常与实际生活场景紧密结合，如工作环境、学术研究或社区活动。

三、外语学习

（一）外语学习的认知过程

外语学习是一个复杂的认知过程。在这一过程中，学习者不仅要掌握新语言的基本语法结构和词汇，还要理解其与母语的差异。这需要大量的脑力劳动，包括记忆、理解、分析和应用。学习者必须记住新的单词、短语和语法规则，并能够理解它们在不同语境中的使用方式。此外，理解新语言的语音系统和节奏也是外语学习的重要部分。这一切都需要学习者的大脑进行信息处理、存储和检索，这些认知功能在外语学习中至关重要。

在系统化的教育背景下，教育工作者采取的教学策略对于促进学习者的认知过程尤为关键。有效的策略包括提供大量的、适合学习者水平的语言输入，如进行阅读和听力练习，以及鼓励学习者主动参与使用语言的活动，如口语练习和写作。这种丰富的语言输入和积极参与可以帮助学习者更好地吸收和理解新语言的规则和词语。同时，这也促进了学习者对新语言的内部化，使其逐渐成为他们认知体系的一部分。重要的是，教学策略需要根据学习者的个别差异和需求进行调整，以确保学习过程既高效又个性化。

（二）外语学习的社会行为过程

外语学习也是一个社会行为过程，涉及学习者与教师、同学以及更广泛的社会环境的互动。通过这种互动，学习者不仅能够练习和改进其语言技能，还能够理解和适应新语言的文化背景。在教学过程中，教师和学习者之间的互动是至关重要的。教师不仅是知识的传授者，也是学习者探索新语言和文化世界的指导者。通过课堂讨论、小组活动和角色扮演等互动形式，学习者可以在安全的环境中实践新语言，同时能够从中学习到如何在不同的社会和文化情境中适当地使用语言。

此外，外语学习的社会行为过程还包括学习者与外部语言环境的互动。例如，通过参加语言交换项目、访问目标语言国家或参与文化活动，学习者可以直接接触新语言的自然使用环境。这种沉浸式学习经验使学习者不仅能够在实际语境中使用语言，还能够更好地理解语言所蕴含的文化含义。这种社会化的语言实践对于将语言知识转化为实际的交际技能至关重要。最终，外语学习的成功不仅取决于学习者对语言规则的掌握，更在于他们能够在真实的社会环境中有效地使用这种语言进行交流。

四、第二语言习得

（一）第二语言习得的定义与基本理解

第二语言习得（SLA）是语言学和心理学的一个跨学科领域，它探讨个体如何学习或习得非母语的语言。这一过程不仅包括语言的表面形式，如语法、词汇和发音，还包括对语言使用情境的适应能力和文化意识。第二语言习得的研究涵盖了多个层面，包括学习者的心理机制、社会环境、教学方法和学习者的个人背景（如年龄、母语背景、学习动机和认知风格）。重要的是，第二语言习得与第一语言习得有着本质上的不同，尤其是在学习动机、环境和年龄等方面。例如，第二语言学习者通常有更明确的学习目标，可能面临更多的社会和心理压力，并且他们的认知结构与儿童学习母语时可能不同。

（二）第二语言习得的理论与研究

第二语言习得领域的理论和研究多种多样，涉及认知、社会心理和教育等方面。著名的理论包括克拉申的输入假说（Input Hypothesis），这一假说强调语言输入对学习者的重要性，特别是"可理解输入"（略高于学习者当前水平的语言）。此外，斯温纳的输出假说提出，语言的产出（如说话和写作）对增强语言知识和提高语言能力至关重要。还有社会文化理论强调社会互动在语言习得中的作用。这些理论共同构成了对第二语言习得复杂过程的理解，强调了学习环境、学习者的内部心理过程和外部社会互动的重要性。此外，研究还关注如何提高第二语言教学的有效性，包括课堂教学策略、语言浸泡程序和使用技术辅助语言学习等。

外语学习通常发生在非目标语言环境中，多数情况下是在课堂里通过正规教育进行。这类学习环境较为人造，语言输入受到限制，不如第二语言学习自然和广泛。外语学习者在学习语言时，使用的机会有限，经常依赖模拟或构建的语言使用场景。他们的学习过程可能更加侧重于理论知识的掌握，如语法规则和词汇量的积累，而缺乏语言实践和文化沉浸的机会。这样的学习动机可能更多地源于教育要求、职业发展或个人兴趣等非生存压力的因素。

这两种学习方式之间的区别反映了语言习得的环境和动机的不同。第二语言学习者通常因为迫切的生活需求（如工作、社交、日常生活）来学习语言，而外语学习者可能更多出于学术要求或个人发展需要。由于这些差异，第二语言学习者往往能更快地达到语言的流利程度和高级语言技能，他们的语言学习往往涉及更多的非正式和非结构化的实践。与此相对，外语学习者可能需要更多的努力和额外的学习资源来模拟第二语言学习环境中的沉浸体验，以达到类似的语言掌握水平。

五、交际能力

（一）交际能力的定义与重要性

交际能力是指使用语言有效和恰当地进行沟通的能力。这一概念最早由语言学家海姆斯在 20 世纪 60 年代提出。交际能力不仅包括语法能力，即正确使用语言的规则，还包括语用能力（恰当使用语言的能力）、社会语言学能力（理解和使用与特定社会群体相关的语言形式的能力）以及话语能力（将语言组织成连贯话语的能力）。这意味着，拥有交际能力的人不仅能够在语法上正确使用语言，还能够在不同的社会和文化环境中恰当地使用语言，理解并表达不同的社会和文化意义。

（二）交际能力在第二语言习得中的应用

在第二语言教学中，交际能力的培养成为核心目标。这要求教学不仅要关注语言形式，还要强调语言的实际使用，包括在特定情境中有效地交流和理解。为此，教学方法发生了重大变革，如任务型语言教学和沟通式语言教学。这些方法强调使用真实的、有意义的语言进行交流，帮助学生在真实情境中使用语言，从而提高他们的交际能力。此外，这种方法还鼓励学生参与更多的语言实践活动，如角色扮演、小组讨论和项目工作，以增强他们在不同社会文化背景下使用语言的能力。通过这种方式，第二语言学习者不仅学会了语言规则，还学会了如何在真实的世界中有效地运用这些规则。

第二节　外语学习的重要意义

一、对个人发展的重要意义

学习外语对于学习者来说具有重要的意义，如图 2-1 所示。

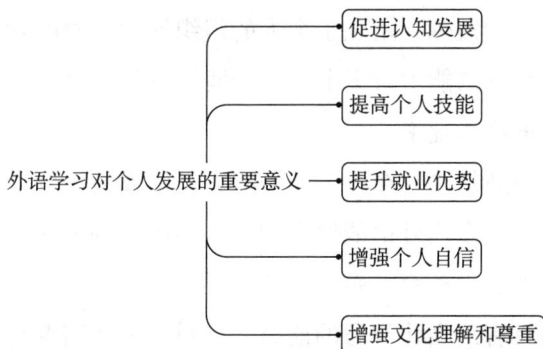

图 2-1　外语学习对个人发展的重要意义

（一）促进认知发展

外语学习在促进个人认知发展方面发挥着重要作用。学习新语言是一个复杂的认知过程，它要求大脑处理、记忆并应用大量的新信息，包括词汇、语法规则和发音。这个过程不仅能增强记忆力，还能提高大脑的处理速度和认知灵活性。多语言能力被证明与更好的注意力控制、问题解决能力以及创造性思维有关。此外，多语言学习还可以增加大脑的灰质量，这与高级认知功能，如思维和理解直接相关。长期从事外语学习的人在执行功能、认知控制和大脑效率方面表现更佳，甚至有研究显示，多语言者在老年时期表现出更强的认知保留能力，有助于推迟认知衰退的发生。

（二）提高个人技能

外语学习对于提高个人技能具有显著意义。因为语言学习本身就是一项重要的沟通技能。它使个体能够与更广泛的群体交流，突破语言障碍带来的限制。学习外语的过程还能够提高个人的听力理解和口头表达能力，这些技能在日常生活和专业场合中都极为重要。此外，外语学习还涉及文化素养的提升，使个人在跨文化交流中更为得心应手，能够适应不同的社交环境和文化背景。当然，外语学习过程本身也是一种自我管理和学习策略的锻炼，增强了个人的组织能力、时间管理和自我激励能力。这些跨领域的能力对于个人的全面发展至关重要。

（三）提升就业优势

在全球化不断加深的今天，外语能力已经成为提升就业优势的重要因素。掌握一门或多门外语能使求职者在招聘市场上脱颖而出，尤其是在国际贸易、外交、教育、翻译、旅游以及跨国公司等领域。多语言技能表明求职者具有跨文化沟通的能力，这对于那些需要与国际客户或合作伙伴互动的职位尤为重要。此外，外语能力也是许多公司全球化战略的关键部分，使员工能够更有效地与来自不同文化背景的同事和客户合作。在一些专业领域，如外交、国际法律和全球健康领域，外语能力更是不可或缺的技能。因此，外语学习不仅增加了个人在就业市场上的选择，也为职业发展提供了更广阔的平台。

（四）增强个人自信

外语学习对于增强个人自信有着重要的影响。成功地学习一门新语言是一项挑战，当某个人实现这一目标时，他的自尊和自信会得到显著提升。能够流利地使用外语进行沟通是一种成就感的源泉，它让人感觉自身能力的提升和自我效能的增强。此外，外语能力使个人能够在多种社交和职业场合中更加自如和自信，无论是在旅行中交流，还是在工作中处理国际事务。能够跨越语言障碍与不同文化背景的人沟通，本身就是一种自信的表现。此外，随着外语水平的提高，个人也会在文化理解和适应新环境的能力上变得更加自信。这种自信不仅限于语言能力，也渗透到个人的整体态度和世界观中。

（五）增强文化理解和尊重

外语学习在增强文化理解和尊重方面发挥着至关重要的作用。学习一种语言不仅仅是学习其语法和词汇，还包括对其携带的文化、价值观和社会习俗的学习。这种深入的文化学习使个人能够更好地理解和尊重来自不同文化背景的人。它拓宽了人们的视野，使人们能够从不同的文化视角看待世界，理解多元文化的复杂性和丰富性。这种理解和尊重是全球化社会中跨文化交流和国际合作的基础，对于促进不同文化间的和谐共处至关重要。通过学习外语，人们不仅学会了如何与来自不同文化背景的人沟通，还学会了如何欣赏和尊重他们的文化特色和价值观。这种跨文化的敏感性和尊重是建立有效国际关系和促进全球和平的关键。

二、对社会发展的重要意义

（一）促进教育发展

外语学习在促进教育发展方面扮演着关键角色。首先，它为教育体系带来了多样性和国际化。随着全球化的加深，外语教育成为学校课程中不可或缺的一部分，帮助学生从小培养国际视野和跨文化沟通能力。其次，外语学习鼓励教育机构引入更广泛的教学方法和材料，包括多媒体资源、文化交流项目和国际合作。这些资源丰富了教育内容，提高了学习的趣味性和实用性。此外，掌握外语的教育工作者能够更广泛地参与国际教育论坛和研讨会，从而引入国际先进的教育理念和实践，提升本土教育质量。外语教育还促进了多元文化的理解和包容，为创建一个包容性和多样性的学习环境打下了基础。

（二）促进学术研究发展

外语学习对学术研究发展具有深远的影响。掌握一种或多种外语，尤其是常用的国际学术语言，如英语、法语、德语等，对学者来说至关重要。这使他们能够阅读和理解其他国家的学术资料，扩大研究的参考范围和深度。外语能力还使学者能够与国际同行进行有效沟通和合作，参与国际会议、研讨会和学术项目。这种国际合作不仅促进了知识的共享，还加速了科学发现和创新。此外，多语种的学术交流有助于跨文化视角的研究，增强研究的全球相关性和影响力。外语学习还促进了学术出版物的国际化，使研究成果能够得到更广泛的传播和认可。

（三）促进经济和文化交流

外语学习在经济和文化交流方面发挥着至关重要的作用。在经济层面，掌握外语的专业人士能够更有效地参与国际贸易、商务谈判和跨国企业的运作。这不仅能够促进国际市场的拓展，还能促进国家间的经济合作，增强竞争力。多语种能力使企业能够更好地理解和适应不同的市场需求和文化习俗，从而提高其在全球市场上的成功率。在文化层面，外语学习是跨文化理解和交流的桥梁，它使人们能够直接接触和理解其他文化，促进了文化产品的国际交流，如文学作品、电影、音乐和艺术品。这种跨文化交流不仅可以丰富世界文化的多样性，还可以促进国家间的理解和尊重。这些经济和文化交流有助于构建一个更加开放、互联互通的世界。

三、对国家发展的重要意义

（一）促进国家之间的对话与沟通

外语学习在促进国家间对话和沟通方面扮演着至关重要的角色。掌握不同国家的语言不仅意味着能够进行基本的交流，更意味着能够深入理解对方的文化背景、社会习俗和价值观，这对于建立国家间的有效沟通至关重要。在外交关系中，能够使用对方的语言进行交流是表达尊重和理解的重要方式，有助于建立信任和友好的关系。此外，多语种沟通也使国家能够更准确地传达自己的立场和观点，减少语言障碍导致的误解和冲突。在处理国际危机、谈判和外交活动中，掌握多种语言的专业人士能够为国家提供关键的语言支持和文化洞察，从而在全球舞台上更有效地发挥作用。因此，外语学习不仅是提升国家软实力的重要途径，也是促进国际和平与稳定的关键因素。

（二）促进国家之间的合作与交流

外语学习对于促进国家间的合作与交流具有深远的影响。在经济全球化和国际合作日益增长的背景下，掌握外语的能力使国家能够更有效地参与到国际市场和多边合作中。这种语言能力不仅有助于国家在国际商务、贸易和投资中取得成功，还能促进科技、教育和文化等领域的国际合作。例如，国家间的科研合作常常需要共享研究成果、数据和技术，掌握外语能够促进这些信息的流通和共享。此外，国家间的文化交流项目，如国际艺术节、学术交流和文化交流活动，通过语言的桥梁，加深了不同国家人民之间的理解和友谊，有助于构建更加和谐的国际社会。国际合作的成功往往依赖于有效的沟通和深入的相互理解，而这两者都离不开外语学习和运用。因此，外语学习是推动国家在国际舞台上实现合作与交流的重要工具，对于提升国家的国际地位和影响力至关重要。

第三节　外语学习的重要原则

在开展外语学习的过程中，学习者需要遵循以下几种原则，如图2-2所示。

图 2-2　外语学习的重要原则

一、主动性原则

外语学习的成功在很大程度上依赖于学习者的主动参与和积极态度。主动性原则强调学习者需要主动地探索、实践和应用外语知识，而不是被动地等待知识的灌输。在这个过程中，重要的是学习者要对外语学习的特点有深刻的理解，意识到与其他学科相比，外语学习需要更多的实践、重复和持续的努力。例如，学习者应该主动寻找机会练习口语，参加语言交流活动或在日常生活中尝试使用目标语言与他人交流。

此外，有效的外语学习还需要学习者对自己的学习过程进行监控和调整。这包括对学习方法的不断反思和改进，尝试不同的学习策略，如使用闪卡来记忆单词，或通过看电影和听音乐来提高听力及理解能力。学习者还需要摒弃"短时间速成"这样不切实际的想法，认识到外语学习是一个长期、持续的过程，需要耐心和持续的努力。

二、坚持性原则

坚持性是外语学习的另一个关键原则。外语学习是一个长期的过程，需要时间来积累和巩固知识，因此坚持不懈地学习至关重要。这意味着学习者需要设定一个稳定且持续的学习计划，并且每天都要遵循这一计划。例如，每天安排一段固定时间用于学习新单词、短语或语法结构，以及复习之前学过的内容。坚持性原则还强调了定期复习的重要性。通过经常性的回顾和练习，学习者可以更有效地巩固和加深对所学知识的理解。这可以通过多种方式实现，如在课后立即复习新学的内容，或在下一节课开始前快速回顾上一节课的重点。此外，将所学内容应用于实际情境也是一种有效的复习方式，如在日常对话中使用新学的短语，或在写作中尝试应用新的语法结构。

三、应用性原则

应用性原则强调了学习和实践之间的紧密联系，即学习者应当将学到的知识立即应用于实际情境中。这种原则基于一个核心观点，即语言学习不仅是理论上的知识积累，更重要的是能够将所学内容运用于日常生活中的实际交流。例如，学习者可以通过与以母语为目标语的人进行对话来练习口语，或者在写邮件、报告时尝试使用新学的语法和词汇。这种方法不仅能够提高语言能力，还有助于加深对语言的理解和记忆。

应用性原则的另一个重要方面是有目的性的学习。这意味着学习者在学习过程中应当设定明确的目标和目的，如为了旅行、工作或学术交流而学习外语。有目的的学习能够使学习更加集中和高效，学习者可以根据具体目标选择最适合的学习材料和方法。例如，如果学习目的是商务交流，那么学习者应该着重学习商务外语的专业术语和实用对话；如果目标是学术研究，那么学术写作和专业阅读的技能就显得尤为重要。通过这种有目的的学习，学习者能够更快地达到自己的学习目标，同时提高学习的动机和兴趣。

四、系统性原则

系统性原则体现了教学内容和过程应当是有序、连贯且相互关联的。这一原则强调，学习外语不是一个孤立的过程，而是需要将新知识建立在已有知识的基础之上。例如，在学习一个新的语言结构时，如过去时态，教师应确保学生已经掌握了更基础的时态，如现在时态。这种由浅入深、循序渐进的教学方法有助于学生更好地理解和吸收新知识。此外，系统性原则也要求教学内容之间有内在的逻辑关系，以保证学习的连贯性。比如，教师在教授一门语言的词汇时，可以按照主题或实际使用情景来组织教学内容，以便学生将新词汇与具体的语境联系起来。

系统性原则还体现在教师对教学步骤的制定以及对学生学习路径的规划中。例如，在设计一门外语课程时，可以从基本的字母和发音开始，逐渐过渡到单词、短语、句子结构，最后到复杂的文本分析和写作技巧。这种分阶段的教学安排有助于学生逐步建立起对语言的全面理解。同时，教师在进行教学活动时也需要遵循系统性原则。这包括制定清晰的教学目标、选择适合的教学方法和材料，以及设计有效的评估方式。例如，教师可以在课堂上使用多种教学方法，如讲授、小组讨论、角色扮演等，以满足不同学生的学习需求。此外，教师还需要指导学生如何系统地进行学习，帮助他们建立起有效的学习策略，如定期复习、利用不同的学习资源和参与实际的语言使用活动。通过这些方法，教师可以帮助学生在外语学习中形成连贯、有序的知识体系，提高学习效率和成效。

五、循序渐进原则

（一）外语学习中的循序渐进原则及其应用

循序渐进原则在外语学习中扮演着至关重要的角色。这一原则基于这样一种认识：语言学习是一个逐步积累和构建知识体系的过程，要求学习者从基础开始，逐渐过渡到更复杂的概念和技能。对于外语学习者来说，这意味着首先要掌握基本的语法规则、常用词汇和简单句型，然后逐渐学习更复杂的语法结构和丰富的词汇。例如，学习者可以先从简单的自我介绍开始，逐步学习如何进行日常对话，再过渡到描述复杂情境和表达抽象概念。

循序渐进原则也意味着学习者需要在实践中逐渐激活和应用之前学

习的被动知识。这可以通过创造各种语言使用场景来实现，如通过外语演讲、写作、辩论和小组讨论等活动。这些活动不仅有助于将被动知识转化为主动技能，还能增强学习者对语言的掌握和灵活运用能力。例如，学习者可以通过参与关于中国文化的外语辩论来实际运用有关中国文化的词汇和句型，从而加深对这些知识点的理解和记忆。

（二）生活中实践外语学习的循序渐进原则

在日常生活中实践循序渐进原则同样重要。这意味着学习者应该利用生活中的各种机会来练习和巩固所学的外语知识。例如，当接到电话时可以练习使用现在进行时来描述自己正在做的事情，比如说"我正在吃饭"。这种方法将学习内容与实际生活相结合，不仅使学习过程更加自然、有趣，还有助于提高学习者对语言的实际运用能力。

另外，将学习融入日常生活也有助于持续和稳定地提高语言水平。例如，学习者可以在阅读外语新闻、观看外语电影或与以外语为母语的朋友交流时，注意应用新学的表达方式和词汇。这种持续的、与现实生活密切相关的学习方式有助于使所学知识内化，成为学习者自然而然的表达方式。通过这种方式，学习者可以确保在学习的每一个阶段都能稳步前进，最终实现流利使用外语的目标。

六、注重环境原则

外语学习是一个复杂且富有挑战性的过程，它不仅仅关乎语言知识的积累，更涉及学习者如何在真实环境中有效运用这些知识。理解和掌握一门外语，首要依赖于在日常生活中的实际应用。为此，创造沉浸式的学习环境十分关键。这可以通过多种途径实现，如与母语为所学外语的人进行交流，或是观看外语电视节目和电影、收听外语广播。此外，通过阅读外语书籍、报纸和杂志，学习者还能够扩大词汇量，并对语言的书面形式有更深入的理解。

外语学习不仅仅是关于语言本身的学习，还涉及对外国文化的理解。语言与其所代表的文化紧密相连，对文化的理解有助于更好地把握语言的细微差别。例如，了解外语国家的文化、习俗和历史，能让学习者在使用外语时更加得体和自然。语言学习应该是积极主动的，学习者应该积极寻求与他人交流的机会，不断实践所学语言。通过实际交流，学习者不仅能够运用所学的语言技能，还能通过实际应用来识别并弥补自己的不足。此外，大声朗读和背诵也是提高语言水平的有效方式。这些方法能够帮助学习者提高语感，加强对语言节奏和语音的掌握，从而在实际交流中更加流利和自信。

第四节　外语学习的理论假说

一、克拉申的第二语言习得理论

作为美国南加州大学语言学系的一员，基于广泛的研究和教学经验，克拉申教授提出了一套第二语言习得的理论框架，包含五个核心假设：习得与学习假设、自然顺序假设、监控假设、输入假设和情感过滤假设。这些假设为理解个人如何学习第二语言提供了关键见解，揭示了促进语言掌握的过程和策略。

（一）习得和学习假设

在克拉申博士的第二语言习得理论中，习得与学习假设区分了外语能力的两种发展路径：习得和学习。习得过程类似于儿童学习母语的自然过程，它通常不被学习者察觉，而是在日常交流中通过理解和使用语言而逐渐形成的。这种习得过程强调语言的实际应用而非仅仅理解语言规则。与此相对的是学习过程，这是一种有意识的努力，涉及对语言规则的直接学习和理解。虽然学习可以帮助学习者理解语言知识，并能够正确地使用语言规则，但它并不能直接导致语言的习得。换句话说，语言规则的学习有助于对语言知识的理解，但不一定能够转化为实际的语言运用能力（如图 2-3 所示）。

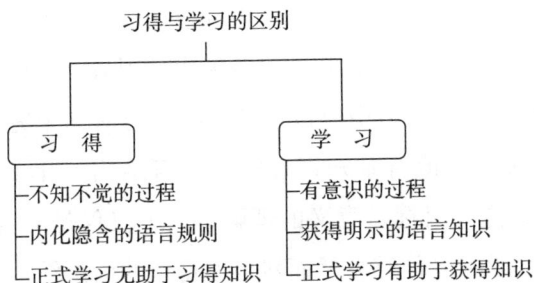

习得与学习的区别

习 得
—不知不觉的过程
—内化隐含的语言规则
—正式学习无助于习得知识

学 习
—有意识的过程
—获得明示的语言知识
—正式学习有助于获得知识

图 2-3 习得与学习的区别

（二）自然顺序假设

自然顺序假设指出，在语言习得过程中，语言结构的掌握遵循特定的、可预测的顺序。这意味着在学习第二语言时，学习者将以一定的顺序掌握该语言的不同语法规则和结构，这种顺序在不同语言学习者之间是类似的。例如，克拉申指出，在外语学习中学习者倾向于首先掌握动词的现在进行时，随后是名词的复数形式、系动词的使用，以及各种时态的构成。这种自然顺序的存在表明，语言习得是一个渐进的过程，其中一些语言结构的掌握是其他更复杂结构的掌握的前提。

（三）监察假设

监察假设讨论了有意识学习在语言使用中的作用。克拉申认为，通过学习获得的语言规则知识主要在语言使用的"监察"中发挥作用。这种监察可以是预先的，也可以是事后的，如在交谈结束后对自己所说内容的反思和纠正。然而，这种监察作用的有效发挥需要满足几个条件：有足够的时间去思考和应用规则、专注于语言形式的正确性，并且知道如何应用这些规则。在日常交流中，由于时间和注意力的限制，学习过程中获得的规则知识很难得到充分的应用，这说明在实际交流中，习得的自然语言能力比有意识的学习更为关键。

（四）"i+1" 输入假设

克拉申的 "i+1" 输入假设是其第二语言习得理论中的关键组成部分，着重强调了语言学习材料的适宜性和挑战性。这一假设认为，为了有效地促进语言习得，学习材料应该略超出学习者当前的能力水平，即 "i+1"。这意味着学习材料中应该包含一些学习者尚未完全掌握，但又能够通过上下文线索或背景知识理解的语言结构。"i+1" 输入假设强调，语言学习的主要目标是意义的理解，而不仅仅是语言形式的学习。通过理解意义，学习者能够自然而然地习得新的语法结构和词汇。

这个假设还指出，语言教学应避免刻意地将特定语法结构融入教学材料，因为任何成功的交际活动自然而然就会包含 "i+1" 的元素。此外，克拉申强调，流利的口语能力是通过长期的语言输入和使用而自然发展出来的，而非通过直接教学。尽管初期学习者的口语可能存在诸多语法错误，但随着对更多语言材料的接触，其口语水平会逐渐提高，语法错误也会相应减少。在这个过程中，学习者语言能力的提升是渐进的，强调语言的自然习得过程，而不是强制性的规则学习。这种方法认为，通过不断的语言接触和实践，学习者能够更好地理解和使用目标语言，从而促进其语言能力的整体提升。

（五）情感过滤假设

克拉申在第二语言习得理论中特别强调了情感因素在语言学习过程中的重要性，这一点在他的情感过滤假设中得到了体现。根据这一假设，学习者的情感状态，包括动机、态度、焦虑水平及自信心等，对其语言吸收能力有显著影响。情感反应不仅是由认知评价触发的，而且一旦形成就会深刻影响语言的感知、解析和应用过程。这意味着，正面的情感反应能够促进语言输入的有效吸收，而负面的情感反应则可能阻碍这一过程。

在学习第二语言时，情感反应就像一个过滤器，控制着学习者的语言输入和吸收。只有当语言输入能够顺利通过这个情感过滤器时，才能够被大脑有效内化并促进语言习得。例如，当学习者感到自信、积极且焦虑感低时，他们的情感过滤器作用较弱，更容易接收和吸收语言输入，这有助于语言的快速习得。相反，如果学习者感到不安、缺乏动力或自信，他们的情感过滤器作用加强，就会减少语言输入的吸收，从而阻碍语言习得。

因此，在语言教学和学习实践中应当重视学习者的情感状态，努力创造一个鼓励性、支持性的学习环境。这不仅有助于降低学习者的焦虑感，增强其自信心，还能够提升其学习动机。例如，教师可以通过积极的反馈、合作学习和个性化教学策略来支持学习者，使其处在一个积极、支持性的环境中学习，减弱他们的情感过滤器作用，从而更容易吸收语言输入并加快语言习得的过程。

二、乔姆斯基的普遍语法理论

普遍语法理论是由语言学家诺姆·乔姆斯基在 20 世纪 80 年代初提出，是对人类语言能力本质的深刻阐述。乔姆斯基认为，人类天生就具备一套内在的语言知识体系，即普遍语法，它包含了一组普适的语言原则和参数。这种理论观点强调，人类大脑中固有的普遍语法使得个体能够通过特定的语言环境和经验，从这个内在的框架中提取出特定语言的规则。换言之，儿童能够在语言环境的影响下，将这些内在的语言知识与外部的语言输入结合，形成个人的语言能力。因此，乔姆斯基的理论强调语言环境在语言习得过程中的重要作用。

普遍语法理论进一步指出，这一语言知识体系不仅仅是一组抽象的原则，而是构成所有人类语言共有基础的具体规则系统。乔姆斯基认为，普遍语法中的规则是所有语言共有的，它们构成了语言的本质和基本框架。这种观点解释了儿童为何能在有限的语言输入下迅速习得母语。如果没有这种内在的、普遍的语言知识，语言的学习和习得将变得极其困难。普遍语法的存在说明了人类在语言能力上的共性，无论他们讲什么语言。乔姆斯基进一步阐释，普遍语法不仅决定了一系列核心语法的规则，而且代表了理想语言社区中个人知识的心智表征。这些知识构成了核心语法的边界，是我们理解和使用语言的基础。通过这一理论框架，乔姆斯基为语言学界提供了一个全新的视角，用以理解人类语言能力的本质和发展。

普遍语法理论作为诺姆·乔姆斯基语言学研究的核心，提出了一个颠覆性的观点：婴幼儿生来就具备一种所有语言共有的核心语言知识。这种知识被认为是一种生物性的遗传禀赋，是人类大脑中内嵌的"语法基因"。从这个视角来看，语言能力并非完全是后天习得的结果，而是深植于人类遗传编码中的一部分。神经心理学家艾瑞克·列纳伯在其著作中也支持这一观点，他认为语言能力的内在性与其他先天能力机制相似，存在某个关键的发展时期。这意味着如果儿童在这个关键期未能学会语言，他们可能就永远无法完全掌握语言能力，这与关键期假设相符。

乔姆斯基的普遍语法理论是基于理性主义研究传统提出的，与卡尔·荣格的原型理论有相似之处。荣格提出，人类天生拥有某种遗传的行为模式，这种模式植根于无意识心智状态，形成了所谓的"原型理论"。这些原型在人类心智中充当了一种激发和调节功能，控制和协调着一般行为特征，也调节着所有人类的共通经验。乔姆斯基的理论进一步发展了这一观点，认为尽管不同语言的表层语法各异，但在更深层的结构上，所有语言都共享某种基本形式或普遍性。换言之，在大脑的最深处，存在着一种普遍语法，它是所有语言语法发展的基础。这一理论不仅为理解人类语言能力的本质提供了重要视角，而且对外语教学和语言习得的理解提出了新的挑战和思考。

三、斯温纳的语言输出假设

斯温纳的理论强调了语言输出在第二语言习得中的重要性。她指出，虽然学生在课堂环境中接受了大量的语言输入，但往往缺乏足够的机会去实际使用语言，这限制了他们语言产出能力的发展。她基于"浸泡式"教学实验提出了自己的观点，认为将外语作为获取其他学科知识的工具是有效的语言学习方法。这种方法强调语言学习不仅仅是理解语言本身，而是通过将语言作为一种工具来学习其他内容，从而使语言成为理解这些内容的"伴随产品"。这种教学实践展示了，尽管学生可能接受了大量的语言输入，但如果没有充足的机会进行语言输出，他们的语言产出能力就难以得到有效提升。

斯温纳提出了语言输出的三个主要功能：一是促进对语言形式的理解；二是作为检验假设的手段；三是提供意识反思的机会。她认为，当学习者在实际交流中使用语言时，他们不仅是在传递信息，更是在语言输出的过程中检视和理解语言的结构和形式。这使学习者注意到语言的具体使用方式，从而有助于理解如何有效地表达思想，并在实际使用中测试他们对语言形式的理解。通过这样的实践，学习者能够检验自己对语言结构的假设，促进对语言的深入理解和内化。

此外，斯温纳还强调了语言输出对学习者进行自我反思的重要性。语言产出的过程不仅能够使学习者发现和纠正自己的错误，还能够促进其对特定语言形式的理解和掌握。这种反思不仅揭示了学习者对语言的理解，还促使他们去探索和表达特定意义，从而加深对语言的掌握。因此，语言输出不仅是学习者对语言知识的实际应用，更是其进行语言假设测试、反思和内化的重要过程。这一理论为理解第二语言习得的复杂性提供了新的视角，并对语言教学提出了新的挑战。

四、塞林克的中介语理论

（一）理论概述

1. 中介语

中介语是第二语言习得过程中的一个重要概念，它描述了学习者在学习目标语言时形成的一种独特的、动态变化的语言系统。这个系统既非学习者的母语，也非完全的目标语言，而是一种独特的过渡语言状态。中介语的形成基于学习者对目标语言输入的处理和内化，反映了学习者对新语言结构的理解和应用。中介语的特点在于它是一个创造性的体系，学习者在其中不是简单地模仿目标语言，也不完全依赖母语规则，而是根据自己的语言直觉和学习经验，创造性地构建新的语言表达方式。

中介语是一个不断进化和变化的系统，它的发展具有阶段性特征，表现为通过不断的假设测试和调整，慢慢适应目标语的规则。在这种过程中，中介语不是突然从一个阶段跳跃到另一个阶段，而是逐步调整和完善。同时，中介语具有灵活性，其中新的语言规则一旦被引入，就会迅速融入并影响整个系统，导致系统性的重组和调整。最后，中介语在任何阶段都表现出一定的系统性和内部一致性。尽管中介语与目标语存在差异，可能达不到与目标语完全一致的水平，但它仍然是一个相对独立的语言系统，具有自己的语音、语法和词汇体系。中介语的这种系统性主要体现在一贯的、系统性的错误上，这些错误反映了学习者对目标语言规则的理解和内化过程。因此，理解和研究中介语对于揭示第二语言习得的过程具有重要意义。

2.中介语理论关注的问题

中介语理论是美国语言学家塞林克在 1969 年提出来的，重点关注第二语言学习中三个方面的问题：

（1）建构中介语的认知过程。

（2）中介语知识系统的性质。

（3）多数第二语言学习者不能完全获得目的语语言能力的原因。

（二）塞林克提出的两个重要理论

1.中介语产生的心理基础——大脑中的"潜在心理结构"

中介语的产生与人类大脑中的心理结构密切相关。塞林克的理论指出，在第二语言学习中，成人学习者主要通过激活大脑中的特定心理结构来习得语言。这一心理结构与乔姆斯基所提出的"语言习得机制"（LAD）有相似之处。乔姆斯基认为人类大脑内置了专门用于语言学习的机制，这使得人类能够自然而然地习得母语。塞林克进一步发展了这一理论，认为成年人在学习第二语言时有两条路径：一是成功的学习者可以重新激活这种语言习得机制，通过这种方式，他们可以像儿童学习母语那样，直接将普遍语法转换为目的语语法，达到母语使用者的水平；二是大多数成人学习者无法激活这种语言习得机制，而是激活了"潜在心理结构"（LPS），即一般的认知机制。

这种"潜在心理结构"对于第二语言学习而言是至关重要的。它不同于儿童习得母语时使用的语言习得机制，成人通过这种普遍的认知机制来学习第二语言。然而，通过这种机制获得的语言能力通常是不完整的，难以达到儿童习得母语或第二语言所能达到的水平。这说明成人学习第二语言的过程和机制与儿童学习语言的过程存在本质差异。成人学习者在习得第二语言时，其大脑中的潜在心理结构扮演着重要角色，这种结构的激活和运作对于中介语的形成和发展具有决定性影响。因此，理解成人大脑中的这种心理结构对于揭示第二语言习得的机制和中介语的特性至关重要。

2."石化"的概念

塞林克提出的"石化"概念是理解第二语言习得的一个关键因素。石化现象指的是外语学习者在学习过程中，某些语言项目、语法规则和语言次系统知识停滞不前，无法进一步接近目的语的标准。这种现象表明，即使在长期和大量的语言学习之后，学习者的中介语仍然保持一定程度的非目标语特征，这些特征可能表现在发音、词汇使用、语法结构等多个方面。例如，学习者可能保有明显的外国口音，或者在语法结构上持续使用与母语相似但与目的语不符的构造。

塞林克认为，产生石化现象的原因既有内在的也有外部的。外部因素主要指的是社会环境对第二语言习得的影响，如学习者与目的语社团的接触有限，或者学习动机减弱等。内部因素包括学习者对目的语社团的态度、心理距离以及年龄限制等，导致学习者在语言习得上的局限，从而影响对目的语的完全掌握。石化现象的存在表明，第二语言习得不仅是一个简单的语言知识学习过程，更是一个复杂的心理和社会过程，它反映了学习者在语言习得过程中面临的各种挑战，特别是成人学习者在习得第二语言时可能遇到的固有限制。因此，理解和解决石化现象，不仅需要关注语言学习本身，还需要考虑学习者的心理状态、动机、社会环境等因素。

五、舒曼的文化迁移模式

舒曼的文化迁移模式是基于环境论的视角对第二语言习得进行的深入探讨。环境论主张，后天经验在生物发展中起着比先天因素更重要的作用。在语言学习领域，这一理论强调语言习得是一种行为习惯的形成过程。舒曼的理论着重于社会和心理因素在语言学习中的作用，他提出的"文化迁移模式"是理解第二语言习得的重要视角。

文化迁移模式认为，学习者在学习第二语言时会受到与目标语言文化的社会距离和心理距离的影响。社会距离涉及学习者与目标语言社团的社会关系，例如，学习者所在社群与目标语言使用者之间的社会地位、经济关系和文化差异等。心理距离则与学习者个人的态度、动机和情感相关，涉及学习者对目标语言社团的情感认同和心理接受程度。舒曼认为，社会和心理距离共同构成了学习者对新文化的适应过程，即文化迁移。文化迁移模式分为两种类型：第一种是学习者在目标语言社团中保持相对开放的态度，同时尝试融入新文化环境。这种模式强调学习者对新文化的接受和适应，但保持一定程度的文化独立性。第二种模式是学习者不仅融入目标语言社团，而且完全接受该社团的价值观和生活方式。这种模式下的学习者在语言习得上可能更为成功，因为他们对目标语言文化的接受程度更高，更愿意在心理上接近目标语言社团。

第三章　影响外语学习的重要因素

第一节　影响外语学习的内部因素

一、认知因素

从认知角度来看，学习者的认知能力与学习风格各不相同。

（一）认知能力

心理学家卡罗尔将语言的认知能力归纳为以下几种。

1.语音编码能力

语音编码能力是学习者对不同语音进行辨别、记忆和理解的能力。这种能力在外语学习中至关重要，因为外语中存在许多音素和语音现象，如元音和辅音的区别、重音和连读等，这些对于母语非外语的学习者来说可能是全新的。例如，外语中的"th"音在许多其他语言中并不存在，因此能够正确地辨别并发出这个音是外语学习的重要部分。学习者通过训练自己的语音编码能力，能更准确地理解和模仿外语发音，从而提高语言的准确性和流利度。

2.语法敏感能力

语法敏感能力是指学习者识别和运用语法规则的能力。外语语法有其特定的规则和结构，如时态、语态、从句结构等。高度发达的语法敏感能力使学习者能够快速识别语句中的语法结构，并正确地运用它们。例如，学习者能够区分现在完成时和一般过去时，并知道在不同情境下如何正确使用它们。这种能力对于写作和口语都极为重要，因为它直接影响到语言的准确性和表达的清晰度。

3.语言学习的归纳能力

归纳能力使得学习者能通过观察和分析具体的语言实例，归纳出一般性的语言规则。例如，在接触一系列不规则动词变化的例句后，学习者能够自行归纳出一些变化规律，而不是单纯依赖于记忆。这种能力对于理解外语的复杂性和灵活性至关重要，因为外语中存在许多例外和变体，仅仅依靠死记硬背是不够的。

4.语言的记忆能力

记忆能力在语言学习中尤为关键，因为学习者需要记住大量的词汇、短语和语法规则。良好的记忆能力使得学习者能够迅速记住新单词和短语，并在需要时准确地使用它们。例如，一个拥有强大记忆力的学习者能够快速扩充词汇量，并在交流中流畅地运用这些词汇。此外，记忆能力也对长期的语言维护和提升非常重要，尤其是在学习过程中间歇性地接触外语的情况下。

（二）学习风格

1.学习风格的定义

学习风格是学习者在学习过程中呈现的特有的认知、情感和心理行为方式。这一定义集中体现了学习风格的三大要素：认知风格、情感风格和生理风格。学习风格被视为一种综合性的特征，不仅包括学习者在认知过程中的特定方式，还涉及情感态度和生理反应。这种风格在与学习环境的互动中表现出一定的稳定性，反映了学习者对信息的感知和处理方式。这样的理解强调了学习风格作为个体差异的一个方面，与学习者的知觉和环境互动密切相关。

另外，学习风格也被描述为学习者全身心投入学习、理解并掌握新知识的方式，以及面对困难问题时采用的解决策略。这种定义强调了学习风格的全面性和主动性，指出学习者的生理特征、习惯性心理特征、情感因素以及环境变化都对学习方式产生影响。此外，学习风格也被看作是学习者自然而习惯性地吸收、储存和处理新信息的方式，反映了学习者在学习过程中的个性化和习惯性倾向。同时，学习风格也包括了学习者在学习过程中倾向选择的特殊方法和策略。

学习风格的概念涵盖了从认知方式、情感态度到生理特征等多个维度，反映了个体在学习过程中的独特方式和策略。这种个性化的学习方式是多种因素共同作用的结果，包括先天的生理特征、个性特征、认知特征，以及后天的家庭教育、学校教育、社会教育等影响因素。这些多样化的定义不仅展现了学习风格的复杂性，也为教育实践提供了多元化的视角，强调了理解和适应学习者个体差异在教育过程中的重要性。

2.学习风格的分类

（1）学习风格的形成受到个体的个性特征影响，这些特征由先天因素和后天环境共同作用而成。基于个性差异，学习者的学习风格大致可分为三种类型。

第一类是基于社交倾向的外向型和内向型。外向型学习者通常具有开朗的性格，善于与人交往，并且拥有广泛的兴趣。他们在课堂上通常更加活跃，愿意参与教师组织的各类学习活动，并在学习语言时敢于表达自己的观点和疑惑。相比之下，内向型学习者则倾向于独立思考，他们性格较为内敛，不太擅长社交，兴趣相对单一。在学习环境中，这类学习者较少参与集体讨论，且在遇到问题时不太习惯主动表达。

第二类是涉及思维方式的直觉型与程序型。直觉型学习者倾向于运用抽象思维来理解事物的发展，并对新奇和变化保持开放态度。他们喜欢探索事物背后的规律，更倾向于创新和变革。与之相对，程序型学习者更加注重从已知事实出发来观察和学习事物，他们习惯于有序、系统的学习方式，对于传统和规则持尊重态度，不太倾向于改变。

第三类是基于态度的开放型与封闭型。开放型学习者在学习过程中更喜欢自由、灵活的方式，他们擅长整合信息，不急于做出结论，而是在收集到充分信息后才做出判断。这类学习者倾向于探索式、发现式的学习方式，对新颖的学习方法持开放态度。相反，封闭型学习者更喜欢有计划、有组织的学习过程，他们在开始学习之前就设定了明确的目标和计划，并希望在学习中得到确切的指导和明确的答案，对于不确定性持保守态度。

（2）认知方式是人们分析、组织、理解新信息的方式。认知方式和思维方式的不同也会影响学习者的学习风格。根据认知方式的差异，学习风格可分为以下三种。

第一种，场依赖型与场独立型。场依赖型学习者在学习时往往易受周围环境的影响，在学习过程中更倾向于依赖教师和同伴的指导和帮助。这类学习者更多地从宏观的角度来理解和处理信息，往往不太擅长独立进行深入的思考和问题解决。相对而言，场独立型学习者则表现出更强的独立性，更专注于具体的细节，善于独立思考和解决问题。这类学习者在学习时能够较好地屏蔽外界干扰，因此在学习过程中较少依赖于外界的帮助。在实际情况中，大多数学习者的学习风格介于场依赖型和场独立型之间。

第二种，整体型与细节型。整体型学习者在接收和处理信息时，倾向于从宏观的角度出发，擅长把握整体概念和框架，能够从多个角度综合分析问题。这种类型的学习者在面对问题时更多地依赖他人的观点和帮助。细节型学习者则更加专注信息的具体细节，在分析和处理问题时更多地从微观的角度出发，善于发现和记忆细节信息，在此基础上进行深入的思考并解决问题。

第三种，左脑主导型与右脑主导型。左脑主导型学习者在处理信息时更加依赖逻辑推理和科学分析，在学习过程中更多关注信息的细节部分，通过逻辑性和结构性的思维模式来实现学习目标。右脑主导型学习者则更多地依赖直觉和创造性思维，在学习过程中更加注重整体意义的理解，能够灵活处理学习中遇到的各种问题。

（3）学习者必然会通过感知方式进行信息的获取与学习，而不同的学习者会表现出不同的感知偏好方式。因此，以感知方式为标准进行划分可以将学习风格分为以下三类。

其一，听觉型。听觉型学习者倾向于通过听力来吸收和理解信息。在学习过程中，他们更加依赖于口头讲解和听力材料，能够有效地从讲座、对话和讨论中获取知识，特别是在学习语言时，听力是一项关键技能，不仅帮助他们理解口语，还能够提升他们的听力能力。听觉型学习者通常对书面材料的接收能力较弱，在书面表达方面不太擅长，因此在学习活动中需要特别关注提升书面语言能力。

其二，视觉型。视觉型学习者通过视觉感知来吸收信息，对于图形、图表、文字和多媒体材料等视觉信息特别敏感。他们更倾向于通过阅读和观察来获取知识，尤其是在涉及复杂概念和理论时，视觉材料的直观性和形象性能够帮助他们更好地理解和记忆。视觉型学习者在自主学习时表现出更高的效率，能够有效地利用图书和网络资源进行学习。

其三，动觉型。动觉型学习者通过参与和实践来学习新知识和技能。他们通常在实践活动中表现出较强的学习兴趣和能力，如实验、模拟和角色扮演等。对于这些学习者而言，动手实践是获取知识的最佳方式。在面对这种类型的学习者时，教师应该提供更多的实践机会和挑战性任务，以强化他们的学习动力，提升其学习效果。

3.学习风格与外语学习

每种学习风格的学习者都应该尝试不同的学习策略，找到最适合自己的方法，并在此基础上灵活调整，以达到最佳的学习效果。同时，结合不同类型的学习方法也很重要，因为这可以帮助学生全面发展外语能力。

假设一名大学生拥有听觉型和视觉型的学习风格。这名学生可以结合自己的双重学习风格采用以下策略。

（1）利用听力材料辅以视觉材料。这名学生可以在观看英文电影或电视剧时开启英文字幕。这样他不仅能通过听力理解对话，还能通过阅读字幕加强对语言的视觉记忆，从而同时满足听觉型和视觉型学习者的需求。在听外语歌曲时，学生可以同时查看歌词，并尝试跟随歌词唱歌。这不仅提高了听力理解，同时通过阅读和跟唱歌词，加强了视觉和听觉的联合记忆。

（2）结合视听材料进行笔记整理。在听外语演讲或播客时，这名学生可以尝试记录关键词汇和短语。随后，他可以利用思维导图或其他视觉化工具来整理和回顾这些笔记，这样既满足了视觉记忆的需要，也加深了对听力材料的理解。

假设另一名大学生拥有动觉型和视觉型的学习风格。这名学生可以结合自己的学习风格采用以下策略。

（1）通过实践活动加强视觉学习。这名学生可以通过参与英文演讲或短剧来加强语言实践。在准备过程中，他可以制作图表或者视觉提示卡来帮助记忆演讲的要点或者剧本的内容。这种方法结合了实践活动的动手体验和视觉材料的记忆优势。参与外语角色扮演或辩论活动，同时利用视觉辅助材料如 PPT 或信息图来支持自己的论点，这样既能通过参与和实践锻炼语言表达能力，又能通过视觉辅助材料加深对所学知识的理解和记忆。

（2）结合动手实践和视觉笔记。在学习新单词或语法时，这名学生可以尝试自己制作闪卡，每张闪卡上写一个单词或语法点，并配以相关图片或例句。这样的动手实践结合了视觉记忆，使学习更加深刻和持久。在进行外语写作练习时，可以先绘制故事脑图或情节结构图，再着手写作。这种方法结合了视觉规划和动手写作，有助于提高写作组织能力和语言表达能力。

二、情感因素

从心理学角度来看学习过程，学习者的情感因素，如学习动机、个性、学习态度、学习兴趣、自信心、焦虑程度等因素，也对外语学习具有重要影响，如图 3-1 所示。

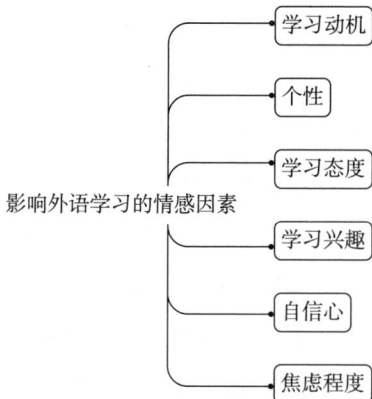

图 3-1　影响外语学习的情感因素

（一）学习动机

学习动机在外语学习中扮演着极为重要的角色，它不仅影响学习者的学习目标和兴趣，还深刻影响他们的学习方法和效果。动机的分类反映了不同学习者在学习过程中的内在驱动和外在目的。

外语学习动机研究领域的鼻祖加德纳将学习动机细分为四个方面：学习某种语言的目标、实现学习目标的愿望、学习中做出的努力和对学习某种语言的热爱程度。这种分类方式考虑了从目标设定到目标实现整个过程中的动机因素。例如，学生学习外语可能是为了去外语国家留学（目标），对此抱有强烈的愿望（愿望），愿意为之付出相应的努力（努力），并且对外语学习抱有浓厚的兴趣（热爱）。这种分类方法帮助我们理解动机是一个涉及多个方面的复杂构成，在从理想的设定到实现理想的过程中都在发挥作用。

心理学家布朗对学习动机的分类则更侧重于动机的类型，他将其划分为整体动机、情景动机和任务动机。整体动机关注的是长期的、全面的学习目标，如为了更好地融入外语社区而学习外语。情景动机则是由特定环境或情境触发的动机，如学生可能因为即将去美国旅游而开始学习外语。任务动机则关注具体的学习任务，如为了完成某个外语项目而学习。这种分类强调了动机的多样性和可变性，指出学习者的动机可能因具体任务和环境的变化而发生变化。

加德纳和兰伯特的观点则将动机分为融合型动机和工具型动机两大类。融合型动机源于学习者对目的语言文化群体的兴趣和希望成为其中的一部分，这通常涉及较深层次的文化和社会因素。例如，学习者可能因为对英国文化的热爱，希望能更深入地理解和融入这种文化而学习外语。工具型动机则是出于实际利益考虑，如为了获得更好的工作机会或提高职业技能。

语言学习动机在语言学习过程中扮演着核心角色，并对学生的外语学习产生重大影响，同时与学习成果密切相关。作为一个教育心理学的概念，学习动机本质上是驱使学生获取知识的内心驱动力和渴望。研究指出，学习者学习外语的动机多种多样：有些人学习外语是为了满足职业需求，有些人则是希望在外语环境中进一步深造，还有些人仅仅是为了应对考试，或者是为了国外旅行的需要。当学生具备了学习动机时，会更倾向于自发地制订学习计划，主动思考学习内容和方法，以实现学习目标。在面临挑战和困难时，这种动机会激发学生积极寻求解决方案，而不是轻易放弃，从而在积极寻求知识的过程中不断提升自己。

（二）学生个性

个性特质在外语学习中起着至关重要的作用，尤其是在区分外向与内向性格的学习者时。外向性格的学习者通常在外语学习中表现出更强的积极性和主动性，这一特点在很大程度上有助于他们在语言学习上取得进展。这类学习者通常喜欢与人交流，乐于参与课堂讨论和其他语言交流活动，因此他们有更多的机会实践和运用所学的语言。外向学习者在外语学习过程中，通常愿意冒险尝试新的表达方式，并且不太担心犯错，这使得他们在口语表达和听力理解方面往往比内向学习者更为出色。外向学习者还倾向于利用社交环境来提高语言能力，如通过参加语言交换活动、加入讨论小组或参与社交活动来练习外语。他们在语言实践中的这种积极参与，有助于提高语言的流畅度和自然性。

相比之下，内向性格的学习者在外语学习中可能会面临更多挑战。由于他们通常较为保守和内敛，可能不太愿意在公众场合使用外语，特别是在需要口头表达的场合。这种抑制性因素可能限制了他们参与语言实践的机会，从而影响其语言技能的提高。内向学习者往往在课堂和语言活动中表现较为被动，不太愿意主动发言或参与讨论，这可能会导致他们在口语交流和听力理解方面的进步速度较慢。然而，这并不意味着内向学习者就无法在外语学习上取得成功。实际上，内向学习者通常在阅读和写作方面表现更为出色，他们更倾向于通过独立学习来提升语言能力，如阅读文献、写作练习和使用语言学习软件。因此，内向学习者可以通过找到适合自己特点的学习方法，如更多地依赖书面材料和独立学习活动，来提高自己的外语水平。通过结合各自优势和努力克服固有的障碍，不同个性特质的学习者都可以在外语学习中取得成效。

（三）学习态度

学习态度对大学生在外语学习上的影响是多方面的，它不仅塑造了学生对学习材料的态度，还决定了他们应对学习挑战的方式。正面的学习态度能够激发学生的学习热情和参与积极性，这通常基于对外语学习的兴趣或对其在未来生涯中价值的认识。例如，一个意识到外语对个人职业发展至关重要的学生，可能会更主动地参与课堂讨论和课外学习，他们在学习过程中展示出较高的求知欲和内驱力。这种积极的学习态度能帮助学生在遇到学习障碍时保持坚韧和专注，从而更深入地理解和掌握学习内容。例如，面对外语语法的复杂性，他们可能会主动寻找不同的学习资源和方法，如参加补习班、向教师求助或使用在线学习工具，而不是轻易放弃。

此外，学习态度还深刻影响了学生面对困难时的处理方式。那些持有积极态度的学生在遇到学习上的挑战时，倾向于采取主动寻求解决方案的方法。这种积极的应对方式不仅有助于解决当前面临的难题，还能在长远中增强学生的自我学习能力和适应性。例如，一个在外语听力训练中遇到困难的学生，如果持有积极的学习态度，可能会寻找更多的听力练习材料，或者尝试不同的听力训练方法，如观看外语新闻、听外语播客或参加听力强化课程。这种主动探索和解决问题的态度使学生能够在学习过程中逐步提高能力，同时培养解决问题的技能和自信心。

因此，对于大学外语教师而言，培养学生的积极学习态度至关重要。这不仅包括激发学生对外语学习的兴趣，还包括教育学生面对困难时保持积极的心态，鼓励他们主动寻找解决问题的方法。教师可以通过创设更有趣、更具互动性的学习环境，为学生提供成功的体验，从而提升学生的自信心和学习动力。同时，教师还可以通过正面反馈和鼓励，帮助学生建立起对自身学习能力的积极评价，这对于学生长期的学习动机和学习成效有着深远的影响。

（四）学习兴趣

兴趣可以被理解为学习者对于特定学科的好奇心和积极态度，是激发学习动力的重要源泉。具有高度学习兴趣的外语学习者通常会因为对语言的好奇心和兴趣而主动学习，且在学习过程中更加专注和投入。这种自发的、基于兴趣的学习态度有助于学习者更深入地理解语言知识，同时能增加学习的乐趣，减少学习压力。兴趣驱动的学习者可能会主动寻找各种学习资源，如外语电影、音乐、书籍等，以提高自己的语言能力，将"要我学"转变为"我要学"。因此，教师在教学过程中应重视激发学生的学习兴趣，采用各种教学方法和材料，提高学生的学习热情和参与度。

（五）自信心

自信心是学习者对自己能力的信念和对自身价值的正面评价，是马斯洛需要理论中提到的自我实现的基础。在外语学习中，自信心对学习者的学习效果和学习态度有着直接的影响。有自信心的学习者往往更有勇气面对学习中的困难和挑战，在遇到难题时不易气馁，更倾向于寻求解决方案，而不是放弃。这种积极的心态有助于他们更好地发挥自己的潜力，提高学习成绩。相反，缺乏自信的学习者可能因为对自己能力的怀疑而感到焦虑和紧张，这种情绪会阻碍学习过程的顺利进行，导致学习效果不佳。因此，对于外语学习者而言，建立和维持良好的自信心至关重要。教师和家长应鼓励学生树立自信，认可他们的努力和进步，帮助他们正视自己的能力，从而激发他们的学习潜力和创造性。

作为外语教师，不仅要教授语言技能，更重要的是在教学过程中尊重并肯定每个学生，营造平等、尊重和信任的教学环境。这种环境应该是无压力的，让学生感到安全和被信任，从而消除恐惧和紧张感。建立这样的环境有助于形成一种既正式又友好的师生关系，使学生感到自己被尊重和接纳。当学生在学习过程中遇到难题时，教师应及时提供必要的帮助和指导，帮助他们克服困难。同时，对学生的每一点进步都应给予及时的认可和鼓励，哪怕这些进步看似微不足道。教师的这种积极反馈可以极大地影响学生的心态，增强他们的学习动力和自信心。

在尊重学生的同时，教师还应根据学生的学习情况设定合理的学习目标。这些目标应该既现实又具有挑战性，能够激发学生的兴趣和动力。教师应帮助学生认识到自己的潜力，引导他们根据自己的实际情况分阶段地制订学习计划。这样的学习计划应符合学生的实际能力，同时能够激发他们向更高目标努力。通过这种方法，学生在实现每一个小目标的过程中会逐渐建立起自信，减少对困难的畏惧。每一次的成功都会成为他们的动力来源，激发他们对新成功的渴望，从而持续推动他们学习。

（六）焦虑程度

焦虑在外语学习中扮演着复杂而重要的角色。在学习外语的过程中，学生可能会经历不同类型和程度的焦虑，这些焦虑会对学习效果产生显著影响。焦虑通常与学生的自信心紧密相关，可分为促进性焦虑和妨碍性焦虑。促进性焦虑在一定程度上是积极的，它可以将学习者的紧张感转变为动力，激励他们更加努力地追求学习目标。这种焦虑能激发学生的求知欲和学习动力，促使他们更加专注和勤奋。例如，轻度的考试焦虑可能促使学生更加努力地准备考试，从而提高学习效率。妨碍性焦虑则对学习产生负面影响，它可能导致学生感到极度紧张和不适，影响他们的注意力和学习效率。这种焦虑在外语学习中尤为明显，因为学生可能会因为担心交流不畅、发音不准确或文化差异而感到焦虑。

在一定的程度上，适度的焦虑能够激发生理和心理上的积极反应，提高学习效率。然而，过度的焦虑则可能导致学生产生强烈的压力感，影响正常的学习和思考。过度的焦虑可能使学生产生逃避学习的倾向，或者在学习过程中表现出抑制现象，影响他们原有的学习能力和技能。因此，控制焦虑，维持适度的焦虑水平对学习者尤为重要。优秀的学习者通常能够有效地管理自己的焦虑，保持适度的焦虑水平，既不过度紧张也不过于放松。

在教学实践中，教师应采取相应的策略来帮助学生管理焦虑。教师可以通过建立轻松和支持性的学习环境来缓解学生的焦虑。例如，教师应该采用鼓励和积极的反馈方式，而不是频繁地指出学生的错误。此外，教师应该鼓励学生参与课堂活动，但也要避免过多地强迫他们在公共场合表达。在实际的语言实践中，教师应该倾听学生的需求和感受，提供必要的支持和鼓励，帮助他们克服学习中的障碍。通过这些措施，教师可以帮助学生将焦虑转化为学习的动力，而不是成为学习的障碍。

三、母语迁移因素

母语迁移的出现是因为语言不仅是交流的工具，也是思维的载体。人类的语言虽然具有任意性，但它们都遵循某些共通的核心规则，即普遍语法。这种普遍性体现在不同语言间存在的共同现象，如某些拟声词在不同语言中的相似性。语言的这种共同性基础使得学习者在学习第二语言时很自然地将母语的思维模式和语言规则迁移到第二语言学习中。因此，无论是用母语还是外语表达思维，母语的影响都是不可避免的。母语迁移在第二语言习得中起着重要且复杂的作用。它是指学习者在学习和使用第二语言时不可避免地受到母语的影响。这种迁移既有积极的一面，也有可能产生负面影响。

一方面，母语的知识和经验可以作为学习第二语言的参照和桥梁，帮助学习者更快地掌握新语言。例如，对于某些语言结构或词汇的相似性，学习者可以借助母语的知识快速理解和记忆。另一方面，母语的结构和习惯用法在第二语言学习中也可能产生干扰，导致所谓的"负迁移"，如错误地将母语的语法规则应用到第二语言中。这种负迁移可能会影响学习者的语言准确性和流畅性。

在教学实践中，了解和应对母语迁移的现象至关重要。教师应该意识到母语迁移不仅是学习者的自然反应，而且可以被有效地利用作为一种学习策略。同时，教师也需要帮助学生意识到母语迁移可能带来的负面影响，并通过对比分析、纠正练习等方法来减轻这些影响。通过有效管理母语迁移，教师可以帮助学生更有效地习得第二语言，同时避免可能出现的误解和障碍。

第二节　影响外语学习的外部因素

一、家庭环境因素

（一）家长教育背景

1.具有外语教育背景

家长如果具有外语教育背景，通常会对子女的外语学习产生积极影响。这些家长往往能够更好地理解外语学习的重要性和复杂性，因此更可能在家庭中创造一个支持和鼓励学习外语的环境。例如，他们可能会提供丰富的外语学习资源，如外文书籍、电影、音乐或软件，并鼓励孩子通过这些资源学习。此外，具备外语背景的家长可能会与孩子进行外语交流，为孩子提供实际应用语言的机会，这对于语言学习尤为重要。例如，一位说外语的家长可能会鼓励孩子用外语讨论日常话题，从而提高孩子的口语能力和听力理解能力。同时，这些家长也更有可能意识到外语学习过程中的挑战，并提供适当的指导和帮助，如辅助孩子完成外语作业或解答语言学习中的疑问。

2.没有外语教育背景

相反，没有外语教育背景的家长在孩子的外语学习过程中提供的直接支持则较少。这并不是说他们不重视外语教育，而是他们可能缺乏必要的知识和技能来有效地辅助孩子的外语学习。比如，这些家长可能难以提供外语交流环境或者帮助孩子解决学习中的具体问题。又如，他们可能不太清楚如何选择合适的外语学习材料和资源，或者如何评估孩子的学习进度和效果。然而，这并不意味着这些家长无法对孩子的外语学习产生积极影响。他们仍然可以通过鼓励孩子学习、为孩子创造学习外语的机会（如报名外语课程、参加语言夏令营等）来支持孩子的学习。除此之外，他们还可以通过积极与学校教师沟通，了解孩子在学校的学习情况，从而更好地支持孩子的学习需求。

（二）家长重视程度

1.比较重视外语学习

当家长比较重视孩子的外语学习时，通常会对孩子产生积极的影响。这种重视态度会通过家庭环境和日常互动传递给孩子，增强孩子学习外语的动机和兴趣。例如，重视外语学习的家长可能会定期询问孩子的学习情况，鼓励孩子参加与外语相关的课外活动或竞赛，甚至一起观看外语节目或阅读外文书籍，从而创造一个语言沉浸式的学习环境。与此同时，这些家长也可能会更积极地为孩子提供外语学习资源，如报名高质量的外语课程、购买教学软件或参与语言交流项目。他们可能还会通过设定奖励机制来激励孩子学习，如对于取得一定学习成果的孩子给予物质或精神上的奖励。这种家庭环境和支持对于孩子外语能力的提高是极其有益的。

2.不太重视外语学习

如果家长不太重视外语学习，可能会对孩子产生负面影响。在这种情况下，孩子可能缺乏学习外语的动力和兴趣，因为家庭环境没有提供足够的支持和鼓励。例如，这些家长可能很少或根本不询问孩子的外语学习情况，也不鼓励孩子参加任何与外语相关的活动。缺乏家庭支持的孩子可能会感到学习外语是一项单调乏味的任务，而不是一个有趣和有益的学习过程。这些孩子可能无法获得足够的外语学习资源和机会，如参加外语夏令营或交流项目。缺乏家庭鼓励和支持的孩子可能会在外语学习上表现出消极态度，这在学习效率和成绩上可能会有所体现。例如，他们可能对学习外语不感兴趣，不愿意参与课堂活动，或者在外语学习上花费的时间和精力远少于其他学科。

（三）家庭文化背景

家庭文化背景是影响外语学习的另一个重要外部因素，对学习者的语言学习态度、方法和成效具有深远影响。家庭文化背景主要可以分为单一文化背景和多元文化背景两种。

1.单一文化背景

在单一文化背景的家庭中，孩子通常在一个相对同质的文化环境中成长。这种环境可能对外语学习产生一定的限制，因为孩子接触到的语言和文化较为有限。例如，如果家庭成员均使用同一种语言进行交流，孩子在家庭中几乎没有机会接触或练习外语。此外，这类家庭可能缺乏对于多元文化的认识和理解，孩子可能不会意识到学习外语的必要性或重要性。在这样的环境中，外语学习可能被视为学校教育的一部分，而不是日常生活的一部分。因此，学生的学习动力可能主要来自学校的要求，而不是个人兴趣或文化好奇心。这可能导致学习效果不佳，因为缺乏实际应用和文化沉浸的经验。然而，单一文化背景的家庭也可以通过鼓励孩子参与外语学习相关的活动，如参加语言学习班、观看外语电影或阅读外文书籍来弥补这种不足。

2.多元文化背景

相比之下，多元文化背景的家庭为孩子提供了一个更丰富和多样化的学习环境。在这种背景下长大的孩子通常能够接触多种语言和文化，这无疑是外语学习的巨大优势。例如，如果家庭成员具有不同的文化背景，孩子可能自然而然地学会多种语言，从而培养出对外语学习的兴趣和能力。多元文化的家庭环境能够激发孩子的好奇心和探索欲，使他们更愿意学习新的语言和文化。此外，这种环境也有助于培养孩子的跨文化交流能力，从而更容易理解和尊重不同的文化差异。例如，一个在多语言家庭中长大的孩子可能会更加自然地接受和理解不同国家的风俗习惯，这对于外语学习来说是一种宝贵的经验。多元文化背景的家庭也更有可能鼓励孩子出国旅行或参与国际交流项目，这些经历能够进一步提高孩子的语言技能和文化理解能力。

二、校园环境因素

（一）教师专业素质

1. 职业道德素质

大学外语教师的职业道德素质对学生的外语学习有着深远的影响。

（1）教师的专业责任感和对学生的尊重是形成有效教学环境的基础。教师的责任感体现在对教学内容的精通和对教学方法的不断创新上。例如，一个有责任感的外语教师会定期更新课程内容，引入新的教学资源和技术，以保持教学的现代性和相关性。这种教学方式不仅能激发学生的兴趣，还能帮助他们更好地理解和吸收新知识。此外，尊重学生意味着认可他们作为独立思考者的能力和潜力，鼓励他们提出问题和参与讨论。在尊重的基础上，教师能够创造一个开放和包容的学习环境，使学生感到自己的意见和想法被重视。

（2）教师的道德榜样作用对学生学习外语的态度和动机具有重要影响。教师的言谈举止和对待学生的方式直接影响学生的学习态度和行为。例如，如果教师公正、公平对待学生，并展现出对教学的热情和对学生的真诚关怀，学生就更可能模仿这些积极的态度和行为。相反，如果教师表现出不耐烦或不尊重学生，这可能会降低学生的学习兴趣和参与度。教师作为道德榜样，对树立学生的正面学习态度和行为典范至关重要。

（3）教师的职业道德素质还体现在对学生全面发展的关注上。优秀的教师不仅关注学生的学术成就，更关心他们的个人成长和福祉。例如，教师可能会注意到学生在学习外语时遇到的挑战和难题，并提供个性化的指导和支持，帮助他们克服困难。在课堂外，教师也可能通过提供额外的学习资源或建议，鼓励学生参与课外活动来促进他们的全面发展。通过对学生全面发展的关注，教师不仅帮助学生提高外语水平，还为他们的未来成功打下了坚实的基础。

2.先进教育理念

在当今多元化和国际化的教育背景下，大学外语教师的教育理念对学生的外语学习产生了显著影响。

（1）现代教育理念强调以学生为中心的教学模式，这对教师提出了更高的要求。大学外语教师需要关注学生的个性化需求，激发他们的学习兴趣和潜能。例如，教师可以设计多样化的教学活动，包括小组讨论、角色扮演和项目式学习等，以适应不同学生的学习风格，调动不同学生的学习兴趣。通过这种方式，学生不仅能够更加积极主动地参与学习，还能够在实践中发展自己的语言技能和跨文化交际能力。同时，教师还需不断更新自己的教育观念和教学方法，如运用信息技术和网络资源，提高教学的互动性和趣味性，以适应现代教育的发展趋势。

（2）随着教育评价体系和教学内容的变革，价值取向的教育理念对大学外语教学尤为重要。在这一理念指导下，人文教育和学生中心的教学法被广泛应用。例如，教师在教授语言技能的同时，也应该关注学生价值观的培养和个人素质的提升。这种教学方法不仅帮助学生掌握语言知识，还鼓励他们参与批判性思考和创造性表达，从而培养他们的自我意识和社会责任感。为此，教师需要深入了解学生的个性和兴趣，提供针对性的学习指导和支持，帮助学生在学习过程中实现自我探索和成长。

（3）为了有效实施现代教育理念，大学外语教师需要持续地进行专业发展和自我完善。教师不仅需要掌握丰富的教育知识和教学技能，还需具备创新意识和教育智慧。这意味着教师需要不断地反思自己的教学实践，探索新的教学策略和方法。例如，教师可以尝试引入跨学科的教学内容，或者利用国际交流项目来丰富学生的语言学习体验。通过这些努力，教师能够不断地提高教学质量，创新教学方法，从而更好地满足学生的学习需求，促进他们的全面发展。在这个过程中，教师的先进教育理念成为推动教学改革和提高教学质量的关键。

3. 专业教学能力

（1）沟通交流能力。沟通交流能力是大学外语教师的核心教学能力之一。这种能力不仅包括教师自身的语言表达能力，还包括与学生有效互动的能力。拥有强大沟通能力的教师能够清晰、准确地传达教学内容，使学生更容易理解和吸收新知识。例如，教师在解释复杂的语法规则时，能够使用简洁明了的语言，并通过实际例子加以说明，学生就更容易理解和记忆。此外，良好的沟通交流能力也意味着教师能够倾听学生的意见和问题，并给予及时的反馈和指导。这种互动不仅提高了学生的参与感，还有助于建立积极的师生关系，从而提高学生的学习动力和效率。

沟通交流能力还涉及教师在课堂上创造互动式学习环境的能力。教师可以通过小组讨论、角色扮演和互动式游戏等方法，鼓励学生参与课堂活动，提高他们的语言实践能力。例如，教师可以组织辩论赛或模拟面试活动，这样的活动不仅使课堂更加生动有趣，还提供了实际应用语言的机会，从而增强学生的外语沟通能力。

（2）就业指导能力。就业指导能力是大学外语教师另一个重要的专业教学能力。在当前就业市场竞争日益激烈的背景下，教师的就业指导能力对学生的职业发展至关重要。教师不仅需要向学生提供就业市场的信息，还需要教授他们必要的求职技能，如简历写作、面试技巧和职场外语沟通能力。例如，教师可以通过实际案例分析和模拟面试，帮助学生了解求职过程中的常见问题和有效应对策略。这样的指导不仅提高了学生的职业竞争力，也增强了他们对所学外语实用性的认识。

就业指导能力还体现在教师能够帮助学生了解外语学习在不同职业领域中的应用价值。教师可以邀请行业专家举办讲座或组织职业探索活动，使学生了解外语在不同行业中的实际应用。这种了解有助于学生将外语学习与未来职业规划相结合，从而更加明确学习目标和方向。总之，强大的就业指导能力使教师为学生不仅在学术上，更在职业发展上提供了宝贵的支持。

（二）同伴影响作用

学习既是个体的行为又是社会的行为，它既不会发生在真空中，也不是完全独立的，因此同伴因素会对大学生的外语学习产生深刻影响，这种影响体现在同伴行为的示范作用、同伴间的比较机制以及同伴关系对学业帮助的影响上。

首先，同伴的学习行为对学生具有显著的示范作用。根据社会认知理论，学生通过观察和模仿同伴的学习行为来发展自己的学习技能。在大学外语学习的背景下，当学生观察到同伴积极参与课堂讨论、勤奋复习或有效运用外语进行沟通时，他们可能会受到启发，进而模仿这些行为。例如，学生可能会在看到同伴积极参与外语角色扮演活动并因此获得提升后，也开始更加积极地参与这些活动。这种模仿和学习过程不仅提升了学生的语言技能，还增强了他们的学习动力和参与意愿。

其次，学生对自己学习能力的评估在很大程度上受到同伴行为和成绩的影响。在大学外语学习中，学生往往通过与同伴的比较来评估自己的进步和能力。如果一个学生发现自己在外语学习上落后于同伴，可能会感到挫败，但如果发现自己与同伴处于相似水平或领先，可能会增强信心。例如，学生可能通过与同伴的外语口语表现比较来评价自己的口语能力。这种社会性比较有时可以激发学生的竞争意识和提升欲望，但也有可能导致焦虑和压力。

最后，同伴关系会对学生在学业上的互助与合作产生重要影响。在积极和支持性的同伴关系中，学生更倾向于相互帮助和学习。例如，学生可能会在友好的学习小组中共享学习材料、讨论课程内容或一起准备考试。这种合作关系不仅帮助学生获得知识，还能提高他们的社交技能和团队合作能力。在这样的环境中，学生更容易寻求和提供帮助，从而在学习过程中获得更好的支持。

（三）学校硬件设施

学校硬件设施是影响大学生外语学习的重要外部因素之一。良好的硬件设施，如现代化的语言实验室、丰富的图书资源、先进的多媒体教学工具，为学生提供了必要的物理环境，支持他们的学习需求。例如，设备齐全的语言实验室可以模拟真实的语言环境，帮助学生提高听力和口语能力。在这样的环境中，学生可以通过各种交互式软件和程序进行语言练习，这些工具能够提供即时反馈，从而增强学习效果。此外，图书馆内丰富的外语书籍和材料为学生提供了广泛的阅读选择，有助于扩展他们的语言知识、拓宽他们的文化视野。因此，优秀的硬件设施不仅能够提高学生的外语学习效率，还能激发他们对外语学习的兴趣和热情。

（四）校园文化氛围

校园文化氛围也是对大学生外语学习产生重要影响的外部因素。一个充满活力、开放、鼓励多元文化交流的校园文化氛围有助于提升学生的外语学习兴趣和动力。在这样的氛围中，学校可能会定期举办各种文化节、国际交流活动等，这些活动不仅为学生提供了实际运用外语的机会，还有助于促进他们对不同文化的理解和欣赏。例如，通过参与国际文化节，学生可以接触到不同国家的语言和文化，从而激发他们学习外语的兴趣和求知欲。此外，鼓励多元文化交流的校园文化也能够培养学生的跨文化交际能力，为他们未来的国际化职业生涯打下坚实的基础。因此，积极的校园文化氛围不仅提高了学生的语言技能，还促进了他们全面的个人发展。

三、社会环境因素

（一）社会风气

社会风气对大学生的外语学习具有深远影响。在一个重视外语教育的社会环境中，外语通常被视为重要的技能，这种观念会鼓励学生投入更多的时间和精力来提升自己的语言能力。比如，在全球化背景下，外语作为国际交流的主要语言，其重要性被广泛认可。这种社会风气促使大学生认识到掌握外语对于个人职业发展和国际交流的重要性，从而激发他们学习外语的动力。学生在这样的环境中往往更有可能参加语言课程、参与语言实践活动，甚至出国留学以提高自己的语言技能。

与之相反的，如果社会风气中对外语学习的重视程度不高，可能会导致学生学习外语的动力不足。在这种环境下，学生可能会感觉学习外语的必要性不强，从而在学习过程中缺乏积极性和主动性。例如，如果社会更重视其他技能或知识领域，学生可能会将时间和精力集中在这些领域，而忽视外语学习。因此，社会对外语学习的态度和重视程度在很大程度上影响了学生的学习动力和成效。

（二）社会价值观

社会价值观在塑造学生对外语学习重要性的认知方面扮演着关键角色。在一个重视多元文化和国际交流的社会中，外语学习被看作是连接不同文化和促进国际理解的桥梁。例如，当社会普遍认为掌握外语是文化开放和全球意识的体现时，学生可能会更加积极地学习外语，以适应这种价值观。这种社会价值观促使学生认为学习外语不仅是为了职业发展，也是为了成为一个全球公民，能够理解和尊重不同的文化和观点。

相反，如果社会价值观倾向于本土化和民族主义，可能会降低学生对外语学习的重视程度。在这种情况下，学生可能会感到学习外语与自己的文化身份和价值观不符，因此缺乏学习外语的兴趣和动力。例如，如果社会主张文化自给自足或视外语学习为对本国文化的威胁，这可能会影响学生学习外语的态度和努力。因此，社会价值观对学生学习外语的态度和积极性有着重要的影响。

（三）社会期望

社会期望是影响大学生外语学习的另一个重要因素。当社会普遍期望高等教育毕业生具备良好的外语能力时，这种期望会成为学生学习外语的重要动力。这些期望可能来自未来的职业市场、学术机构或社会舆论。例如，许多职业领域，特别是国际贸易、外交和科研领域，对员工的外语能力有较高要求。这种职业市场的需求促使学生认识到掌握外语对于职业成功的重要性，从而增强他们学习外语的积极性。

　　然而，过高的社会期望有时也可能给学生带来压力。如果学生感觉自己无法满足这些期望，可能会产生焦虑和不安。例如，如果学生觉得社会对外语流利程度的期望过高，他们可能会对自己的学习进度感到沮丧。在这种情况下，适当的指导和支持变得尤为重要。教师和家长应该帮助学生树立合理的目标，鼓励他们按照自己的节奏学习，同时强调学习过程的重要性而非仅仅关注结果。这样，学生可以在较低压力的环境中提升外语能力，逐步达到社会期望。

第四章　大学生外语学习的有效策略

第一节　外语学习策略基本认知

一、学习策略相关概念

（一）学习策略与学习者策略

学习策略和学习者策略是语言学习研究中的两个重要概念，它们在帮助学习者更有效地学习语言方面起着关键作用。这两个概念虽然在学术上有着细微的差别，但在实际应用中往往被交替使用，这反映出它们之间的密切关联。

学习者策略在广义上指的是学习者为促进学习而采取的一系列手段或技巧，包括学习策略、交际策略和社交策略。学习者策略狭义上特指学习者直接用于语言学习的策略，涵盖了对语言输入的加工、存储和提取等方面。这些策略帮助学习者更有效地处理和理解新的语言信息，如通过复述、分类或者总结来加深对语言的理解和记忆。例如，学习者可能会通过制作词汇卡片来帮助记忆新单词，或者通过归纳总结来理解语法规则。这些策略直接影响学习者对语言知识的掌握程度和学习效率。

交际策略和社交策略则主要关注语言的输出，即如何在实际交际中运用语言。交际策略是指学习者在交际中使用的策略，以保持交流的连贯性和有效性。例如，当学习者忘记了某个特定的单词时，他们可能会使用替代词或同义词来表达自己的意思。社交策略则更侧重于学习者在社交互动中为获得更多的学习机会而采取的行动。比如，参与语言交换活动或加入学习小组，以提高交际技巧和加深对语言文化的理解。

虽然学习策略和学习者策略在学术上有所区分，但实际上它们在教学实践中常常相互交织和融合。不同的研究者可能会根据研究的具体焦点和角度，选择使用其中一个术语。然而，无论是使用学习策略还是学习者策略，它们的核心目的都是帮助学习者更有效地学习语言，提高语言能力。因此，理解这些策略的本质和应用方式，对于设计和实施语言教学计划具有重要意义。

（二）学习策略与学习方法

学习策略是一个涵盖广泛的概念，它不仅包括具体的学习方法和技巧，还涉及学习者对语言和语言学习的整体认识。学习策略的核心在于它们构成了学习者学习路线的总体倾向或特征。这包括学习者的外显行为，如阅读、写作、听力和口语练习，以及内隐的心理活动，如对语言结构的理解和对学习过程的反思。胡郑辉的观点进一步细化了学习策略的构成，将其分为观念和方法两个层次，每个层次又包括学习和管理两个方面。

学习观念和管理观念集中于学习者对外语学习的总体理解，前者从语言学习角度出发，后者则关注于学习活动的组织和管理。例如，学习者可能认为积极参与课堂活动和利用多媒体资源是有效学习外语的重要方式，这反映了其学习观念。同时，他们可能还计划每天分配特定时间用于语言学习，这则体现了其管理观念。学习方法与管理方法则具体指导学习者如何实施这些观念。学习方法可能包括使用特定的记忆技巧或交流练习，而管理方法可能涉及如何安排学习时间和选择合适的学习资源。在这个框架下，方法受观念的支配，但长期的实践也可能导致新观念的产生，从而使方法对观念产生反作用。

与学习策略相比，学习方法更具体、更易于观察和实施。它们是学习者为解决具体学习问题或活动而采取的特定做法和手段。这些方法通常是可见的行为，如重复练习、笔记整理或模拟测试。学习方法通常是在学习策略的指导下被选择和应用的。学习策略的一个重要特征是其自觉性和目的性，它涉及对现有技巧的选择和组织，以及必要时的调整和修正。例如，略读作为一种阅读策略，目的是快速获取文本的主旨和大意，这需要学习者有意识地在阅读过程中应用这一技巧。相对于策略，学习方法的自觉性和目的性可能不那么显著，但仍是实现学习目标的重要工具（如图4-1）。

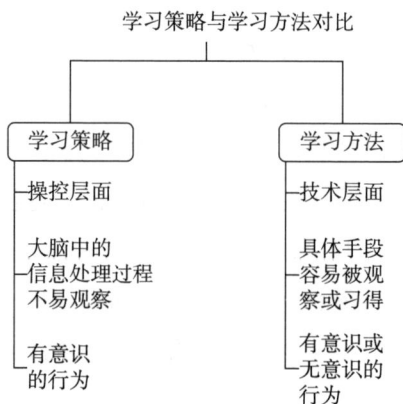

学习策略与学习方法对比

学习策略 | 学习方法

学习策略：操控层面、大脑中的信息处理过程不易观察、有意识的行为

学习方法：技术层面、具体手段容易被观察或习得、有意识或无意识的行为

图4-1 学习策略与学习方法对比

学习策略的定义和分类固然重要，但研究学习策略更重要的目的是探讨哪些因素可以影响学习策略的选择和使用，以及如何对学习者进行学习策略的培训，从而使学习者了解学习策略的多样性并择优而用之，提高学习者使用学习策略的自觉性和有效性，最终培养学习者根据实际情况调整或使用新学习策略的能力。

二、外语学习策略的定义

语言学习策略的定义和分类在学术界存在多种观点，反映了这一领域的复杂性和多样性。这些观点在如何界定语言学习策略方面存在显著差异，这些差异主要体现在语言学习策略的性质、目的和作用上。

有的学者认为，学习策略最好用于泛指语言学习者采用的方法的总体趋势或特点，而技巧则用于描述可视行为的具体形式。这种观点强调了策略在学习过程中的宏观角色。有的学者则将语言学习策略定义为影响学习者编码过程的做法或想法，侧重于学习过程中的心理活动。还有的学者认为，学习策略是学习者采取的技巧、方法或者刻意的行动，目的是提高学习效果和易于回忆语言的形式及内容。这种定义强调了策略在促进记忆和理解方面的作用。

对于这些定义的分析指出，学习策略研究中存在的主要分歧包括以下几点：策略究竟是指可视行为，还是指大脑中无法观察到的心理活动，还是两者兼而有之；策略是指某人学习语言方法的总体特点，还是指完成某个具体任务所采取的技巧；策略是否在学习者意识（潜意识）范围之内；策略能否对语言的发展产生直接的作用。基于这些分歧，埃利斯提出了八个特点来界定语言学习策略：策略可以指总的学习方法，也可以指第二语言学习的具体活动或技巧；策略以解决问题为出发点，即学习者采用学习策略是为了解决在学习中碰到的一些具体问题；学习者一般都能意识到所用的策略，并能够描述策略的内容；策略涉及语言或非语言的活动；语言策略能够运用母语或非母语执行；有些策略是从外部可观察到的行为，有些策略是不能直接观察到的内心活动；大部分策略为学习者提供可处理的语言信息，因此对语言学习有间接的影响，但有些策略也可能对学习产生直接的影响，如记忆策略；策略的运用要因事、因人而异。

第二节　外语学习策略的分类

一、奥马利和查莫特的学习策略分类

根据信息加工的认知理论，奥马利和查莫特的语言学习策略分类体系包含了三大类：元认知策略、认知策略和社会/情感策略。这一分类体系的核心在于它识别了语言学习过程中不同类型策略的特定功能和作用。

（一）元认知策略

元认知策略在这个体系中占据了较高的层级，主要关注对学习过程的评价、管理和监控。这类策略涉及对学习活动的规划、监督和调整，使学习过程更加高效。例如，学习者可能会设定具体的学习目标，监控自己的进度，对学习方法进行适时的调整，以确保学习效果。这种策略的使用有助于学习者对自身的学习过程有更深刻的认识和控制。

（二）认知策略

认知策略则更加关注具体的学习活动，如阅读、写作、听力和口语等。这类策略直接应用于语言的获取和使用，帮助学习者更好地理解和记忆语言材料。例如，重复练习、分类归纳或构建语言关联都是认知策略的一部分。这些策略使学习者能够直接操作和加工语言信息，从而提高学习效率。

（三）社会/情感策略

社会/情感策略的重点在于为学习者提供更多接触语言的机会，同时帮助他们管理学习过程中的情感和社交互动。这类策略可能包括与母语者交流、参与语言学习小组或者使用语言交换伙伴等。这些策略不仅提高了语言实践的机会，还帮助学习者在情感和社会层面上更好地适应语言学习过程。

　　尽管奥马利和查莫特的分类体系在语言学习策略研究中具有重要意义，但也存在一定的局限性。这种分类没有充分考虑情感过程的管理和对社会／情感策略的全面描述。同时，该分类更多地关注具体的行为性学习策略，而未能深入探讨观念性学习策略和观念与行动之间的关系。此外，每大类所包括的小类策略主要是按照信息处理过程来划分的，这在一定程度上忽视了语言学习的独特特点。因此，尽管这种分类为理解语言学习策略提供了有价值的框架，但在未来的研究中还需要对其进行进一步的扩展和深化。

二、奥克斯福德的学习策略分类

　　奥克斯福德的学习策略分类是语言学习策略研究中的一个重要里程碑。她将学习策略划分为直接策略和间接策略两大类，这一分类体系基于策略与语言材料的关系。直接策略指的是与语言学习本身和目标语直接相关的策略，它们直接参与到语言的学习过程中，涉及各种具体的学习任务和情景。这些策略包括记忆策略、认知策略和补偿策略，每种策略都有其特定的应用场景和目的。例如，记忆策略帮助学习者存储和回忆语言材料，认知策略涉及理解和加工语言信息的过程，而补偿策略则用于弥补学习者在语言知识或技能上的不足。

　　与此相对的，间接策略则与目标语没有直接的联系，但在管理和促进语言学习活动方面起着重要作用。间接策略包括元认知策略、情感策略和社会策略。这些策略帮助学习者规划、监控、调整学习过程，管理学习过程中的情感反应，以及利用社交互动来促进语言学习。这些策略虽然与语言学习的直接活动没有直接联系，但它们为有效学习提供了支持和框架。

　　奥克斯福德的分类体系展示了她的独到见解，尤其是将补偿策略归类为直接策略，这一点与一些学者的观点有所不同。尽管这种分类没有强调直接策略和间接策略之间的层级关系，但它提供了一个清晰的框架，帮助学习者和教师更好地理解和应用各类学习策略。奥克斯福德还创造性地将各小类学习策略的首字母组合成有意义的单词，如将四类记忆策略的首字母组成"CARE"，增强了学习策略的易理解性和记忆性。此外，Oxford 根据自己的分类框架设计了一个语言学习策略使用情况诊断表（Strategy Inventory for Language Learning，简称 SILL）。这个量表为学习者提供了一个自我评估的工具，帮助他们识别和优化自己的学习策略。这个量表的两个版本分别适用于以外语为母语和以外语为外语或第二语言的学习者，被广泛应用于语言学习策略的研究和实践中，体现了 Oxford 对学习策略研究的深远影响。

三、科恩的学习策略分类

科恩在其著作中提出的语言学习策略分类强调了第二语言学习者策略的两个主要方面：语言学习策略（图 4-2）和语言使用策略（图 4-3）。这一分类基于策略运用的目的，清晰地区分了学习和使用语言时所采取的不同策略。

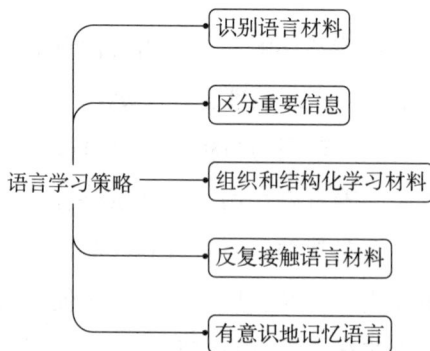

图 4-2　语言学习策略

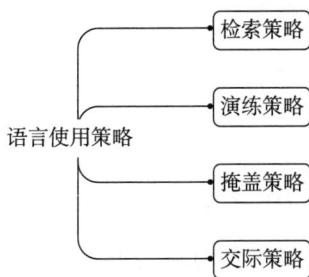

图 4-3　语言使用策略

　　语言学习策略主要涉及学习者为促进语言学习而有意识地采取的活动或步骤。这些策略包括识别语言材料、区分重要信息、组织和结构化学习材料、反复接触和有意识地记忆语言材料等。这类策略的关键在于帮助学习者有效地处理和理解新的语言信息，从而加深对语言结构和内容的认识。例如，学习者可能通过制作笔记、构建心智图或使用记忆术来帮助记忆新词汇和语法规则。这些策略直接影响了学习者对语言知识的掌握程度和学习效率。

　　语言使用策略则更侧重于学习者为了更好地运用语言而采取的策略，包括检索策略、演练策略、掩盖策略和交际策略。这些策略帮助学习者在实际中更加流畅和有效地运用语言。例如，学习者可能会使用检索策略来快速回忆学过的词汇或语法结构，或者通过模拟对话来演练语言技能。掩盖策略和交际策略则帮助学习者在实际交际中掩盖语言不足或促进有效的交流。

　　科恩的分类虽然在理论上清晰，但在实际应用中存在一定的挑战。在具体的语言学习和使用过程中，学习者的某项具体语言活动可能同时具有学习和使用的双重目的，这使得在实践中区分这两类策略变得复杂。此外，科恩的分类中并未涵盖元认知策略，而元认知策略被认为在监控和管理认知策略的使用方面起着关键作用。元认知策略的缺失可能意味着该分类框架在帮助学习者全面理解和优化他们的学习过程方面存在局限。因此，尽管科恩的分类为理解语言学习策略提供了有价值的视角，但在未来的研究和实践中，考虑将元认知策略纳入分类体系可能会使其更加完整和实用。

四、文秋芳的学习策略分类

文秋芳将外语学习策略分为两大类：管理策略（图 4-4）和语言学习策略（图 4-5）。这一分类体系基于策略与学习过程的关联性来划分，具有明确的理论依据和实际指导意义。

管理策略关注于整个学习过程的规划和监控，包括确立学习目标、制定学习计划、选择适当的学习策略、进行自我监控和自我评价，以及根据学习情况进行必要的自我调整。这些策略不仅在认知层面进行管理，也涵盖了情感过程的管理，是一种全面的外语学习管理策略。管理策略的关键在于它们的跨学科和跨时空特性，这意味着一旦学习者掌握了这些策略，不仅可以在外语学习上取得显著成效，还能在生活和工作的其他方面获益匪浅。

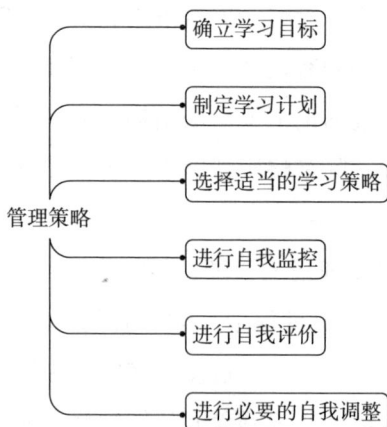

图 4-4　管理策略

　　语言学习策略直接作用于语言学习材料，具有针对性和学科特殊性。文秋芳基于外语教学领域内的三大争端，将语言学习策略分为传统与创新两大类。这一分类体现了语言学习中关于是否使用母语作为媒介语、外语学习是有意识还是无意识行为，以及更注重语言形式的准确性还是流利度等问题的两种对立观点。这种分类有助于揭示第二语言或外语学习的特殊性，并解决了一些西方学者分类方法存在的问题。

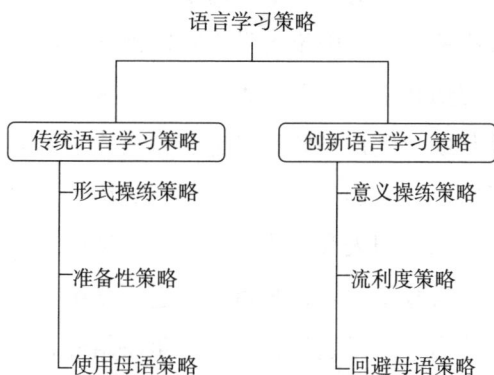

```
                        语言学习策略
          ┌──────────────────┴──────────────────┐
    ┌─────────────┐                      ┌─────────────┐
    │ 传统语言学习策略 │                      │ 创新语言学习策略 │
    └─────────────┘                      └─────────────┘
          ├── 形式操练策略                       ├── 意义操练策略
          ├── 准备性策略                         ├── 流利度策略
          └── 使用母语策略                       └── 回避母语策略
```

图 4-5　语言学习策略

　　文秋芳的分类体系强调了学习者在选择学习策略时应考虑学习环境、学习阶段和学习内容的具体特点，以实现最佳的学习效果。这一观点指导学习者根据自己的具体学习情况灵活选择和应用不同的学习策略，从而更有效地促进语言学习。通过这种分类，学习者可以更加明确地认识到管理策略和语言学习策略各自的作用和重要性，从而更系统地规划和执行自己的学习计划。

第三节　外语学习策略的培养

一、外语学习策略培养的必要性

在现代教育背景下，对大学生外语学习策略的培养成为提高教学质量和学生学习效率的关键。由于大学生在能力、学习风格和兴趣上的差异性，传统的一刀切教学方法已经无法满足所有学生的需求。有效的学习策略培养能够帮助学生识别和利用适合自己的学习方法，从而在外语学习上取得更好的成绩。例如，对于那些视觉记忆能力较强的学生，教师可以推荐使用图像、图表和色彩编码等视觉辅助工具来帮助记忆单词和语法结构；对于听觉学习者，则可以通过听力练习和听写活动来提高语言理解和应用能力。通过这种针对性的策略培养，学生不仅能够更有效地掌握外语，还能够提高学习的积极性和自信心。

学习策略的培养也有助于激发学生的学习兴趣，特别是那些缺乏外语学习动力的学生。当学生发现通过采用特定的学习策略能够使学习过程变得更加轻松有趣时，他们的学习兴趣自然会提升。例如，通过小组合作学习，学生可以在交流中学习，这不仅有助于提高学生的语言实际运用能力，还能增强课堂的互动性和趣味性。教师还可以引入角色扮演、模拟对话等活动，使学习过程更具吸引力，从而激发学生的学习热情。这种策略的运用有助于学生形成持续的学习动力，将学习视为一种愉悦的探索过程，而不仅仅是完成任务。

虽然教学课程标准已经明确强调了学习策略的重要性，并为不同学段的学生设定了相应的学习目标，但实际教学过程中仍存在挑战。一些教师可能会在教学设计和执行时忽略学习策略的培养，或由于缺乏相关的知识和技能而未能有效引导学生。这说明教师需要加强对学习策略的理解和运用能力，从而更有效地指导学生。解决学生学习中的困惑，提升教学质量的关键在于系统性地培养学生的外语学习策略。这要求教师不仅要掌握各种有效的学习策略，还需要根据学生的实际情况和学习环境灵活应用这些策略。通过这种方式，教师可以更有效地引导学生找到适合自己的学习方式，激发他们的学习兴趣，并在长期的学习过程中取得更好的成绩。

二、外语学习策略培养的认知误区

教师的教学理念和实践方式对学生学习观念、策略及行为的形成具有深刻影响。为了有效地指导学生学习和培养学生在学习策略上的意识和能力，教师首先需要确立正确的教育观念和行为模式。通过分析一些外语教师在学习策略培养中的经常出现的问题，可以发现外语教师存在几个主要的教学理念误区，这些误区在一定程度上阻碍了教师有效地进行学习策略的指导和培养。

（一）学习策略与语言知识、技能发展关联性较低

有一部分教育工作者和学习者认为，学习策略的培养与语言知识和技能的提升并无直接关联，这种观点忽略了学习策略在语言学习过程中的核心作用。实际上，学习策略是连接学生现有知识与新知识、技能的重要纽带。它在帮助学生整合和深化语言知识、提升语言技能方面发挥着不可或缺的作用。例如，通过使用记忆策略，学生可以更有效地记住新单词和短语，而通过应用交际策略，学生能够在实际语境中更自信地运用所学语言。这些策略不仅有助于学生加深对语言结构和词汇的理解，还促进了他们在真实语言环境中的应用能力。

此外，有效的学习策略还能够激发学生的自主学习意识，提高他们的学习动力。当学生掌握了如何高效学习的策略后，他们对学习的掌控感增强，从而更加积极主动地参与到学习过程中。比如，当学生通过

元认知策略来监控和评估自己的学习进度时，能更清楚地认识到自己的学习强项和弱点，进而有针对性地改进学习方法。这种自我监控和调整不仅提高了学生的学习效率，也增强了学生对学习成果的满意度和自信心。

因此，学习策略的培养对于语言学习来说是至关重要的。教师在教学过程中应注重学习策略的引导和培养，使其成为课堂教学的重要组成部分。通过教授学生如何有效地运用不同的学习策略，教师不仅能帮助学生提升语言知识和技能，还能够培养他们成为终身学习者。这样，学生在学习外语的同时，还能够获得一系列学习技能，这些技能对他们未来的学术和职业生涯都将产生深远的影响。

（二）教师不应过度干预学生的学习方法和策略

对于学习策略的干预，某些教育工作者持有这样的观点：教师应尽量减少对学生学习方法和策略的干预，以充分发挥学生的主体性。然而，这种观点忽视了学生在形成有效学习策略过程中对教师指导的需求。实际上，大多数学生在学习初期并不知道如何有效地学习，尤其是在外语学习这一复杂且需要技巧的领域。这就要求教师发挥积极的引导作用，帮助学生探索、认知、选择并应用适合他们的学习策略。这种引导并不是简单的告知或指令，而是一种结合教学内容、学生需求和学习环境的个性化指导。

具体而言，在外语学习策略的培养过程中，教师扮演的角色不仅是知识的传递者，更重要的是成为学生学习路径的分析者和引导者。教师需要通过对学生学习行为的观察和分析，诊断学生在学习过程中遇到的困难和障碍，并提供针对性的指导。这种方法有助于使学生的学习问题和需求变得更加明确和具体，促使学生发现并形成适合自己的学习策略。

通过这种方法，学生能够更清楚地了解自己的学习状态，增强对学习过程的自我评价和自我调节能力。在教师的指导下，学生不再是被动的知识接收者，而是主动参与学习过程的主体。教师通过激发学生对学习策略的兴趣和了解，使学生更愿意主动探索和尝试不同的学习方法。这种教学方法有助于学生建立起学习的主体性，实现自主学习，从而在学习过程中取得更好的成效。因此，教师在学习策略培养中的角色转变，对于提升学生的自主学习能力和学习效果起着至关重要的作用。

（三）期待一次性解决观念、策略方面的问题

在外语教学中，一个常见的认知误区是认为学生在经过教师一次性的策略讲解和示范之后，就能够自然而然地掌握并应用这些学习策略。这种观点忽略了学习策略的内化过程，即从理论知识到日常行为习惯的转换，是需要时间和反复练习的。仅凭一次教学的介绍，学生很难将策略深入内化，转化为学习行为的一部分。有效学习策略的掌握和运用，是一个逐步积累和内化的过程，需要在日常学习活动中持续实践和反复练习。

为了使学习策略培养更加高效，教师需要采取系统的规划和持续的引导方式。这意味着，在教学过程中，教师不仅要一次性地介绍和展示学习策略，还需要在后续的教学活动中不断地回顾和强化这些策略。例如，教师可以在每个教学单元的开始或结束时，回顾和重申之前介绍过的策略，并鼓励学生在不同的学习情境中实践这些策略。这不仅有助于学生更深入地理解策略，还可以帮助他们将这些策略转化为日常学习的一部分。

行为心理学研究表明，形成一个新的习惯需要至少 21 天的持续实践，而要形成稳定的习惯则可能需要长达 90 天或更长时间的重复练习。这意味着教师在教学过程中需要持续不断地引导学生实践并应用学习策略。例如，教师可以设计一系列的练习活动，让学生在不同的语言学习情境中反复实践策略，如在阅读、写作、口语交际等不同领域中运用特定的学习策略。通过这种方式，学生可以逐渐习得并形成对策略的习惯性使用。与此同时，教师在学习策略的培养中也应考虑到策略的多样性

和学生的个性差异。不是所有的学习策略都适合每个学生，教师应鼓励学生探索和尝试不同的策略，找到最适合自己的学习方式。同时，教师还应定期对学生的策略使用情况进行评估和反馈，帮助他们识别和改进策略的应用，从而确保策略的有效运用。

三、外语学习策略培养的方法

在现代的外语教育环境中，对学生的学习策略进行有效的培养和引导变得越来越重要。学生需要认识到，运用合适的学习策略对提升外语学习的效果至关重要。为了促进学生对这些策略的理解和应用，教师应当运用多样化的教学手段。这包括直接向学生讲解学习策略的重要性和运用方法，通过课堂活动使学生间接体验策略的效果，以及鼓励学生在学习过程中相互交流策略的应用经验。此外，教师还应设计实际的语言实践活动，使学生在实际应用中深入理解和掌握这些策略。

然而，在许多高校的外语教学实践中，对学习策略的关注往往不足，有时甚至是忽视，这对学生的学习进步产生了不利影响。为了改善这一现状，教师需要加强对学习策略的重视，并在日常教学中更加系统地融入策略培养，从而帮助学生在外语学习中取得更佳成绩。

（一）明确要求，引导学生掌握具体的学习步骤

在外语教学中，教师的角色不仅仅限于传授语言知识，更重要的是作为学生学习策略的引导者。为了帮助学生有效地学习和运用外语，教师需要明确地指导学生了解并掌握具体的学习步骤。许多学生对于如何高效学习外语感到迷茫，尤其是在缺乏明确指导的情况下。为此，教师应设计清晰的学习指导，详细解释如何实现有效的学习，如具体的听力技巧、笔记方法，以及如何有效地复习和练习。这种具体的指导有助于学生将理论转化为实践，从而在外语学习中取得更好的成效。

同时，教师应鼓励学生在多样化的学习环境中尝试不同的学习策略。这不仅意味着在课堂上进行实践，还包括课外的自主学习。例如，

教师可以安排一些特定的任务或活动，让学生在完成这些任务的过程中尝试并评估不同的学习策略。更加深入地理解各种学习策略的优缺点，并在实践中发现最适合自己学习风格和需要的方法。

　　为了有效地培养学生的外语学习策略，教师应该实施持续和循环的策略培养过程。这不仅涉及在课堂教学中的策略重申，还包括在学习活动的不同阶段和环节中对策略的回顾和应用。例如，教师可以在新教学单元开始前，回顾上一个单元中介绍的策略，如记忆策略、阅读理解技巧或口语交流技巧，并引导学生分享他们在实践这些策略时的经验和反思。这不仅能帮助学生巩固已学的策略，还能促进他们对这些策略更深入的理解和应用。又如，如果教师在一个单元中重点教授了如何有效地进行笔记记录，那么在下一个单元开始时，可以邀请学生分享他们使用这种笔记方法的体验，讨论这种方法对他们学习的影响，以及他们如何根据自己的需求调整和改进这一策略。通过这种互动和反馈，学生不仅能够从同伴那里获得新的观点和想法，还能在教师的指导下学会如何根据不同的学习情境调整自己的学习策略。通过这种系统性和持续性的策略培养，学生可以更有效地掌握和应用学习策略，从而提高外语学习成效。

（二）隐性渗透，提升学生学习策略运用的意识和能力

　　在大学外语教学中，隐性渗透法是一种有效的策略培养方式。它通过教学活动和任务的设计，促使学生在实际学习过程中自然而然地采用和调整学习策略。这种方法的核心在于不直接告诉学生应该如何学习，而是通过实际的教学情境，让学生在完成特定任务时自发地运用不同的学习策略。例如，教师可以设置一系列的小组讨论、项目作业或实践任务，这些任务不仅促使学生运用特定的语言技能，还鼓励他们探索适合这些活动的学习策略。这样的教学设计使学生在实践中感受到学习策略的实际效用，并逐渐形成有效的策略运用习惯。

　　学习策略调查问卷作为一种自我反思工具，可以帮助学生深入了解

自己在学习过程中的策略使用情况。通过填写问卷，学生可以认识到自己所倾向的学习策略，并发现需要改进或调整的地方。在此基础上，教师可以组织课堂上的讨论或小组活动，让学生分享使用学习策略的经验和自我评估的结果。教师在这个过程中可以提供及时的反馈和建议，帮助学生更好地理解和应用不同的学习策略。这种隐性和显性相结合的指导方法，不仅提高了学生对学习策略的认识，还促进了他们在语言学习中的主动性和自主性。通过这样的教学安排，学生能够在实际的语言学习中更有效地应用学习策略，同时培养出一种积极探索和应用新策略的学习习惯，为未来的语言学习打下坚实的基础。

（三）引导示范，落实学生学习策略运用行为

在外语教学中，教师不仅是课堂管理者，也是学习策略的示范者。在进行语言教学时，教师的行为和态度对学生的学习策略形成至关重要。例如，当教师要求学生参与某项活动，如跟唱英文歌曲时，教师自身也应积极参与，而不是仅仅站在讲台上指导。通过自身的参与，教师可以向学生展示如何有效地学习和完成任务，从而激发学生的学习兴趣，提高其参与度。

在教学过程中，教师需要把握时机，确保学习策略的培养具有实效性。这要求教师不仅在理论上讲解学习策略，更要在实际的教学活动中体现这些策略。例如，如果要培养学生的倾听和积极思考能力，教师应在课堂上实际操作，展示如何有效倾听和思考。此外，教师对学生的评价也是学习策略培养中的关键一环。在学生完成任务后，教师应提供具体、有针对性的反馈，而不是仅仅使用模糊的赞美词汇。教师的评价不仅是对完成任务学生的反馈，更是对全班学生的引导，帮助他们学会如何倾听、如何适当地使用语言完成任务，以及如何对他人的表现进行合理评价。

教师应当在教学中综合运用各种策略，包括直接指导、隐性渗透和示范，以形成一种全方位的策略培养体系。通过这种多维度的教学方

法，学生能够在各种实际语境中学习和应用不同的学习策略，从而在外语学习中取得更好的成绩。教师的这种全面引导和示范不仅提高了学生的学习效率，还增强了他们对学习的兴趣和动力，为他们的外语学习打下了坚实的基础。

（四）组织交流，优化学习策略运用行为

在外语学习策略的培养中，组织学生之间的交流和分享是一种重要的方法。通过这种方式，学生不仅能够从同伴那里获得新的学习策略和思路，还能够通过交流和讨论，深入理解和吸收这些策略。例如，外语教师可以定期组织班级内的"外语学习策略交流会"，让学生分享自己在外语学习中使用的有效策略，交流各自的学习经验和体会。这种同伴间的交流和示范往往比教师的单向讲解更具说服力和影响力。

此外，教师可以针对不同学习水平的学生制订个性化的指导计划。例如，每周关注几名不同学习水平的学生，通过观察和访谈了解他们的学习观念和策略，然后将这些信息作为学习资源在班级内共享，帮助其他学生了解并使用这些有效的学习策略。这不仅可以促进学生间的相互学习和合作，还可以使学生及时摒弃不合适的学习观念和策略，形成更加合理和有效的学习习惯。

当然，外语教师也要有一定的学习策略理论基础、相关研究方法知识和策略训练知识，才能够在研究学生的学习策略使用情况后对学生进行恰当的策略训练与引导。要引导学生的学习观念与行为，教师首先要进行必要的理论学习，并依据已有研究成果和理论来审视、反思自己的教学观、学习观以及教学策略。我国的外语学习策略研究有近 30 年的历史，积累了丰富的理论和实证研究的实践经验，已有研究文献是一线教师研究学习的宝贵资源。这种嵌入式学习所获得的知识是教师把理论转化为实践的前提条件，也能够促成教师把基于个人实践经验的知识理论化，从而成为研究型专家教师。此外，研究文献以及理论的学习使教师已有的一些有效的教学策略、观念得以印证，教师会在教学中更加明

确地运用这些策略、观念引导学生的发展。

第四节　外语学习策略与教学

　　教育的核心目标是促进学生获取知识和技能，同时在提升学生创造力的基础上，教授学生如何进行有效的学习。掌握和优化学习策略对于激发学生的创新思维和帮助学生理解学习方法至关重要。在外语学习领域，除了强烈的学习动机，采取合适的学习策略对于指导学生的学习进程和提升他们的语言应用能力极为重要。因此，在外语教学中，教师的角色应转变为培养学生掌握并正确应用这些策略的指导者。这种教学方法不仅能够迅速提高学生的学习效率和成绩，还对提升整体的教学质量产生积极影响。

　　在这个过程中，教师需采用多样的教学方法和技巧，旨在帮助学生理解、掌握并有效应用适合自己的学习策略。通过这样的教学方法，不仅可以增强学生对外语学习的兴趣和热情，还能够帮助他们在实际语言应用中取得显著进步。从长远来看，这种以学生为中心的教学方法将极大地提高学生的自主学习能力和创新思维，为他们未来的学术和职业发展打下坚实基础。

一、外语学习策略在外语教学中的重要性

　　外语学习策略在外语教学中起着至关重要的作用，它不仅是学习外语的一部分，更是实现教学目标的关键工具。学生在课堂上学习外语时，外语学习策略帮助他们高效地完成学习任务和理解新知识。这些策略能使教师更深入地理解学生的学习习惯和对学习环境的反应，进而更有效地调整教学策略以满足学生的个别需求。

　　掌握恰当的外语学习策略对提升学生的语言交际能力尤为关键。外

语学习策略不仅涉及学生如何学习语言的具体技巧，还包括他们如何运用这些语言技巧进行有效的沟通。例如，学生可以通过角色扮演、对话练习等策略来提高口语交流能力。有效的外语学习策略可以帮助学生全面掌握所学的语言，不仅仅限于语法和词汇，还包括语言的实际应用。

在外语教学中，教师的责任不仅是传授语言知识，还包括培养学生的语言应用能力。这意味着教师不仅需要理解外语学习策略的理论，还要将这些策略融入日常的教学实践。例如，教师可以通过小组讨论、模拟对话或互动游戏等方式，激励学生在真实的语境中使用外语，从而提高他们的语言运用能力。通过这种实践教学，学生不只是学习语言知识，而且能学会如何在真实的情境中有效地运用这些知识，从而全面提高语言能力。

二、外语学习策略在外语教学中的突出作用

外语学习策略在现代外语教学中占据了中心地位，它不仅反映了教育观念的演变，也是实现教学目标的关键。当代外语教育重视学生如何学习，而不仅仅是教师如何教授。这种以学生为中心的教学理念强调培养学生的自主学习能力、思维能力和创新意识。通过引导学生掌握和应用有效的外语学习策略，教师不仅传递知识和技能，更是在引导学生形成良好的学习习惯和提高文化意识。

在这个过程中，教师的角色是至关重要的。他们不仅是知识的传递者和技能的训练师，更是学习策略的引导者。有效的外语学习策略包括记忆、积累、思考和应用等多个方面，教师需要根据这些策略来设计和实施教学活动。例如，教师可以通过情景模拟、角色扮演等互动式活动，激发学生的思考和创新，同时强化技术技能的训练。此外，教师还需要根据不同学生的学习需求和特点，灵活调整教学策略，以适应各种学习风格和能力水平的学生。

研究表明，学习成绩优异的学生通常能够灵活地运用外语学习策

略，并根据自己的需求和情况不断完善这些策略。这说明外语学习策略的掌握和应用对于学生的学习成效至关重要。因此，教师在教学中不仅要传授语言知识，还要教授学生如何学习，帮助他们在实践中掌握和应用有效的学习策略。这种教学方法能够促进学生的全面发展，提高他们的综合语言应用能力，从而使他们在外语学习中取得更大的成功。通过这种方式，学生不仅能够学到语言知识，还能学会如何使用这些知识，从而在日常生活和工作中有效地运用所学的外语。

三、外语学习策略在外语教学中的应用

（一）课前准备

在外语教学中，课前准备对于教师正确应用外语学习策略而言至关重要。这一阶段的主要目标是使教师充分了解学生的个体差异、学习风格和需求，以便在课堂教学中更有效地指导和应用语言学习策略。

首先，教师需要深入了解学生的背景、兴趣和学习习惯。这可以通过非正式的对话、学生调查问卷或者与学生的日常交流来实现。通过这些方式，教师可以收集关于学生学习偏好、已掌握知识水平以及学习动机的宝贵信息，这对于制订有效的教学计划和选择合适的学习策略至关重要。

其次，教师需要根据收集到的信息，对即将授课的内容进行细致规划。这包括确定教学目标、选择适合学生水平和兴趣的教学材料，以及设计能够激发学生学习兴趣的教学活动。例如，对于初学者，教师可以通过使用生动有趣的视觉辅助材料和互动游戏来增强学习的趣味性；对于更高级别的学生，可以设计更具挑战性的讨论话题和项目作业，以提高他们的批判性思维和语言应用能力。

最后，教师需在课前准备阶段预先考虑如何将学习策略融入教学。这可能涉及教师对不同学习策略的研究和掌握，以便在课堂上能够有效地引导学生运用这些策略。例如，教师可以在课前规划如何在课堂讨论

中引入记忆策略，或者在阅读练习中融入认知策略。

（二）课上运用

在课堂上，教师的主要任务是通过有效的教学方法和策略来促进学生的外语学习。为了实现这一目标，教师需要不断完善自己的教学方式，确保教学计划既科学又合理，以适应学生的学习需求和课程目标。

在课堂上，教师应用各种外语学习策略的目的是提高学生的语言实际运用能力并激发他们的学习兴趣。为此，教师需要根据教学内容和学生的学习特点灵活选择和运用合适的教学策略。例如，在教授外语口语时，可以使用角色扮演、小组讨论等方法，通过模拟真实的语言使用场景，使学生能够在实际语境中练习语言，并提高他们的参与度和兴趣。角色扮演活动可以设计成不同的主题，如旅行中的对话、商务谈判、日常生活中的交流等，这样学生可以在不同的情境中运用语言，从而增强他们的口语能力和文化理解。

另外，教师还可以引入记忆策略和认知策略，帮助学生更有效地理解和记忆新词汇和语法规则。记忆策略包括联想记忆、构建思维导图、使用记忆卡片等方法，帮助学生在长期记忆中存储语言信息。认知策略则涉及如何理解和加工语言信息，如通过归纳和演绎的方法来理解语法结构，或者通过阅读和听力练习来提高语言理解能力。通过这些方法，学生能够更深入地理解语言，并在实际使用中灵活运用。

（三）课后反思

课后反思有助于教师找出自身的不足，实际上，教师只有认真思考自身的教学方式，并在不同的学习任务中采用不同的学习策略，才能使学生学习外语的能力得到进一步提升。教师还要及时反思在课堂上应用的语言学习策略是否适合当前的学生，例如，教师可以在课下认真思考课堂教学效果、学生对语言学习策略的应用以及学生对本节课知识点的掌握情况等，并以此判断自己在本节课中应用的语言策略的效果。教师可以将思考的问题写出来，作为今后语言学习策略的参考，或及时进行课堂评估，以便更好地指导学生学习外语。

另外，学生也应对课堂学习情况进行及时反思，教师可以给学生做一个学习情况评估表，让学生从不同角度来评价自己的学习效果，或者采用问卷调查的形式来了解学生的学习情况，帮助学生及时反思课堂上的语言学习效果。学生还可以进行自我监控，在没有教师督促的情况下，对自己所应用的语言学习策略进行及时反思。

语言学习策略与学生个人的认知、情感和学习方式之间存在着密切的联系，所以，教师在指导学生学习外语时，要充分考虑到每个人的情况，根据个体差异来实施不同的语言学习策略，同时帮助学生反思语言学习策略。在语言学习环节中适当地应用语言学习策略是必不可少的，学生应当在教师的鼓励下，使用和发展适合自己的语言学习策略，以此来提高外语学习成绩。此外，研究和发展与语言教学相关的语言学习策略，是一个优秀的外语教师应做的事情。外语教师可以将语言学习策略与外语教学密切结合，并在日常教学中训练学生使用适合自己的语言学习策略，让学生掌握外语学习策略并自由采用语言学习策略。

第五章　大学生外语学习的主要方法

第一节　意群中心学习法

一、意群中心学习法概述

（一）意群中心学习法的定义

意群中心学习法，作为语言学习的核心策略，强调在学习过程中将意群视为基本的学习单位。此方法主张，无论是词汇的学习还是语法的学习，都应以意群为基础来构建和理解。这种方法的关键在于，它超越了传统的逐字逐句的学习方式，以更宏观、整体的角度来把握语言，帮助学习者更深刻地理解和掌握语言的实际运用。

意群中心学习法的实施，并不局限于单一的语言技能，而是贯穿于听、说、读、写、译等各个方面。通过将意群作为学习和教学的核心，学习者可以更有效地把握语言的实际应用场景和语境，从而提升语言的实际运用能力。例如，在进行口语练习时，学习者通过模拟具体的交流场景，使用完整的意群进行表达，而不是仅仅依赖单个词汇或短语，这不仅能够提高语言表达的连贯性，还能加深对语境的理解。

意群中心学习法也被称为"语块中心论"或"短语中心论"。这些不同的称谓反映了其在语言学习中的多样性和灵活性。作为学术理论与教学策略的结合，这种方法不仅为学习者提供了一种高效的学习途径，也为教师提供了新的教学视角。在实际教学中，教师可以设计以意群为中心的教学活动和练习，引导学生在更宽广的语言环境中运用语言，从而达到更高效的教学效果。意群中心学习法的应用不仅增强了学习者对语言实际应用的理解，而且推动了学习者在语言运用能力上的整体提升。

（二）意群中心学习法的主要特征

意群中心学习法的核心特征是将意群作为语言学习的基本单位，从而实现知识学习、技能练习和技能应用的有机融合。这种方法的独特之处在于它将意群视为一个整体来进行学习和实践，而不是将语言分解成孤立的词汇和语法规则。通过这种整体性的学习方法，学习者能够更全面地理解语言的内部结构和使用环境，从而使实际的语言使用更加灵活和有效。

意群中心学习法强调"所学即所练""所练即所用"的原则，体现了一种高效的学习模式。在这种模式下，学习者不仅仅是记忆单独的词汇或理解孤立的语法结构，而是通过整体意群的学习来综合运用这些知识。这种方法的优势在于它可以大大提高学习效率，因为学习者不需要在不同的学习阶段反复学习同一内容，而是可以在学习的每一个阶段中同时获得知识学习和技能训练。

意群中心学习法与现代工业的模块化制造过程相类似。学习词汇类似于生产零件，而学习意群则相当于组装这些零件成为更大的结构。这种比较说明了语言学习的效率原则，即通过模块化的学习方式来提高语言生成和应用的效率。在这种学习模式下，学习者不是被动地接受零散的语言材料，而是积极地参与到语言的整体构建过程中，从而更有效地掌握语言的实际应用能力。总而言之，意群中心学习法通过其独特的学习视角和方法，使得语言学习过程变得更加系统化和高效化。

二、采用意群中心学习法的必要性

（一）符合思维运行的规律

意群中心学习法之所以重要，在很大程度上是因为它符合人类思维运行的基本规律。在思维运行中，思块作为基本的运行单位，承载着复杂的信息和概念。当这些思块在语言表达上转化为意群时，语言学习便与思维运行的自然过程形成了紧密的联系。这种联系使得语言学习过程更加自然，更符合人脑处理信息的方式，从而提高了学习的效率和深度。

具体而言，意群中心学习法强调的是语言单元的整体性学习，与思维运行中对复合信息的整体处理相呼应。人类的思维不是孤立地处理单个词汇或概念，而是将它们组合成更为复杂的思块，以实现更深层次的认知和理解。同样，在语言学习中，通过将单词、短语等语言元素编织成更大的意群，学习者能更全面地理解语言，不仅学习到单词的字面意义，还能把握它们在特定语境下的用法和寓意。这种学习方式更符合人脑对信息的自然处理机制，能更有效地促进学习者的语言理解和运用能力。

意群中心学习法的运用使得语言学习更加贴近真实的语言使用环境。人类在实际的语言运用中往往是通过整体的意群来表达思想和情感，而不是单独的词汇或短语。因此，通过意群学习，学习者能更准确地理解和模拟真实的语言使用环境，从而在实际交流中更加得心应手。通过这种方式，语言学习不再是孤立的词汇记忆或语法规则的机械训练，而是成为一种更加生动、实用的交流工具。

（二）符合语言加工的规则

采用意群中心学习法符合语言加工的规则，这种学习方式在语言教学中至关重要。对于大部分语言学习者来说，句子不仅仅是单词的简单堆砌，而是具有结构和层次的语言单元。当学习者缺乏对意群和语块的认识时，他们往往难以理解句子的真正结构和内在逻辑。在这种情况下，学习者对句子的理解停留在表面的词汇层面，而无法深入句子结构和意义的核心。这不仅降低了学习效率，也阻碍了语言能力的提升。

意群中心学习法强调以意群和语块为学习的基本单位，这种方法大大简化了语言学习的过程。由于对于每个语块和意群都作为一个整体进行记忆和提取，学习者在语言运用时能够更加迅速和准确地调用相关信息，减少了记忆负担，降低了语言加工的复杂度。这种整体性学习方法不仅提高了学习者对语言的掌握程度，也使得他们在实际运用中更为自如和流畅。

意群中心学习法的应用有助于减少学习者在语言使用中可能出现的错误。由于语块和意群本身就包含了正确的词汇、语法结构和语用功能，学习者通过学习这些预制的语块和意群，能在很大程度上避免在语言构造时出现的常见错误。这种学习方式不仅提高了语言表达的准确性，还加强了语言运用的自然性和流畅性。从语料库研究的角度来看，自然语言的绝大多数表达都是由预制的语块和意群构成的。因此，掌握大量的预制语块和意群对于提升语言学习者的表达能力至关重要。通过这种预制语块的积累和实践，学习者不仅能提高语言的流畅度和纯正性，也能更有效地应对各种语言环境和场合。

（三）有利于开展语言技能训练

采用意群中心学习法在外语教学中具有明显的优势，尤其在开展语言技能训练方面。传统的外语教学通常以整个句子或孤立的单词作为学习和训练的基本单位，这种方法往往忽视了语言学习的实际效率和实用性。相比之下，以意群为中心的学习法能更有效地提升学生的语言技能，具体表现在以下几个方面。

一是在听力训练中，将意群作为基本单位，可以显著提高学习效率。传统的听力训练方法往往要求学生反复听整个句子，这样的方法不仅耗费时间，还可能使学生的注意力分散到句子中已经熟悉的部分，而忽视了真正需要理解和掌握的关键信息。采用意群中心学习法，教师可以指导学生专注于那些难以理解或不熟悉的意群，使学生在这些关键部分上花费更多的时间和精力。例如，教师可以播放一段对话，然后引导学生仅专注于理解对话中的特定意群，而非整个句子。这种方法不仅提高了听力训练的针对性，还帮助学生在实际语言环境中更有效地识别和理解关键信息。

二是在写作训练中，意群中心学习法能够帮助学生更加有序和系统地构建复杂句式和段落。这种方法通过逐步引导学生从简单的意群写作开始，逐渐过渡到更复杂的句子和段落结构，避免了学生在面对写作任务时的压力和困惑。例如，教师可以先让学生练习写出表达一个完整意思的简单意群，然后逐步指导他们如何将这些意群扩展成完整的句子和段落。这种方法使学生在写作过程中能够更好地理解句子结构和文章布局，从而提高写作能力和文章组织能力。

三是意群中心学习法在阅读训练中也显示出其优势。在阅读训练中，以意群为单位的方法使得学生更快地把握文章的主旨和结构。传统的逐字逐句阅读方式往往导致学生节奏缓慢且容易迷失在细节之中，而意群中心学习法则鼓励学生以更大的单元——意群来理解文章。这种方法使得学生能够更快地捕捉文章的核心思想和逻辑结构，提高阅读速度和理解能力。

（四）有利于开展翻译学习

采用意群中心学习法在翻译学习中显得尤为重要，它不仅提高了翻译的准确性和自然度，还有助于提升学习者的语言运用能力。翻译是一种高级的语言技能，不仅涉及语言的字面意义，还包括对文化、语境和语言习惯的理解。当以意群为翻译单位时，翻译者能够更好地把握原文的语义和风格，并有效地转化为目标语言的表达方式。

意群中心学习法有助于翻译者在保持原文意义的同时，找到适合目标语言的表达方式。意群通常包含完整的思想或概念，它们的翻译不是逐字的转换，而是对整体意义的理解和再现。这种方法避免了逐词翻译带来的死板和片段化，同时减少了逐句翻译可能出现的随意性和误解。例如，在翻译一段对话时，翻译者可以更关注对话中的意群，而不是单个词汇或句子，这有助于更准确地传达原文的语气和情感。

意群中心学习法促使学习者更加关注语境和文化背景，这对于翻译的准确性至关重要。意群通常与特定的语境和文化背景紧密相关，理解这些背景信息是进行有效翻译的关键。通过学习和练习意群，学习者不仅学习到了词汇和语法结构，还学习到了这些语言单位在实际使用中的文化和语境含义。例如，一个特定的成语或习语的翻译不仅需要理解其字面意义，还需要把握其在特定语境下的隐含含义。

以意群为基础的翻译训练有利于提升学习者的语言灵活运用能力。在实际的语言应用中，尤其是在口语交流和即时翻译中，能够迅速并准确地理解和运用意群是非常重要的。通过意群中心学习法的训练，学习者可以更快地识别和理解语言中的固定表达和常见结构，从而提高口语交际和翻译的流畅度和自然度。例如，在进行同声传译时，翻译者需要快速把握说话者的意图并准确表达，意群中心学习法的训练可以大大提高这种即时翻译的效率和质量。

三、意群中心学习法的培养与应用

（一）改变学习者的认知观念

为了有效实施意群中心学习法，首先必须改变学习者对语言学习的传统认知观念，尤其是对于如何构建和使用意群的理解。在传统的外语学习过程中，学习者往往专注于单词的记忆和语法规则的理解，而忽视了这些语言元素在实际语言运用中的组合和应用。意群中心学习法要求学习者重新认识语言学习的目标，将重点从孤立的词汇和语法转移到如何将这些元素有效地组合成意群上。这种转变需要学习者不仅要记忆单词和理解语法，而且要学会如何将它们融合在一起，形成可以实际使用的语言片段。这意味着学习者需要培养对语言的整体感知能力，学会识别和运用各种常见的意群。例如，在学习一个新单词时，不仅要记住它的含义和发音，还要了解它常见的搭配和在句子中的使用方式。意群中心学习法还要求学习者意识到意群在语言表达中的重要作用。在实际的交流中，人们往往是通过一系列固定的、习惯性的表达方式来传达信息。这些固定的表达方式就是意群，它们在帮助人们快速、准确地交流信息方面起着关键作用。因此，学习者应该重视意群的学习，将其作为提高语言能力的一个重要手段。

（二）将意群学习作为外语学习的主要内容

在学习外语的过程中，学习者需要将意群学习作为外语学习的主要内容。这意味着在外语学习中，学习者应将重点放在如何有效地组合单词和语法形成意群上。这种方法的好处在于，意群通常是与特定语境相关联的，这使得学习者在学习时能够更好地理解和记忆语言材料。此外，意群的学习更接近于自然语言的使用方式，因为在实际的语言运用中，人们往往是通过一系列固定的语言模式来表达特定的意义。

为了更好地实施意群中心学习法，教师和学生都应该积极寻找和创造学习意群的机会。这可能包括通过阅读、听力练习和日常交流来识别和练习常见的意群。教师可以在课堂上强调意群的重要性，并通过各种活动帮助学生认识、理解和运用不同的意群。同时，学生也应当在日常生活中留心注意，尝试在实际的语言环境中发现和使用意群，如在看电影、阅读文章或与人交谈时，注意语言中的常用表达和结构。

（三）培养对意群的听、说、读、写敏感度

培养学生对意群的敏感度是实施意群中心学习法的重要一环。这种敏感度不仅涉及对意群的识别和理解，更关键的是要能够在语言的实际运用中自然而灵活地应用这些意群。敏感度的培养可以有效提升学生对意群的感知能力，使他们在听、说、读、写等语言技能上达到更高的水平。

对意群的敏感度训练需要学生对语言进行深度加工，而不仅仅是表层的记忆。这意味着学生不只是单纯记忆单词或短语，而是要理解它们在实际语境中的使用方式和含义。这种深度的理解有助于构建更强的语言连接，使得意群在学生的大脑中形成更加稳固和自然的反应。为此，学生应该通过大量的语言输入和输出活动来加强对意群的理解和使用，如阅读真实材料、参与口语交流活动等。

敏感度的培养也是一种意识训练。学生需要意识到意群在语言表达中的重要性，并通过反复练习来加深这种认识。这种训练不是一蹴而就的，而是需要长期的、有意识的努力。例如，学生可以在日常的语言实践中有意识地寻找和使用意群，不断地在不同的语境中尝试和调整意群的使用。通过这样的训练，学生可以逐渐提高对意群的自然反应和使用能力。

（四）培养基于意群的语言加工模式

采用意群中心学习法是对传统外语教学模式的一种重要改变。在传统的外语教学中，学生往往被要求记忆大量孤立的单词和语法规则，这种学习方式虽然能够在结构上建立语言知识的框架，但在实际语言运用中却显得力不从心。相反，基于意群的语言加工模式能够更好地模拟母语者的语言使用习惯，从而大大提高学生的语言运用能力。

在基于意群的语言加工模式中，学生的重点是积累和应用大量的语块和意群。这种方法的核心在于将语言学习的焦点从孤立的单词和语法规则转移到更具整体性和实用性的语言单元上。通过这种方式，学生在学习过程中不再是被动地记忆孤立的词汇，而是主动地理解和运用整体的意群，这样的学习过程更接近自然语言的使用习惯。

以意群为基本单位的学习方法更加符合语言的自然使用规律。在实际的语言交流中，人们往往是通过整体的语言块来进行思考和表达，而不是单独的单词或语法结构。因此，当学生习得和应用意群时，他们实际上是在学习和模仿母语者的语言处理和使用方式，这不仅能提高他们的语言理解能力，也能提高他们的语言表达能力。另外，基于意群的语言加工模式在提高学习效率方面也有显著优势。当学生专注于意群的学习时，他们能够更快地理解语言的深层含义和文化背景，而不仅仅是表面的词汇含义。这样的学习方式有助于建立更强的语言联想和记忆，从而更快地吸收和应用新知识。

第二节　重复训练学习法

一、重复训练学习法概述

重复训练法作为一种语言学习方法，其核心在于通过重复性的语言产出活动来巩固语言知识并培养语言技能。这种方法的特点在于，学习者通过重复源语（即目标语言）的各种形式来加深对语言结构和词汇的理解和记忆。重复法不是一种单一的训练方式，而是包含了多种具有重复特征的训练方法的总称。这些方法共同的特点是对目标语言进行反复再现和练习，从而加强语言学习效果。

在传统的语言教学中，重复法的应用较为有限，通常只涵盖朗读、背诵、听写和抄写等几种形式，在训练过程和形式上相对单一，且缺乏有效的辅助手段，因此效果往往有限。实际上，重复法的潜力远未被完全挖掘。在重复法中，除了传统的朗读、背诵等，还可以包括更多样化的重复性再现形式，如模仿练习、角色扮演、语言游戏等。这些不同的形式能够提供更丰富的语言输入和输出场景，从而使学习者在不同的语境中实践和巩固所学知识。

重复训练法的有效性在于它能够帮助学习者通过重复练习深化对语言的认知，加强记忆，以及提高语言运用的自动化程度。这种训练方式使学习者能够在实际语言使用中迅速而准确地应用所学知识。例如，在进行朗读训练时，学习者不仅在重复地练习发音和语调，也在加强对句子结构和语法的理解；在进行背诵训练时，学习者不仅在记忆词汇，也在内化语言模式和表达习惯。因此，重复法在语言学习中发挥着至关重要的作用，尤其是在培养语言产出技能方面。

二、重复训练学习法的具体方法

（一）跟读法

1.跟读法定义

跟读法作为一种语言学习方法，主要聚焦于提升学习者的听力和口语能力。在执行跟读训练时，学习者需要听取源语的语音并尽可能精确地复述出来，这个过程强调语音的精确捕捉和口头表达的即时性。通过这种方式，学习者能够在听力和口语两个方面同时得到锻炼。

跟读法的核心在于模仿源语的语音、语调和语速。学习者需要集中精力仔细聆听每一个细节，包括语音的起伏、语速的快慢以及发音的准确性等，然后尽可能准确地复述。这种方法可以帮助学习者更好地理解和掌握外语的发音规则和语调模式，从而提高发音质量和口语流利度。

跟读法的应用不仅限于单词或短语，还可以扩展到整句、段落甚至整篇文章的跟读。对于初学者来说，开始时可以从单词或短语的跟读开始，随着能力的提升，逐渐过渡到更长的文本。在实际操作中，学习者可以先听一遍源语材料，然后尝试复述，如有必要，可以多听几遍以确保能够更加精确地复述。此外，学习者还可以录下自己的跟读内容，与源音进行比较，以便发现并纠正自己的错误。跟读法特别适合那些希望改善发音和提升听力理解能力的学习者。这种方法使学习者能够直接接触到外语的真实语境，有助于培养他们对外语的直觉和感觉，从而提高语言学习的整体效果，尤其是在模仿地道的发音和语调方面，跟读法显示出其独特的优势。因此，对于那些致力于提高口语表达能力和听力水平的学习者来说，跟读法高效且实用。

2.跟读法分类

（1）影子跟读法。影子跟读法是一种特殊的语言学习方法，它要求学习者在听到源语后，以大约 2 到 3 秒的时差立即复述所听内容。这种方法的关键在于"如影随形"地紧跟源语，既要保持一定的跟进速度，又要尽量保证复述的准确性。这种学习方式在提高学习者的听力理解能力和口语反应速度方面尤为有效。

影子跟读法是提高语音语调掌握能力的有效手段。通过这种方法，学习者不仅能够听到原文的语音语调，还能够即时模仿和复述，从而加深对语音特点的理解和记忆。这种紧密模仿的过程有助于学习者捕捉和练习目标语言的重音、节奏和语调变化，对于习得自然、地道的发音和语调至关重要。影子跟读法通过连续的听说练习，使学习者不断接触并使用新的词汇，不仅能帮助学习者增加对单词的视觉认识，还加强了对单词的听觉记忆，尤其是那些在日常交流中常用但书面语中不常见的词汇。此外，由于跟读过程中需要不断重复和复述，这也有助于加强学习者对单词发音的记忆，从而有效提高有声单词量。

影子跟读法通过重复听和说的练习，培养学习者对语音的敏感度和辨别能力。这种练习使学习者能够更准确地识别和模仿不同的语音和音节，从而提高对语词的感知能力。长期的练习还有助于学习者更好地理解和掌握语言的细微差别，如同音异义词的区分和语音变化的捕捉。影子跟读法对提高学习者的瞬时记忆力也非常有益。在跟读过程中，学习者需要快速记忆并复述听到的内容，这不仅训练了他们的听力理解能力，也锻炼了他们的瞬时记忆力。通过这种训练，学习者能够更快地处理和记忆语言信息，这对于提高语言学习效率和提升交流能力都是非常重要的。

影子跟读法作为一种高效的语言学习工具，在口译训练及普通外语学习中有着广泛的应用。这种方法的操作简便性在于，它仅需学习者具备源语的语音信息，即可开始练习。无论是对已经熟悉的材料还是全新的语音信息，影子跟读都能够提供有效的语言训练。在同声传译训练中，影子跟读尤为重要。它不仅锻炼了译员的语言听觉能力和口头表达能力，还训练了他们同时听和说的处理技巧以及注意力的分配技巧。这些技能对于同声传译的成功至关重要，因此，影子跟读在口译专业教学中占据了重要地位。

但是影子跟读在普通中小学及大学非口译专业的外语教学中的应用还远未普及。目前，这些学习环境中的跟读训练大多仍采用较为传统的方法，即教师播放一句录音后学生跟读，且这种训练在数量上也相对有限。

（2）意群/整句延后同步跟读法。意群/整句延后同步跟读法作为一种高级的语言学习和训练方法，对学习者的语言记忆力、语言组织加工能力及多任务处理能力提出了较高的要求。在这种方法中，学习者在听完一个完整的意群或整句后立即进行跟读，同时继续聆听下一段意群或整句。这种方式要求学习者能够在短时间内处理和储存大量的语言信息，对短时记忆的保持能力提出了挑战。

由于意群或整句延后同步跟读法难度较高，通常不直接用于普通的外语学习，而更多地应用于高级外语应用技能的训练，尤其是同声传译技能的强化培训。与影子跟读相比，这种方法在精力分配和多任务处理方面与同声传译有着更多相似之处，这使其成为同声传译训练中的重要组成部分。

对于具有一定外语基础的学习者来说，意群或整句延后同步跟读法可以有效地提升其短时记忆能力、语言组织加工能力以及处理多任务的能力。学习者可以从影子跟读开始，逐渐增加延后的语言量，以适应这种高强度的同步跟读训练。通过这种渐进式的训练，学习者不仅能提升自身的语言技能，还能增强对复杂语言信息处理的能力，为未来可能的专业语言应用打下坚实的基础。

（3）整句步进交替跟读法。整句步进交替跟读法，作为一种在外语学习中常用的跟读方法，要求学习者在听完一个整句源语后立即进行口头再现，接着继续听下一整句并重复此过程。这种方法主要依赖于短时记忆，因此对学习者的记忆能力提出了较高的要求。由于短时记忆的限制，学习者在进行这种跟读时可能会遇到记忆丢失的情况，这时可借助各种辅助手段来帮助回忆原文内容，如原文辅助、译文辅助、关键词辅助、归纳语辅助等，其主要目的是为了帮助学习者更好地回忆和理解源语意义，而不是单纯为了回忆源语的形式。这种方法的优点在于，它不仅提升了对原文意义的理解能力，而且强化了学习者基于句法加工的语言组织和创造能力。

整句步进交替跟读法在实际操作中需要学习者有意识地避免对源语形式的刻板记忆，将注意力集中于根据语义生成语言形式的过程。这样，学习者不仅能提高对整句内容的记忆能力，还能通过实际操作提升语言的理解和表达能力。总之，整句步进交替跟读法是一种有效的外语学习方法，能够帮助学习者在理解和表达方面取得更好的成效。

（二）复述法

1.定义与优势

复述法是指对于给定的文字或语言材料进行口头重复再现的方法。它涉及对原始语言内容的理解、记忆以及口头表达的能力。在复述过程中，学习者需要将所读或所听的内容内化为自己的语言，然后用自己的话重新表达出来，这个过程强调对语言材料的深度处理和综合运用。

复述法的优势在于能够有效地提高学习者的语言综合能力。复述法强迫学习者不仅仅是被动地接受信息，而是要主动地加工和重构信息，有助于提高学习者对语言的深层理解，同时能增强记忆。另外，复述法使学习者在省略源语读取的过程中，可以更加专注于语言的内在逻辑和结构，从而培养学习者的语言组织和表达能力。此外，复述法还有助于提升学习者的语言自信和流畅度。通过不断练习用自己的话来表达所学内容，学习者能够逐渐习得语言的自然表达方式，减少对原文的依赖程度。这种练习不仅锻炼了学习者的即兴表达能力，也增强了他们对语言的掌握和运用能力。通过复述，学习者可以在不断的实践中改正语言错误，提高语言的准确性和地道性。复述法还能够有效地应用于多种学习场景，如口语练习、写作思维训练等。它并不局限于特定的语言技能训练，而是一种全面提升语言能力的有效方法，能够帮助学习者在各个层面上加深对语言的理解和应用，综合性极强。

2.主要分类

（1）朗读法（语词延后同步复述法）。朗读法作为一种古老而有效的语言学习方法，在历史上一直被广泛应用。其核心在于通过大声阅读文字，利用声音的节奏、音调和情感来加强对文本内容的理解和记忆。朗读并不是一种简单的阅读活动，而是一种全面的感官体验，涉及听觉、视觉和发声等多个方面。朗读法的优势在于能够促进对语言结构、语义和音韵的深入理解。当学习者大声朗读时，他们不仅在视觉上接触文字，同时通过听觉感受语言的节奏和韵律。这种多感官的学习方式能够提高学习者的注意力，加深其对文章的理解和记忆。此外，朗读还能够提高语言的表达能力。在朗读过程中，学习者需要模仿和重现文章中的语调、节奏和表达方式，这对于提升学习者的口语表达能力和语音语调的把握能力非常有帮助。

在应用朗读法时，重要的是要注意语音的准确性和表达的情感。朗读不仅是为了理解文字，更是为了体会语言的韵律美和表达的情感。学习者应当努力准确发音，同时理解和表达文章的情感色彩。此外，朗读时还可以加入角色扮演和情景模拟等元素，使得朗读活动更加生动有趣，增强学习者的参与感和兴趣。

（2）语言单位的反复式交替复述法。语言单位的反复式交替复述法，特别适用于增强学习者对特定语言单位的认知和记忆。这种方法通过反复的视觉和口头复述练习，使得学习者对单词、语词、语块或意群等单元产生更深刻的理解和更牢固的记忆，特别是对于那些难以掌握或容易混淆的语言单位，反复式交替复述法具有显著的优势。在实际操作中，这种复述法要求学习者先阅读（默读）目标语言单位，然后将其大声念出。此后，学习者应将注意力转移至其他事物，以清空短期记忆中的内容。这一过程的重复进行，不仅有助于增强学习者对目标语言单位的直接记忆，还有助于提高其对相关语言结构和模式的整体理解。

语言单位的反复式交替复述法还可以帮助学习者更好地理解语言单位在不同语境中的应用。通过反复复述，学习者可以在不同的语境中实践同一语言单位，这有助于他们理解其多样的用法和意义，从而提高语言的灵活运用能力。例如，通过反复复述一个特定的语块，学习者可以更好地掌握其在不同句子中的应用方式和语境适应性。

（3）整句步进交替复述法。整句步进交替复述法，作为一种高效的语言学习工具，特别适合于加强对句法结构的理解和记忆。这种方法通过交替复述的形式，要求学习者在阅读或朗读完一个整句之后，立即尝试复述该句子。这不仅促进了学习者对句子内容的记忆和理解，而且促进了学习者对句子结构的深入认识，特别是对于复杂句子结构或生僻表达方式，整句步进交替复述法具有显著的优势。

在实际操作中，整句步进交替复述法要求学习者在读完一个句子后立即尝试复述，学习者需要依靠自己的理解和记忆来重构原句。为了提高复述的准确性和有效性，学习者可以借助一些辅助工具，如原文的关键词提示或译文参考等。这些辅助工具可以帮助学习者在复述过程中更好地理解和记忆句子的内容和结构，从而提高学习效果。整句步进交替复述法不仅有助于提高学习者的语言记忆能力，还能够加强其对语言结构的理解。这种方法强调对句子的整体认知，从而促进学习者对句法结构的深刻理解。此外，这种方法也有利于提高学习者的语言表达能力。通过反复复述，学习者可以更自然地使用外语进行表达，尤其是在学习复杂句式和专业术语时，整句步进交替复述法显得尤为重要。

（三）复写法

1. 定义与优势

复写法作为源语重复性再现的一种体系分类，其核心在于对文字材料的书面重复再现。这种方法分为两大类：交替复写法和独立复写法。在交替复写法中，学习者在抄写某段文字的同时，会交替参照原文，以确保所写内容的准确性。独立复写法则要求学习者独立完成复写任务，即在没有原文辅助的情况下重现文本内容，这种方法更多地依赖于学习者对原文的记忆。

复写法的优势在于其操作的简便性和对学习者注意力的集中。不同于听写法涉及听力理解和书写两个过程，复写法主要集中于书面语言的再现，减少了对听力材料的依赖。这样，学习者可以将更多的精力投入文字的理解和记忆中，从而有助于提高语词、句法和语义加工的能力。通过复写练习，学习者可以加深对语言结构的理解，尤其是在句法和语法结构上的认知，同时能强化对特定词汇和表达方式的记忆。

复写法的实施对学习者来说是一个逐步深化的过程。初期，学习者可能依赖于交替复写法，以保证所写内容的准确性。随着对原文内容的熟悉和理解的加深，学习者可以逐渐过渡到独立复写法，从而更加深入地锻炼记忆力和语言再现能力。这种由简到繁的复写训练过程，有助于学习者在不断的练习中提高语言的理解和表达能力，同时增强语言知识在长期记忆中的稳定性和可靠性。因此，复写法是一种有效的语言学习工具，特别适合于提升学习者在书面语言运用方面的技能。

2. 主要分类

（1）语言单位的反复式交替抄写法。这种方法涉及对单词、语块或意群等语言单位的重复交替抄写训练。它以反复的方式强化对特定语言单位的记忆和理解，能够有效提高学生的视觉敏感度和书写熟练度。这种方法的优势在于操作简便、训练速度快，尤其适合于提升对单个词汇或语法结构的掌握。在实际应用中，小学的"生词抄写"就是一种典型的应用，它要求学生反复抄写新词汇，以加深对这些词汇的认识和记忆。这种方法不仅适用于单词学习，也同样适用于语块和意群的学习，帮助学生在不断重复的过程中加深对语言单位的认识，从而提高语言运用的准确性和流畅性。

（2）整句步进交替抄写法。与第一种方法相比，整句步进交替抄写法的难度更高，它要求学生看一句抄一句。这种方法强调对整个句子的记忆和重现，有助于提高学生的句法加工能力和对语言信息的短时记忆能力。由于涉及整个句子的重现，学生需要在短时记忆中保持语言信息，以完成抄写过程。这不仅提高了学生写作熟练度，还加深了其对句子结构的理解。然而，在传统教学中，这种方法的应用并不广泛，常因缺乏明确指导而未能充分发挥其潜力。教师可以通过引导学生采用不同的辅助方式，如原文辅助或译文辅助，来降低初学习难度，同时确保整句步进交替抄写法在语言学习中的有效应用。

（3）独立复写法。独立复写法是复写法的一种重要类型，它指的是学生在不依赖源语产生过程的情况下独立进行复写的一种方法。这种方法的核心特点在于其独立性，即学生在复写过程中不参照任何源语材料，而是依靠记忆和理解来完成复写任务。独立复写法按训练的语言材料不同，可分为多个层级，包括单词独立复写、语词独立复写、语块独立复写、意群独立复写、语句独立复写、语段独立复写和语篇独立复写等。

对于单词、语词、语块、意群等较小单元的复写通常以批量和重复的方式进行，称为"批量语言单位的反复式独立复写"。这种方法适用于对具体语言单位的深度记忆和熟练度提高，特别适合于单词和基本语法结构的学习。它使学习者能够专注于每个单元的精准记忆和应用，从而提高对具体语言元素的掌握程度。对语句、语段和语篇进行的独立复写则属于"面向语言加工的独立复写"。这类复写法更加注重对整体语言结构的理解和应用，适合于提高学习者的语言组织能力和表达能力。

在实际操作中，学习者通过对整个句子或段落的复写，能够更好地理解语言的逻辑结构和表达方式，以及提升对长篇语言材料的理解和记忆能力。

三、重复训练学习法的反馈方式

在重复训练学习法中，反馈方式的选择对于提高训练效果至关重要。反馈是学习者识别和修正错误的关键环节，通过反馈，学习者可以对照标准或模范，找出自身表达与标准之间的偏差，并据此进行改进。在不同类型的重复训练中，适用的反馈方式各有不同，但它们的共同目的都是帮助学习者更好地掌握和应用所学语言。

（一）音频反馈法

在跟读训练或语音模仿训练中，音频反馈法是一种非常有效的方式。学习者可以通过录制自己的发音或口语表达，与标准的源语音频进行对比分析。这种方法能帮助学习者清晰地识别出自己的发音、语调、节奏等方面与标准语音的差异，从而有针对性地进行纠正和改善。例如，学习者在练习外语口语时，可以录下自己的说话声音，然后与外语母语者的发音比较，找出发音不准确的地方，进而练习调整。

（二）文本对比法

对于写作和阅读训练，文本对比法同样重要。学习者可以将自己写出的文本与原始文本或标准文本进行对比，分析其在语法结构、词汇使用、表达风格等方面的差异。这种方法有助于学习者更深入地理解语言的细节和复杂性，同时提升写作能力和阅读理解能力。例如，在学习外语写作时，学习者可以对比自己的文章和参考范文，找出表达上的不足和改进点。

（三）互动式反馈法

在实际语言交流训练中，互动式反馈也是非常重要的。学习者可以通过与其他人的交流和对话来获得即时反馈，如在语言交换或小组讨论中，其他参与者的回应和修正可以为学习者提供直接的反馈信息。这种方式能够增强学习者的交际能力，同时帮助其快速适应实际语言使用环境。

第三节 体验式学习法

一、体验式学习法概述

（一）体验式学习法含义

在 20 世纪 80 年代，美国著名的社会心理学家和教育家大卫·库伯结合了约翰·杜威、库尔特·勒温和让·皮亚杰关于经验学习的理论，提出了自己的体验式学习圈理论（Experiential Learning Theory）。这一理论在学术界引起了广泛的关注，并在 20 世纪 90 年代通过各种培训机构引入中国，特别是通过拓展训练的形式，在中国教育领域迅速普及。

库伯作为体验式学习理论的重要推动者，强调了在真实或近乎真实的学习环境中为学习者创造经验的重要性。他的理论主张学习者通过参与群体互动，获取个人经验、感受和启示，同时与他人分享交流。随后，学习者通过反思和重新总结，将这些经验提炼为理论或成果，并将其应用于实践中。库伯的体验式学习模式不仅重视学习过程中经验的累积，也强调经验的应用。

国外对体验式学习有比较深入研究的专家学者除库伯之外，还有美国的哲学家、心理学家、教育家杜威。他认为："自然和经验是和谐并进的——经验表现为认识自然、深入自然奥秘的方法，并且是唯一的方法，而经验所揭示出来的自然，则使经验的进一步发展深刻化、丰富化，并得到指导。"[①] 杜威关于体验式学习的看法是开创性的，特别是在

---

① 王雷.体验式学习在初中英语教学中的应用研究[D].长春：东北师范大学，2008.

强调自然与经验之间的和谐关系方面。他的观点深入探讨了经验在学习和认知过程中的核心作用。杜威认为，经验不仅是认识和理解自然世界的主要方式，而且是唯一的方式。这种思想强调了学习过程中经验的积累及其对深化理解的重要性。

杜威的看法对现代教育特别是实践和体验中心的教学方法产生了深远影响。他认为，通过实践和亲身体验获取的知识和技能，比仅通过理论学习获得的更为深刻和持久。杜威的这种思想不仅促进了学习者对知识的深层次理解，而且强调了在真实或模拟的环境中进行学习的重要性，有助于学习者更好地将理论知识应用于实践。杜威的观点也预示了后来教育领域对体验式学习和实践学习方法的重视。他的理论强调了学习不仅是获得知识的过程，更是一种通过体验、实践、反思和应用来深化理解的过程。这种方法不仅有助于学习者的知识掌握，而且促进了其批判性思维、问题解决能力和创新能力的发展。

在我国，学者尹晓伟指出，体验式学习理念的核心是强调学生的亲身参与以及体验之后的感悟，其间伴随着知识、技能、情感的获得，为学科核心素养的形成提供可能。[①] 学者甘术恩认为，体验式学习是学习者结合已有经验，对学习活动中的现有体验做出反应，构建新的知识，总结新的经验的过程。[②] 学者刘芳芳认为，虽然体验式学习的内涵会随着各种条件因素和外界环境的变化而发生变化，但"直接经验＋反思"是其不变的含义特征，学习者应该抓住这一含义特征开展学习活动。[③]

具体而言，体验式学习需要教师根据学生的认知特点设计教学活动

---

① 尹晓伟.基于体验式学习的高中信息技术课堂教学策略研究[D].石家庄：河北师范大学，2020.

② 甘术恩.基于体验式学习理论的商务外语口译探讨[J].中国商贸，2015，（16）：190-192.

③ 刘芳芳.基于增强现实的体验式学习活动设计研究[D].上海：华东师范大学，2016.

和教学情境，尽可能真实地呈现学习内容。教师需要引导学生在体验的过程中建构自己的知识体系，发展自己的应用能力、产生情感并最终生成意义。体验式学习尊重学生获得知识的过程，充分体现了教学的人文性。学生在体验式学习过程中并不能直接通过教师的讲解获取知识，而是要通过对经验的总结和反思获取知识，因此在这一过程中离不开亲身实践和阶段性的思考。具体分析，体验式学习的过程包括以下四个阶段：具体体验—反思观察—形成概念—主动验证（如图 5-1 所示）。学习者自动完成体验、反馈和调整，经历一个学习过程，在体验中认知知识、积累经验。

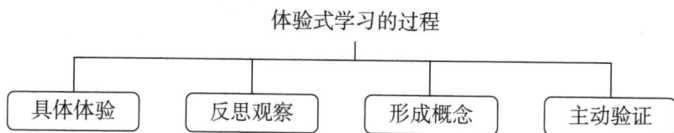

图 5-1　体验式学习的过程

其中，具体体验是指让学习者完全投入、参与到一种新的体验过程中；反思观察是指学习者在经过一个阶段的体验之后静下心来对这一阶段的体验进行回忆和反思；形成概念是指学习者已经理解了观察和反思的内容并将这部分内容内化吸收、形成合乎逻辑的概念；主动验证是指学习者要通过制定策略、解决问题的方式验证这些概念理论的准确性。由此可以看出，体验式学习过程是循环往复的，也是离不开实践、需要在实践中验证学习效果的过程。

（二）体验式学习法的特征

体验式学习与其他学习方法不同的地方在于其十分注重学生在学习过程中主观能动性的发挥，注重激发学生学习的自主性与积极性。具体分析，体验式学习法的特征主要包括以下几个方面的内容。

1.强调学生的互动参与

体验式学习法鼓励学生在实际情境中积极参与学习活动，实现知识的主动获取和应用。教师在运用体验式学习法时，应创造丰富多样的教学情境，使学习过程更加生动和有趣。通过这种方式，学生既可以在实际操作中加深对知识的理解，也能够提高他们的学习动机和参与度。例如，在外语教学中，教师可以设计模拟商店购物、餐厅点餐等真实场景，让学生在参与中学习语言，并在情境中实践。

2.强调真实语境的重要性

体验式学习法认为，真实的语言环境是理解和掌握语言的关键。在这种学习法下，学生被鼓励在接近真实的环境中学习和使用语言，从而更有效地掌握语言知识和文化。例如，利用网络资源和交流平台，学生可以与不同文化背景的人进行交流，这种真实的交流环境有助于他们更好地理解和适应不同的语言环境。

3.重视经验的获取与应用

体验式学习法注重通过实践中的体验来获取和利用经验。在这种方法中，教师设计的学习活动旨在模拟未来可能发生的真实场景，使学生能够从中积累经验，并将这些经验转化为实际可用的知识。这样的学习过程不仅增强了学习的实践性和应用性，也更能够激发学生的学习兴趣和积极性。例如，通过项目制学习，学生可以在实际项目中运用所学知识，这种经验的积累和应用对他们的长期学习和职业发展都是极其有益的。

二、体验式学习法的重要意义

（一）记忆转换促进知识的掌握

体验式学习法在学生学习过程中的重要意义突出体现在其对记忆机制的深刻影响上。根据认知心理学的分类，人的记忆分为陈述性记忆和程序性记忆，其中陈述性记忆涉及语义和情节记忆，而程序性记忆则关注实际操作。体验式学习法特别强调情节性记忆和程序性记忆的结合，它允许学生在真实或模拟的实践活动中积累体验和技能。这种学习方式能够促进学生将情节性的体验转化为深刻的语义记忆，从而加深对知识的理解和记忆。

当学生参与到体验式学习活动中时，他们不仅仅是在获取知识，更是在通过实际操作和体验来深化对知识的理解。这种学习方式使得知识从抽象的概念转化为具体的应用，从而使学生更容易理解和记忆。比如，在语言学习中，通过模拟真实的交流情景，学生不仅学习语言知识，还能够理解和记住如何在特定情境中使用这些知识。此外，体验式学习法通过提供真实或近似真实的学习环境，使学生能够在亲身经历中学习。这种方法不仅增强了学生的学习动机，还提高了他们的学习效率，使学生更容易产生情感上的共鸣和认同，从而更深入地理解和吸收所学知识。例如，在探究性学习项目中，学生可以通过实际操作和实验来学习科学知识，这种方法不仅使学生对科学原理有更深的理解，而且能够激发他们对科学学习的兴趣。

（二）情绪记忆促进记忆的效果

体验式学习法对学生学习的重要意义在于其对情绪记忆的利用和促进。情绪记忆在学习过程中的作用不容忽视。根据戈登·鲍尔的研究，情绪记忆可以强化对学习内容的记忆效果。在体验式学习中，学生不仅仅是学习知识本身，还伴随着对学习活动的情感体验。这些情感体验与知识内容共同编码，形成更为持久和深刻的记忆。例如，在历史课堂上，通过角色扮演或模拟历史事件，学生不仅学到历史知识，还能体验到历史事件中的情感波动，这种体验会使知识记忆更加深刻。

（三）自我决定提高自主学习能力

体验式学习法强调自主性和主动性，这对提高学生的自主学习能力和创新思维能力至关重要。在这种学习模式下，学生不是被动接受知识，而是通过亲身体验和实践来主动探索和学习。这种自主的学习方式使学生能够根据自己的兴趣和需要选择学习内容和方式，进而提高学习的动机和效率。例如，在科学实验课程中，学生可以根据自己的兴趣选择实验课题，这种自主选择的过程不仅激发了学生的学习热情，还锻炼了他们的独立思考和创新能力。

三、体验式学习法的实践应用

（一）角色扮演和情景模拟

角色扮演和情景模拟通过模拟真实生活中的场景，如在餐厅点餐或机场登机等情境，给学生提供一个接近真实的外语使用环境。学生通过扮演不同的角色，不仅可以在安全的环境中尝试使用外语进行交流，还可以在此过程中学习到相关的词汇和表达方式。例如，在模拟餐厅点餐的活动中，学生可以扮演顾客、服务员等角色，学习如何用外语询问菜单、点餐以及表达自己的饮食偏好。这种情景模拟活动不仅使学生在接近真实的语言环境中得到练习，也能有效激发他们的学习兴趣，增强他们的沟通能力和自信心，同时加深他们对外语文化的理解和认识。

（二）外语辩论和演讲

通过组织外语辩论赛和演讲比赛，学生不仅可以提高公开演讲的能力，还能在准备过程中加深对特定主题的理解。例如，在辩论赛中，学生需要对赛题进行深入研究，收集相关信息，制定论点和论据，这不仅锻炼了他们的研究和思辨能力，也提高了他们使用外语进行逻辑表达和辩护的能力。在演讲比赛中，学生需要准备演讲稿，练习发音和语调，这有助于提高他们的语言流畅性和表达能力。这些活动不仅增强了学生的外语运用能力，还提升了他们在公众面前自信地使用外语的能力。

（三）国际交流和文化体验

国际交流和文化体验活动为大学生提供了宝贵的机会来亲身体验外国文化并提高他们的外语能力。例如，通过短期留学或国际志愿者活动，学生可以直接与外国人交流，实际应用在课堂上学到的外语知识。这种沉浸式的学习环境有助于学生更快地适应并习得目标语言。此外，这些经历还使学生有机会了解和体验不同的文化背景，增强他们的跨文化理解和沟通能力。通过这种实际的国际交流，学生不仅能提高语言技能，还能获得全球视野，为将来的职业发展和个人成长打下坚实的基础。

第四节　项目式学习法

一、项目式学习法概述

（一）项目式学习法定义

在教育领域，项目式学习法是一种以学生为中心的学习方法，其核心在于让学生通过参与具体的项目来进行深入学习。这种学习方法强调实践操作和探究过程，以解决实际问题或完成具体任务为导向。在项目式学习中，学生需要利用多种资源，进行跨学科的学习和研究，解决实际问题或完成一项具体的任务。这种学习方式与传统的课堂学习有明显的不同，它更加注重学生的主动参与、自我探索和团队合作。

项目式学习法通常是围绕一个与现实世界的实际情境相关联的中心主题或问题来组织的。学生在老师的指导下，通过收集信息、进行实验、分析数据、讨论和合作来探索问题，提出解决方案或完成一个具体的成果。这种方法不仅促使学生学到与主题相关的知识和技能，还培养了他们的批判性思维、解决问题的能力、沟通技巧和团队合作能力。例如，在一个关于环保的项目式学习中，学生可能需要研究地方的环境问题，提出解决方案，并可能参与实际的环境保护行动。

（二）项目式学习法的特征

项目式学习法的特征突出体现在以下四个方面，如图5-2所示。

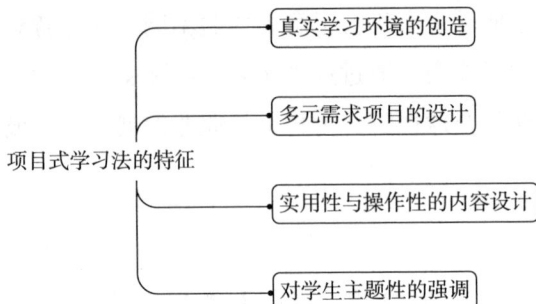

图 5-2　项目式学习法的特征

1. 真实学习环境的创造

项目式学习法的核心之一是创造一个真实或模拟的学习环境，使学习者能够在实际或接近实际的情境中学习。这种环境为学生提供了一个接触真实世界问题、发现问题并探索解决方案的平台。例如，在学习商业外语的过程中，教师可以模拟一个国际贸易环境，让学生扮演不同的角色，如买家、卖家、谈判专家等。通过这种方式，学生不仅能够学习到语言知识，还能培养在真实商业环境中所需的沟通和协商技巧。

2. 多元需求项目的设计

项目式学习法强调根据学生的具体学习需求和兴趣设计项目。每个项目旨在满足特定的学习目标，同时可能跨越多个学科领域。例如，在设计一个关于环境保护的项目时，可以结合地理、生物学、化学和外语等多个学科的知识，让学生从不同角度理解并解决环境问题。这种跨学科的学习方式有助于学生全面发展，提高他们的综合素质。

3. 实用性与操作性相结合的内容设计

项目式学习法强调学习内容的实用性和操作性，确保学生能够在实际生活或工作中应用所学知识。在项目中，学生不仅要学习理论知识，还要学会如何将这些理论应用于解决实际问题。例如，在一个关于市场营销的项目中，学生不仅要学习营销理论，还要学会如何设计营销策略、进行市场分析和评估营销活动的效果。这种实践操作使学生能够将理论知识和实践技能相结合，提高了他们解决复杂问题的能力。

4.对学生主体性的强调

项目式学习法强调以学生为学习的主体。在这种学习模式下，学生不再是被动接收知识的对象，而是积极参与到学习过程中，成为学习的主导者。学生被鼓励自主选择学习内容、方法和节奏，通过自己的努力和探索来解决问题。例如，在一个涉及社区服务的项目中，学生可以自行选择服务项目，规划服务过程，并在项目结束时进行反思和总结。这种自主性不仅提高了学生的学习兴趣和动力，也有助于培养他们的自我管理能力、批判性思维和创新能力。

二、项目式学习法的重要意义

项目式学习是在传统学习方式下发展出来的新的学习方式，其意义主要体现在以下几个方面。

（一）帮助学生建构知识体系

通过参与项目式学习，学生能够充分发挥主观能动性对项目进行分析、分类，并通过参与合作完成项目任务。这是一种知识建构的自主性操作，能够为今后学习与工作的开展打下坚实的基础。在完成项目任务的过程中，学生需要进行知识信息的搜集与获取，并寻找能够完成项目的方法。从整体上看，项目的完成不仅需要学生开动大脑、发散思维，还需要学生不断增加自己的知识储备，建构更加完善、更为系统的知识体系。

（二）培养学生的自主意识和能力

项目式学习不是一种自上而下的知识硬性灌输，而是主张培养学生的自主意识和自主学习能力，引导学生自主选择感兴趣的方向和主题开展研究，并自主决定学习的方法和进度。在项目开展的过程中，学生需要自己制订项目开展计划、思考合作方式，遇到困难要坚定自信并积极寻求解决问题的办法，项目完成后要总结和反思。这一系列操作都需要学生自己结合理论与实践来进行。因此项目式学习能够培养学生的自主学习意识、责任感和创新精神，锻炼学生的信息搜索能力、逻辑思维能力、实际应用能力和解决问题的能力。

（三）培养学生的合作意识和情感能力

在项目式学习进行的过程中，学生面对的是有挑战性的、有实际意义的集体性学习任务，因此需要以小组合作的方式开展探讨与学习。在小组内，学生需要根据角色定位完成自己的工作，组员之间需要互相帮助，发挥各自的职能，促进项目的完成。在项目进行的过程中，小组成员之间会时刻保持联系，定期组织会议分享研究成果，并就遇到的难题展开积极的探讨。因此项目式学习能够培养学生的合作意识，提高学生的语言交际能力和情感表达能力。

三、项目式学习法的实践应用

（一）跨文化交流项目

跨文化交流项目通常涉及与来自不同文化背景的学生合作，解决实际问题或完成特定主题的项目。例如，学生可以参与国际学生会组织的文化交流项目，与来自世界各地的学生一起讨论全球问题，如气候变化、教育公平等。通过这样的活动，学生不仅有机会练习外语交流技能，还能了解不同文化对同一问题的看法和解决方法。这种真实的语言使用环境能大大提高学生的外语听说能力，并增进他们对不同文化的理解和尊重。在这些项目中，学生可能需要共同策划活动、准备演讲或撰写多语种的宣传材料，不仅能锻炼学生的外语口语和写作技能，还能提升他们的组织和协调能力。例如，学生可以与国外伙伴一起制作关于各自国家文化的介绍视频，通过这个过程，他们可以学习如何以外语清晰表达自己的文化，并能更好地理解和欣赏不同文化的特点。

（二）学术研究项目

学术研究项目要求学生选择一个以外语为主要语言的研究主题，并进行深入的文献调研和分析。例如，学生可以选择全球化对教育的影响作为研究主题，通过阅读大量的英文文献来收集资料和观点。这种研究不仅提高了学生的外语阅读理解能力，而且通过撰写英文报告和论文，练习如何用外语进行学术表达，提高了学生的外语学术写作技能。在这个过程中，学生可能需要参与研讨会、学术会议，甚至可能有机会发表自己的研究成果。例如，学生可以参加由学院组织的国际学术研讨会，与来自不同国家的专家学者交流观点。这不仅有助于提升学生的外语听力和口语能力，还能让他们在实际应用中学习如何用外语进行有效的学术交流。

（三）实习项目或志愿者项目

通过参与以外语为工作语言的实习或志愿者项目，学生可以在实际的工作环境中使用外语，提高外语能力。例如，学生可以选择在国际公司或非政府组织实习，这些机构通常使用外语作为工作语言。在这样的环境中，学生不仅能够练习日常的工作外语交流，还能学习专业领域的外语术语和表达方式。在实习或志愿者工作经历中，学生可能需要参与项目管理、客户沟通或撰写报告等工作。这不仅能提高学生的外语职业应用能力，还能增强他们的工作技能和团队合作能力。例如，学生在国际非政府组织的志愿者项目中，可能需要与来自不同国家的队友协作，共同策划和执行项目，这样的经历对提高外语沟通技巧和团队协作能力极为有益。

（四）国际合作项目

参与国际合作项目，如与国外大学的学生共同完成研究或社会服务项目，能显著提升学生的外语应用能力。例如，在一个环境保护项目中，学生可能需要与国外伙伴共同开展研究，收集和分析数据，并用外语撰写研究报告。这种国际合作不仅锻炼了学生的外语交流技巧，还给学生提供了在真实环境中应用专业知识的机会。

在这类项目中，学生通常需要参与国际会议、网络研讨会和团队会议，需要用外语进行有效的沟通和讨论，解决实际问题。这不仅提升了他们的外语口语和听力能力，还增强了团队合作和跨文化沟通能力。例如，学生可以参与一个国际公共卫生项目，与国外大学的学生一起开展线上调研，共同讨论和分析研究结果，这种经历能极大提升学生的外语实际应用能力和国际视野。

第六章　大学生外语基础知识学习方法

第一节　大学生外语语音知识学习方法

一、语音知识概述

（一）学习语音知识的必要性

1.语音是语言学习的基础

（1）语音是构成语言的最基本要素，它包含了一系列音素和音调的组合，是学生首先接触和学习的内容。准确的语音基础使得学习者在后续学习中能够更好地理解和模仿目标语言。例如，当学生可以正确区分和发出外语中的元音和辅音时，他们在学习新短语时就能更加容易地记忆和理解。

（2）良好的语音基础对提高学生的听力理解能力至关重要。清晰、准确的语音能够帮助学生更好地捕捉到外语对话或讲座中的细节，理解讲者的意图和语境。这在学术听力和日常交流中尤为重要，因为它直接影响到信息的接收和处理。

（3）对语音的掌握还有助于提高学生的发音准确性和口语表达能力。准确的发音不仅能提高言语的可理解性，还能使学生在口语表达中显得更加自信，表达更加流利。这对于参加外语演讲、辩论和口语考试等活动的学生来说尤为重要。

（4）语音学习是其他语言技能（如阅读、写作和听力）发展的基石。良好的语音知识能够帮助学生在阅读时正确拼读单词，提高读写能力；在写作时，能够更好地模仿外语的声韵，使文章更加地道。

2. 语音是外语交际能力的保障

（1）语音是信息准确传达的关键。在日常交流或学术讨论中，准确的发音可以确保对话双方正确理解对方的意图和内容，特别是在跨文化交流中，不同的语音和语调可能会导致信息的误解或歧义，因此掌握标准的语音和适当的语调对于确保交流的顺利进行至关重要。

（2）正确的语音和语调可以显著提高交流的效果。在外语口语中，适当的语调不仅能够表达句子的基本意思，还能传递说话者的情感和态度，增强言语的表现力和说服力。例如，在进行演讲或陈述时，使用恰当的语调可以使内容更加生动，更能吸引听众的注意。

（3）正确的语音和语调对于非母语者来说，是融入外语环境、展现自己语言能力的重要标志。它不仅可以帮助学生在学术或职业环境中以更专业的形象示人，也可以帮助学生在日常交流中建立起更好的人际关系。

（4）掌握良好的语音和语调对于学习其他语言技能也是一种促进。例如，在学习外语歌曲、戏剧或电影对白时，正确的语音和语调能够帮助学生更好地理解其文化背景和情感色彩，从而增加语言学习的趣味性和实用性。

3. 大学生语音基础普遍薄弱

我国大学生的外语语音基础普遍薄弱。由于中学阶段对外语语音学习的重视程度不够，很多学生没有系统地学习过国际音标，导致他们在外语发音上存在明显的缺陷。这种现象通常表现为学生对单个音素的发音有一定的了解，但对于单词的重音、句子的节奏、连读及语调等缺乏足够的认识。结果是，虽然他们可以正确发出单个音素，但在实际的语句读音中却忽视了这些语音规则，导致外语发音不准确，无法准确传达语言的真实意图和情感色彩。

　　很多大学生的外语发音受到母语和地方方言的影响。在我国，大多数大学生从初中开始系统学习外语，但由于教育资源的分配问题，城乡和地区之间的外语教育水平差异显著。在这种情况下，许多学生在外语语音学习上面临较大的挑战。例如，某些方言区的学生可能难以分辨外语中的某些音素，如辅音组 /th/ 和 /f/，导致在发音时无法准确区分"three"和"free"；又如，一些学生可能难以掌握外语中的辅音 /r/ 和 /l/ 的区别，因此在发音上无法准确区分"right"和"light"。这些语音上的差异不仅影响了学生外语发音的准确性，也在一定程度上限制了他们的外语交际能力。

（二）大学语音知识的学习内容

1.音素知识

　　音素是语言中最小的声音单位，对于外语学习者来说，掌握不同音素的正确发音至关重要。外语音素主要分为元音和辅音。元音音素在发音时气流在口腔中无阻碍地流动，而辅音音素则涉及一定程度的气流阻碍。

　　在外语中，元音音素的数量相对较多，在单词中扮演着核心的角色。不同的元音音素会使单词意义发生变化，如"ship"和"sheep"中的元音发音不同，导致单词的意义不同。辅音音素则涉及不同的发音方式，如摩擦音、爆破音等，这些都需要通过不同口腔部位的协调运动来实现。对于大学生来说，掌握音素发音不仅有助于提高外语发音的准确性，还能提升听力理解能力，准确辨认不同的音素有助于在听外语时更准确地分辨单词和理解句意。

2.音标知识

　　国际音标是一种国际通用的标注语音的方法，它可以帮助学习者正确地识别和模仿单词的发音。通过学习音标，学生可以更直观地了解每个音素的发音方式，尤其是对于那些在母语中不存在的音素。

　　音标学习对于纠正错误发音尤为重要，它能帮助学生明确每个音素的发音方式，特别是在面对拼写和发音不一致的外语单词时更为重要。例如，单词"enough"和"through"中的"ough"发音完全不同，只有通过音标，学生才能正确发音。对于大学生而言，掌握音标不仅是提高口语发音准确性的关键，也是提升外语学习效率的重要手段。音标知识可以帮助他们快速掌握新单词的发音，从而在阅读和听力中更加准确地理解外语内容。

3. 重音和节奏

外语作为一种重音语言，其特点之一就是在单词或句子中有明显的重音规律。重音不仅影响单词的发音，还会影响句子的节奏和含义。例如，在不同的情境中，"record"这个单词的重音位置不同，意义也会发生改变。

掌握外语的重音和节奏对于提高语言的自然度和流利度至关重要。正确的重音可以帮助听者更好地理解发言者的重点和情感，而适当的节奏则使对话听起来更加自然流畅。不正确的重音和节奏可能会导致交流中的误解或困惑。对于大学生来说，学习和练习外语重音和节奏，不仅有助于提高口语表达的自然度和效果，还能提升听力理解能力。例如，在外语电影或剧集中，了解重音和节奏的变化可以帮助学生更好地理解对话内容和角色情感。

4. 发音规则

外语中的发音规则包括单词结尾的发音规则、元音和辅音组合的发音规则等。这些规则存在一定的复杂性，掌握它们对于学生来说非常重要，尤其是在面对新单词时。例如，了解元音和辅音组合的发音规则可以帮助学生预测新单词的发音，减少学习时的困惑。此外，掌握单词结尾的发音规则，如"ed"结尾的动词过去式的发音规则，可以帮助学生更准确地掌握单词的变化形式。对大学生而言，掌握发音规则不仅可以提高发音的准确性，还能加强对语言结构的理解，从而在口语和写作中更加自如地使用外语。例如，通过练习和应用这些发音规则，学生可以在日常交流中更自信地运用外语，提高语言的流利度和准确度。

二、语音知识学习方法

（一）音素学习与练习

1.音素辨识练习

音素知识的学习首先要从辨识不同音素开始。大学生可以通过听力练习来提高对不同音素的辨识能力，包括使用专门的语音教材，如《外语音标入门》等，其中包含了各种音素的发音实例和练习。学生可以反复听这些音素的发音并尝试模仿。此外，利用在线音素辨识练习工具，如音标学习网站提供的练习，也是一个很好的方法。这些工具通常包括各种音素发音的录音，以及相关的听辨练习，帮助学生识别并模仿不同的音素。另一种有效的学习方法是通过语言实践来加强对音素的辨识能力。例如，学生可以在与同学的日常交流中，特别注意对方的发音，尤其是那些容易混淆的音素，如 / θ / 和 /s/，/ʃ/ 和 /s/ 等。通过在实际对话中辨识和模仿这些音素，学生可以逐渐提高对音素的敏感度。

2.音素发音训练

在掌握了音素辨识之后，接下来的重点是音素的发音训练。学生可以通过口腔运动练习来改善发音。例如，针对某些难发的音素，如 /r/ 或 /l/，学生可以查找相关的口腔运动指导视频，练习舌头和嘴唇的正确位置。这些练习可以在镜子前进行，以确保做出正确的口腔动作。另一种方法是通过录音工具进行自我评估。学生可以录下自己的发音，然后与标准发音进行比较，从而听出自己发音的不足之处，并进行针对性的改进。同时，学生可以向母语者或外语老师寻求反馈，获取更专业的指导。通过这种有目的的练习，学生可以逐步提高自己的音素发音水平。

（二）音标学习与练习

音标学习是外语语音学习的基础，它帮助学生正确地发音并理解单词的准确读音。学习音标可以从理解国际音标的基本元素开始，如每个音标符号代表的声音。学生可以通过专业的语音教材或在线资源，如发音教程和音标图表来学习音标，也可以使用有声的音标学习软件，如"发音宝典"等，这些软件提供了每个音标的详细发音教程和实例，帮助学生更加直观和系统地掌握音标。

音标练习是学习过程中的重要部分，学生可以通过模仿、重复和实践来巩固所学的音标。例如，通过听发音示范并模仿发音，参加朗读或发音比赛等活动；还可以将音标练习与日常的外语学习相结合，如在学习新单词时，先查阅其音标发音，然后尝试正确发音，这样可以在实际应用中不断提高发音的准确性。

（三）发音规则学习与练习

1.规则学习与应用

学习发音规则需要学生理解外语单词和句子的基本发音规律。例如，学习单词结尾的发音规则，如"ed"在不同情境下的发音变化。学生可以通过教材或在线资源来学习这些规则，并通过编写单词列表来练习这些规则的应用。例如，编写一系列以"ed"结尾的动词，然后练习它们的不同发音。

将这些规则应用到实际的语言使用中是提高发音规则掌握程度的关键。学生可以尝试在日常对话中或写作练习中应用这些发音规则。例如，在撰写英文邮件或日记时，学生可以特别注意所使用单词的发音规则，并在朗读自己的作品时，重点关注这些规则的正确运用。

2.上下文中的练习

发音规则的学习不应仅限于孤立的单词练习，更需要在更广泛的语境中进行练习。例如，学生可以通过阅读短篇英文文章或故事来练习发音规则。在阅读过程中，学生应注意文章中单词的发音规则，并尝试大声朗读这些内容，将所学的发音规则应用于实际的语境中。

参与口语练习小组或外语角活动也是一种有效的学习方式。在这些活动中，学生可以与其他学习者一起练习发音规则，并通过相互纠正和反馈来提高彼此的发音准确性。例如，在模拟的外语讨论会中，学生可以专注于正确运用特定的发音规则，如强调重音或正确的连读，这样的互动练习可以帮助学生更好地理解和应用外语的发音规则。

第二节　大学生外语词汇知识学习方法

一、词汇知识概述

（一）学习词汇知识的必要性

对于大学生而言，在外语学习中，词汇知识的学习至关重要。词汇不仅是语言交流的基本构件，也是理解和表达思想的关键工具。拥有丰富的词汇量对学生而言意味着能够更准确、更流畅地进行交流。

首先，词汇知识的掌握对于大学生来说是理解和表达的基石。在进行日常交流或学术对话时，丰富的词汇库是理解他人言论和有效表达自己思想的关键。具备充足的词汇量意味着学生能够更准确地理解对方的意图，同时能够更清晰和流畅地表达自己的观点和情感。例如，在讨论一个复杂的学术话题时，如果学生熟悉相关专业词汇，就能更准确地理解讨论的内容，并有效地参与其中。此外，良好的词汇基础还使学生能够在交流中迅速反应，提高对话的效率和自然度。例如，当遇到突发的话题转换时，拥有广泛词汇量的学生能够更快地理解和加入对话，使交流更加流畅和富有成效。

其次，词汇的学习不只是记忆单词的意思，更重要的是理解其在不同语境中的用法和含义。词汇的多样性和灵活性要求学生在实际语境中不断练习和应用。例如，一个单词在不同的语境下可能有不同的含义或用法，学生通过在多种语境中使用这个词语，可以更深刻地理解其多样性。这种理解使他们在实际应用中更加得心应手，有效地提升交流的质量。例如，学习"bank"这个词，学生不仅需要知道它作为"银行"的意思，还要理解它在"河岸"等其他意义上的使用。深入学习和运用词汇有助于学生在语言表达中更加准确和生动，从而更好地传递思想和情感。

最后，词汇学习对于提高学生的整体语言能力也有重要作用。在学习新词汇的过程中，学生不可避免地会接触到与之相关的语法、发音、拼写等知识点。例如，学习一个新单词时，学生不仅要学习其意思，还要了解如何正确地发音，以及它在句子中的语法角色。这种全面的学习方式不仅加强了学生对单个词汇的记忆，更加深了他们对外语整体知识的掌握。这种综合性的学习方式提高了学生对语言系统的整体理解，为未来的外语学习打下了坚实的基础。通过全面的词汇学习，学生能够在语言学习的各个方面取得进步，从而在口语、听力、阅读和写作等方面展现出更高的语言技能水平。

（二）大学词汇知识的学习内容

1.词汇含义

在大学外语学习中，掌握词汇含义是基础且重要的一环。对于大学生而言，理解和掌握一个单词的基本含义是学习该词汇的第一步。这不仅包括单词的直接字面意义，还包括它在不同情境下可能的延伸含义。例如，单词"set"在英语中有多种意思，除了最基本的"设置"之外，还可以根据不同语境表示"集合""固定"等多种含义。因此，学生需要学会从多个角度理解一个单词，这样才能在实际应用中灵活运用。此外，对于那些具有多义性的单词，如"get""take"等，学生需要了解它们在不同语境中的具体含义，这样才能在交流中准确使用这些词汇，避免误解。

2.词汇搭配

词汇搭配是指单词在实际使用中常常与特定的词汇组合在一起。掌握常见的词汇搭配对于提高语言运用的自然度和准确性至关重要。例如，"make a decision"（做决定）是一个常见的搭配，而不是"do a decision"。词汇搭配的学习有助于大学生更加地道地使用目标语言，提高语言表达能力。又比如，"strong coffee"（浓咖啡）和"heavy rain"（大雨），这些搭配在英语中是固定的，而直译其他语言可能会不同，不恰当的词汇搭配可能会导致误解或听起来不自然。例如，英语中说"commit a crime"（犯罪），而不是"make a crime"。

3. 词汇应用

理解词汇的意义和搭配后，将其应用于恰当的语境中是学生必须掌握的技能。这涉及词汇的使用频率、语义适当性和文化相关性。例如，单词"chat"在非正式的日常对话中使用较多，而在正式的学术论文中可能会选择"discuss"或"talk"。了解这些差异能帮助学生在不同的社交和学术场合中更加得体地使用语言。这不仅要求学生了解每个单词的含义，还要能够将其正确地应用在适当的语境中。

二、词汇知识学习方法

（一）词汇联想记忆法

词汇联想记忆法源于图式理论，是由美国人工智能专家鲁姆哈特提出的。该理论认为人们在认识新事物时，总是设法将其与已有的或已知的事物联系起来，找到它们的相互关联，促进对新事物的信息理解，让已有的知识和知识结构对当前的认知活动产生巨大的影响。因此，在词汇记忆中可以运用联想法，即建立新词信息与旧词信息之间的联系。词汇联想记忆法可分为以下五种，如图 6-1 所示。

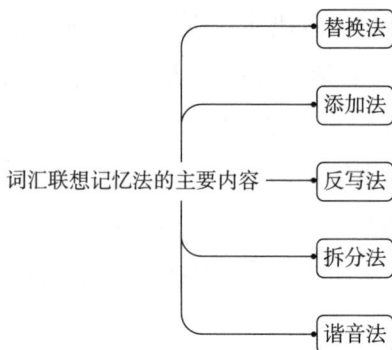

图 6-1　词汇联想记忆法的主要内容

1.替换法

替换法是一种通过改变单词中的某个字母来寻找记忆线索的方法。例如，单词"ample"，它意味着"足够的"或"充足的"，通过将其中的"m"替换为"p"可以得到"apple"（苹果）这样一个熟悉的单词。这样，学习者就可以通过想象"足够的苹果"来记住"ample"的意思。同样地，单词"linger"（继续存留）可以通过替换"i"为"o"来关联到"longer"（更长久的），从而帮助记忆"linger"表示某人或某物在原地停留了更长的时间。再如，"bitter"（苦涩的），将"i"换成"e"，变成"better"（更好的），能帮助学习者区分"bitter"与"better"的不同意义。

2.添加法

添加法则是指在单词中添加某些字母或短语，使其转化为更熟悉的单词，从而帮助记忆。例如，"limb"（四肢）这个单词，通过在"l"前添加"c"，变为"climb"（爬行），可以联想到"用四肢爬行"。另一个例子是"hinder"（阻碍），在它前面添加"be"，变为"behind"（向后），我们可以将"hinder"理解为反复地将某人推向后方的行为。类似地，"heal"（愈合），在词尾加上"th"，变成"health"（健康），联想为"伤口愈合，恢复健康"。

3. 反写法

反写法是一种将单词中的某个字母反向写出来，从而与已知单词产生联系的方法。例如，单词"mild"（温和的）可以通过将"m"反写为"w"变为"wild"（狂野的）。这种对比记忆有助于强化单词"mild"的记忆。再如，"harp"（竖琴），将字母"p"反写为"d"，变成"hard"（艰难的），可以联想到在困难时刻聆听竖琴音乐的情景。通过这种反写法，学习者可以在视觉和认知层面上加深对单词意义的理解。

4. 拆分法

拆分法是指将新词语拆分成两个或多个已知单词来记忆。例如，"groom"（新郎）可以拆分成"gege"（哥哥）和"rom"（房子），从而创造性地联想成"有房子的哥哥可以成为新郎"。另一个例子是"thrift"（节俭），拆分成"throw"（扔掉）和"lift"（举起），联想为捡起别人扔掉的东西是节俭的行为。这种方法通过逻辑上的联系帮助学习者更加深入和有趣地记忆新单词。

5. 谐音法

谐音法利用单词的发音与学习者母语中相似发音的单词或短语之间的相似性来帮助记忆。例如，"soar"（翱翔）的发音类似于中文中的"嗖嗖"，这可以联想为快速飞行的声音，从而帮助记住"soar"表示迅速上升。另一个例子是"melancholy"（忧郁的），发音接近中文的"卖了可怜"，联想为卖掉心爱的物品后的忧郁情绪。"boom"（繁荣，隆隆声），发音类似于炮弹的爆炸声"砰"，可以联想为经济的激增或爆炸声。

（二）词源典故记忆法

词源典故记忆法是一种通过理解单词的历史和文化背景来加深对单词含义的记忆方式。这种方法不仅有助于加强对单词的记忆，还能增加学习的趣味性，使学生在学习过程中获得更丰富的文化知识。

1.理解词汇的文化和历史背景

英语中许多单词都源自古希腊罗马神话、历史事件、文学作品等。通过了解这些背景，学生可以更加深入地理解单词的含义和用法。例如，单词"echo"（回声），源自希腊神话中的女神 Echo，她因为爱上纳西瑟斯而被诅咒，只能重复他人的话。了解了这一典故后，学生不仅能记住"echo"这个单词，还能深刻理解其含义和文化内涵。

2.增强记忆的趣味性和深度

利用词源典故记忆法学习外语单词，不仅能提高记忆效果，还能使学习过程更加有趣和生动。例如，"panic"（恐慌）这个单词来源于希腊神话中的森林之神潘（Pan），他喜欢在森林中制造突然的噪声吓唬过路的人。这样的故事让单词"panic"在学生心中留下了深刻印象，从而提高了记忆效果。

3.扩展词汇学习的维度

词源典故记忆法不仅让学生学习到单词本身，还能够让他们接触到更广泛的知识领域，如文学、历史、神话等。例如，"odyssey"（长途冒险旅行）这个单词来源于荷马史诗《奥德赛》，它讲述了主人公奥德修斯的冒险旅行。这样的词源使得单词"odyssey"不仅仅是一个单纯的外语词汇，更成为一扇了解西方文学和文化的窗口。

（三）语境模拟法

学习外语词汇搭配的一种有效方法是通过"语境模拟法"。这种方法强调在特定语境中学习和使用词汇搭配，从而帮助学生更好地理解和记忆这些搭配。

1.构建实际语境

语境模拟法的核心在于创建一个接近真实的使用环境，让学生在其中学习词汇搭配。例如，教师在教授商务外语时，可以模拟商务会议、谈判或演讲的场景，引入与商务相关的常用词汇搭配，如"launch a product"（推出产品）、"achieve a consensus"（达成共识）等，使学生不仅能学到常用词汇搭配，还能了解其在实际语境中的应用方式。

2.角色扮演和互动练习

在创建的语境中，学生可以通过角色扮演来练习词汇搭配的使用。例如，在模拟的商务会议中，学生可以扮演成经理、客户、分析师等角色，并使用相关的词汇搭配来进行交流和讨论。这种互动式学习不仅使词汇搭配的学习更加生动有趣，还有助于提高学生的语言实际运用能力。

第三节　大学生外语语法知识学习方法

一、语法知识概述

（一）学习语法知识的必要性

学习语法知识不仅有助于学生更好地理解和使用目标语言，还能提高他们的文化意识和批判性思维能力。

1.语法是语言沟通的基础

语法是语言交流的根基，扮演着组织和构建语句的关键角色，尤其对于外语和汉语这类结构差异较大的语言，理解和掌握语法规则尤为重要。语法不仅仅是一些抽象的规则，它实际上构成了语言表达的框架。没有稳固的语法基础，语言交流往往会变得困难和混乱。在学习外语时，正确的时态、语态、句式结构等都是表达清晰、准确信息所必需的。

2.语法反映文化背景与思维方式

语法不仅是语言的结构，还反映了特定文化背景下的思维方式。每种语言的语法结构都携带着其文化特征，通过学习语法可以更深入地理解目标语言的文化和思维习惯。这种理解对于外语学习者来说尤为重要，因为它不仅仅是学习一种交流工具，更是了解和接近另一种文化的方式。比如，外语中的主动语态和被动语态的使用，反映了外语使用者强调主体或客体的不同文化倾向。通过这样的语法学习，可以更好地理解和适应目标语言环境。

3.有利于提高语言的准确性和流利性

扎实的语法基础是实现准确、流畅语言交流的关键。缺乏语法知识往往容易导致表达上的误解或混淆。准确的语法应用能够帮助外语学习者更清晰、准确地表达思想和信息，从而提高沟通效率。此外，熟练掌握语法规则也有助于提高语言的流利度，使得语言使用变得更加自然和自信。这对于外语学习者来说至关重要，因为它不仅关系到语言的使用效果，还影响到学习者的自信心和学习动力。

4.有利于培养批判性思维和解决问题能力

语法学习不仅仅是记忆规则，还涉及应用和解析这些规则的能力。这个过程促使学习者发展批判性思维，因为他们需要理解语法规则的应用场景，并在实际语境中做出适当选择。这种思维方式对于任何学科领域都是一种重要的技能。例如，在分析复杂的语法结构时，学习者需要运用逻辑思维，从而更好地理解和使用语言。

5.有利于平衡语法学习与语言的实际应用

语法学习应与语言实践相结合，这是外语学习的一个重要原则。单纯的语法规则如果脱离了实际的语言使用环境，很容易变成孤立无用的知识。外语学习者需要通过大量的语言实践来巩固和应用语法规则。这种结合实际的学习方式能够确保语法知识不仅仅停留在理论层面，而是转化为实际语言能力的一部分。通过这种方式，外语学习者可以在实际交流中更有效地应用语法知识，从而不断提升语言水平。

（二）语法知识的内容

1.词法和句法

在外语语法学习中，大学生需要掌握的知识主要涵盖词法和句法两大领域，这些知识对于深入理解和正确使用外语至关重要。

词法知识的研究集中在单词的构成和类别上。构词法主要涉及词缀的使用、单词的转化、派生和合成等方面。这些知识帮助学生理解单词是如何形成的，以及不同词缀对词义的影响。通过学习词缀，学生可以更容易理解和记忆新单词。词类的学习则涉及静态词和动态词的分类。静态词，如名词和形容词，虽然相对稳定，但也有变化，如名词的数和格的变化、形容词的比较级和最高级形式等。动态词主要围绕动词及其相关形式展开，包括时态、语态、分词、动名词、不定式、情态动词、助动词和虚拟语气等。这些知识对于理解和正确使用动词至关重要。

句法知识的学习涵盖句子的分类、句子成分和标点符号的使用。句子的分类可以基于结构或目的进行，包括简单句、复合句、并列句、陈述句、祈使句、疑问句和感叹句等。掌握这些分类有助于学生理解不同类型句子的构造和用途。句子成分的学习涉及主语、谓语、宾语、定语、状语、表语、同位语和独立成分等，这有助于学生理解句子的内部结构和各部分如何协同工作以表达完整的意思。此外，标点符号的正确使用也是句法学习的重要部分，因为它对句子意义的明确性和流畅性有重要影响。

2.章法

在语言学习的高级阶段，深入掌握章法是非常关键的，因为它超越了单纯的词汇和句子结构，进入语言组织和表达的更高层次。

（1）理解和运用句子间的逻辑关系。章法的学习使学习者能够更深入地理解句子间如何通过各种逻辑关系紧密连接。这包括因果关系、对比关系、时间顺序等。例如，使用"because""therefore"等词汇可以明确表示因果关系，而"however""nevertheless"等则用于表达转折或对比。在高级阶段，学习者应能识别和运用这些复杂的关系，使语言表达不仅限于单个句子的构造，而是将多个句子流畅地串联起来，形成有逻辑的论述。这种能力对于学术写作、演讲甚至日常交流都极为重要，因为它直接关系到信息的清晰传递和说服力。

（2）构建篇章的整体结构。章法的学习不仅关注句子之间的关系，还包括整个文本或话语的组织结构。有效的篇章结构能够使信息的传递更为清晰、有逻辑性，使读者或听众能够更好地理解和跟随作者的思路，包括如何合理地安排段落；如何使用主题句和结论句；如何确保每个部分紧扣主题等。例如，在学术写作中，清晰的引言、有力的论点、充分的证据支持和总结性的结论是构成高质量论文的基本要素。掌握这些结构性元素对于学习者来说既是一项挑战，也是提升其高级语言运用能力的重要步骤。

（3）连接词语和短语的恰当使用。在章法中，连接词语和短语像桥梁一样，连接着文本中的不同部分，使得整个篇章流畅、连贯。它们不仅仅是语言的装饰，更是构建逻辑、引导读者思路的重要工具。比如，"first""second""then""finally"这类词汇用于指示顺序或步骤，而"by comparison""on the contrary"等则用于展示对比或对照。高级阶段的学习者需要能够灵活而准确地使用这些工具，不仅能使其语言表达更加丰富和精确，而且能够更好地引导和维持读者或听众的注意力。

二、语法知识学习方法

在大学阶段，学习者掌握外语语法知识的方法可以采取更为系统和深入的方式，以适应更高级别的语言运用和理解需求。

（一）系统性查询法

系统性查询法着重于对外语语法分类项目的深入理解。例如，遇到诸如"If she had arrived earlier, she could have caught the train."这样的句子，学习者可识别其为典型的虚拟语气句型。在此基础上，通过查询英语语法资料，可以深入了解虚拟语气的不同类型，如与现实相反的情况（过去、现在和将来），及其相应的句型和结构。通过这种针对性的查询，学习者不仅能理解特定语法项目的形式和功能，还能领悟到更广泛的语法规则和用法。此外，这种方法还可以延伸到探索不同语法结构背后的逻辑和语用特点，如虚拟语气在表达假设、建议或遗憾等方面的特殊功能。

（二）综合复习法

在大学阶段，语法学习的关键是将之前零散的知识整合成一个更加全面、连贯的知识体系。此方法强调的是全面回顾和整合先前学习的语法知识，如时态、语态、语气、名词、动词、形容词、副词、介词、连词等，以及它们在句子和篇章中的应用。在这个过程中，重点是识别和加强那些薄弱的领域。例如，若发现在使用分词结构表达时序和因果关系方面存在困难（如 "Having finished her homework, she went out to play."），则应重点针对这一领域进行深入的复习和练习。综合复习法的优势在于，有助于学习者打下坚实的语法基础，在学术上和日常交流中能够更好地理解和运用外语。

（三）写作练习法

写作是一种极佳的语法练习方式，因为它要求学习者将理论知识转化为实际应用。通过写作，学习者可以将所学的语法知识运用到实际的语境中。例如，可以写一篇描述不同历史事件结果的文章，使用虚拟语气表达"如果历史发展不同，结果会怎样"的假设情景。同样，通过重新编写或修改之前的文章，引入诸如定语从句等复杂的语法结构，不仅能加深对这些语法点的理解，还能提升写作技巧和语言表达能力。这种方法既能有效地提高语法知识的掌握程度和应用能力，也能帮助学习者发现自己在语法使用上的不足之处。

（四）阅读和听力练习法

将语法知识应用于阅读和听力练习同样重要。刚开始时，可以放慢阅读和听力的速度，深入分析文章或听力材料中的每个句子，确保对语法结构的理解准确无误。对于一篇文章，学习者可以专注于分析其中的复杂句型，如条件句、因果句或比较句等，有助于加深对语法规则的理解，提升分析和解读复杂文本的能力。随着时间的推移，学习者可以逐渐加快阅读和听力的速度，以测试自己在实际语境中运用语法知识的能力。这不仅能加强语法知识的应用，还能提高阅读和听力理解的速度和效率。此外，通过这种方法，学习者还能培养出一种批判性的思维方式，不盲目接受所有信息，而是能够基于语法知识对信息进行独立的分析和判断。

第四节　大学生外语文化知识学习方法

一、文化知识概述

（一）学习文化知识的必要性

对于大学生而言，学习外语文化知识不仅有助于提升语言学习的效果，还能增进跨文化理解，丰富个人经验，提升在学术和职业领域的竞争力。通过对外语文化的学习，学生可以更好地为在日益全球化的世界中发挥作用做准备。

1.增强语言理解和使用

语言不仅仅是沟通的工具，还是文化的载体。每种语言都包含了丰富的文化元素，如习俗、历史、价值观和思维方式。在学习英语的过程中，深入了解英美文化对于全面掌握语言至关重要。英语中的许多表达和俚语直接源于英美国家的历史背景和文化传统。如短语"raining cats and dogs"（倾盆大雨）的使用，无法从字面上直接理解，但了解其历史背景和文化含义后，便能更准确地理解和使用。此外，了解英语国家的节日，如感恩节、独立日等，对于理解相关文化背景中的语言表达同样重要。这些文化知识不仅使学习者能够更准确地理解语言中的隐含含义，还可以帮助他们在使用该语言时更自然、更贴近母语者的表达方式。

　　了解文化背景还有助于理解语言中的隐喻和比喻。每种文化都有其独特的隐喻体系，这些隐喻体系在语言中广泛存在。例如，外语中经常用"桥梁"来比喻连接两个事物或观点的中介。理解这种隐喻不仅需要语言知识，还需要对文化中的象征和意象有所了解。通过深入理解这些文化元素，学习者能更好地理解和运用外语中的隐喻和比喻，从而在沟通和写作中达到更高的水平。

　　2. 促进跨文化交流和理解

　　在全球化的今天，跨文化交流变得日益频繁和重要。掌握外语文化知识不仅是语言学习的需求，更是实现有效跨文化沟通的关键。了解不同文化的价值观、习俗和交流习惯可以帮助大学生在与不同文化背景的人交流时避免误解和冲突。例如，西方文化常常鼓励直接表达和个人主义，而亚洲文化可能更倾向于含蓄表达和集体主义。了解这些文化差异可以帮助学习者在跨文化交流中做出适当的语言选择和行为举止，从而建立更和谐的交流关系。此外，在商务、外交等专业领域，了解特定文化的商业习惯和谈判风格对于建立成功的职业关系至关重要。

　　跨文化理解还包括对不同文化中存在的敏感话题和禁忌的认识。不同文化对于特定话题的接受程度和敏感性存在巨大差异。一些在西方文化中被视为正常讨论的话题，在东方文化中可能被认为是不礼貌或敏感的。学习和了解这些文化特点可以帮助学习者在跨文化交流中更加得体和敏感，避免无意中冒犯他人，从而促进相互理解和尊重。这种文化敏感性的培养对于在多元文化背景下工作和生活的人来说尤为重要。通过学习不同文化的价值观和习俗，大学生可以更好地适应全球化的世界，成为能够在多元文化环境中有效交流和合作的全球公民。

　　3. 拓宽个人视野和丰富知识结构

　　学习外语文化知识使个人能从更广阔的视角理解世界。掌握一种外语及其文化背景，不仅能够提高语言能力，还能使个人在思考问题时跳出单一文化的局限，从而拥有更全面、多元的视角。例如，学习法语及其文化，可以让人了解到法国的历史、艺术、哲学等方面的丰富知识，这些知识不仅是语言学习的附加值，更是开阔视野的重要手段。通过学习不同国家的历史、文学、艺术、政治等，学生可以更深刻地理解世界的复杂性和多样性。这种多角度的理解使人在思考环境保护、经济发展、政治冲突等全球性问题时，能够采取更加全面和客观的态度。

学习外语文化知识还能增强个人的文化敏感性和包容性。在了解和体验不同文化的过程中，个人不仅能认识到文化差异，还能学会尊重和欣赏这些差异。这不仅有助于个人的人际交往和社交网络的拓展，还能增强个人对不同生活方式和思维模式的接受能力。例如，通过学习日本文化，可以了解到日本的礼仪和传统，从而在与日本人交往时不仅可以避免文化冲突，还有助于建立更深的理解和联系。

4.提升学术和职业竞争力

掌握外语文化知识在当今全球化的环境中对于提升个人的学术和职业竞争力至关重要。在学术领域，对外语文化的深入了解可以丰富研究视角，增加研究的深度和广度。例如，一个研究国际关系的学者如果熟悉中东地区的语言和文化，将能更深入地理解该地区的政治动态和社会变迁。这种深入的文化理解能够提供更丰富的研究素材和更独到的分析视角，从而提高研究工作的质量和影响力。

在职业领域，跨文化交流能力和外语技能是现代工作环境中不可或缺的技能。无论是在国际贸易、外交、媒体还是跨国企业工作，良好的跨文化交流能力都能帮助个人更有效地与来自不同文化背景的同事、客户或合作伙伴沟通和合作。例如，一名熟悉西班牙语和拉丁美洲文化的业务经理在与该地区的客户交流时，能够更有效地建立信任和理解，从而促进业务的成功。此外，多语言能力和跨文化理解在应对全球市场的挑战、制定有效的国际策略以及在多元文化环境中领导团队等方面都极为重要。因此，外语文化知识的掌握对于提升个人在职场中的竞争力和影响力具有显著作用。

（二）文化知识的内容

1. 文化意识

在高等教育中，大学生学习外语文化知识，特别是英美文化，是极为重要的。对英美文化的深入理解能够帮助学生更准确地把握英语语境中的含义和语言的细微差别。深入了解英美国家的历史、政治、社会习俗和文学作品，不仅可以大大增强对语言的掌握，使得学习者学会语言本身，还能更好地理解语言背后的文化内涵。这种文化背景的理解是达到高级语言运用水平的关键。

同时，文化意识的培养也要求学生认识到，虽然每种文化都有其独特性，但并不存在绝对的优劣，这有助于学生在学习外语文化的同时，保持一种客观公正的视角。例如，学习英美文化时，学生应该同时认识到自身文化的价值，避免形成文化偏见或盲目崇拜。这种多元文化视角的培养，不仅有助于学生更全面地理解和欣赏不同文化，也有助于他们形成更为开放和包容的世界观。通过学习和比较不同文化，学生能够更深刻地理解文化差异，同时加强对自己文化的认识和自信。这种跨文化的理解和认识，对于学生未来在多元文化环境中的工作和生活，将是一笔宝贵的财富。

2. 文化行为

（1）日常生活，包括穿衣打扮、饮食用餐、居住条件、交通出行、购物旅行、医疗服务、节假日习俗、搬家等。

（2）家庭生活，包括家庭成员、亲戚构成、家庭聚会、家庭分工、家庭消费、家庭纠纷等。

（3）人际关系，包括寒暄、介绍、交友、会客、聚会、送礼、祝贺、安慰、打电话、通信、邀约、拜访、帮助、拒绝、合作、对抗等。

（4）接受教育，包括幼儿教育、青少年教育、成人教育、学校教育、职业教育、课外活动、校园生活、教育实习、社会教育等。

（5）娱乐消遣，包括看电影、看电视节目、看演唱会、听广播、听音乐、观看戏剧表演、参与体育锻炼、参与各类户外活动等。

（6）情感态度，包括高兴、兴奋、沮丧、感谢、同情、赞美、讨厌、惊讶、抱歉、服从、妥协、爱慕等。

（7）观点意见，包括同意、反对、中立、赞成、商讨、评价等。

（8）婚姻习俗，包括恋爱、婚姻、婚礼、结婚、离婚、生育、育儿等。

（9）个人隐私，包括年龄、经济收入、婚姻状况、家庭状况、受教育情况、工作情况、宗教信仰、政治立场等。

（10）时空概念，包括肢体接触、人际交往距离、时间观念、时间划定、时间分配等。

3. 文化心理

（1）社会价值观在不同的文化背景下有着显著的差异。例如，在英美文化中，个人主义精神是其核心价值观之一。个人主义强调个人自由、独立与自主，尊重个体的权利和自由，认为个人应当根据自己的兴趣和意愿进行选择和决策。同时，竞争被视为驱动社会进步的重要力量，有竞争就有动力，就能更好地激发个人的潜能。在中国文化中，集体主义观念占据主导地位，强调的是个人与集体的和谐统一，强调团队协作、互助共赢。这两种价值观都有其存在的合理性，理解和尊重不同的社会价值观有助于学生更好地适应不同的社会环境。

（2）人生价值观。人生价值观是人们对生活目标和生活意义的理解和认识。在英美文化中，人们强调追求个人的幸福和满足，追求个人的成就和名誉，重视物质财富的积累。在中国文化中，人们更看重精神富足，注重和谐、平衡和中庸之道。这两种不同的人生价值观体现了东西方文化在对待生活的态度和理解上的差异。

（3）人类与自然。在英美文化中，人们倾向于挑战和征服自然，将自然视为人类利用的对象，通过科技手段改造自然，满足人类的需求。在中国文化中，人们倾向于与自然和谐共处，强调"天人合一"的观念，主张人类要顺应自然，尊重自然，与自然和谐共生。这两种观念反映了人类对待自然的不同态度和理念，有助于反思人类与自然的关系，寻找人与自然和谐相处的路径。

（4）伦理道德观念。在伦理道德观念上，英美文化强调公平正义，认为个体的权益应当得到尊重，任何人都应该按照同样的规则和标准来对待。中国文化则更强调仁爱和道义，强调人与人之间的互助和情感纽带，认为在特定的情境下，应当根据实际情况灵活对待，注重情义和人情味。尽管这两种伦理道德观念在某些方面存在差异，但都对维护社会和谐，促进人类社会的进步起到了重要作用。

4.跨文化交际

（1）全球化文化环境。20 世纪 90 年代以来，随着改革开放进程的推进，我国的传统文化思想与文化观念受外来思想文化的影响越来越大。与此同时，人们也能深刻地感受到生活观念、经济观念和文化思想观念正在发生重大的变革，所有的事物似乎已经脱离原来的发展规范，发生着肉眼可见的变化。20 世纪 90 年代也是流行文化盛行的时期，一些学者通过研究流行文化的发展，表达了自己独特的文化思想，这些文化思想冲击着人们原有的认知，对人们的生活产生了重要影响。这些文化行为和文化现象的产生也标志着我国已经不受控制地融入了全球化的文化发展环境。

（2）文化与交际。此处主要是指文化差异对跨文化交际的影响。来自不同文化背景的交际双方在交际过程中如果没有事先了解对方的文化，通常会产生跨文化交际的障碍。跨文化交际障碍指不同文化背景的人们在开展交际活动时，会下意识地认为对方与自己没有很大的差别，而一旦发现对方的某些言语行为与自己的期望严重不符，就会产生困惑、怀疑、失望等情绪，进而造成交际失败。这一现象的产生主要是刻板印象在起作用。刻板印象形成的原因大都是个人没有足够的时间去了解和接受某一文化。刻板印象一旦形成就很难纠正、改变。刻板印象主要包括语言障碍、心理障碍、文化定式、文化偏见、民族中心主义。

跨文化语言交际是指一种语言的使用者与另一种语言使用者之间的交际，也可以指任何在语言和文化背景方面存在差异的人们之间的交际。例如，当两位交际者交际时使用的语言相同，但文化背景不同时，他们的交际过程也称为跨文化交际。在跨文化交际的过程中，交际双方能进行无障碍的交流是交际者的最大心愿，现实中这很难实现，因为绝大多数人的交际有效性和适宜性都受到多种因素的影响。

（3）文化多元化。全球有2000多个民族，分布在200多个国家和地区，每个民族都有其独特的文化传统和个性，这些文化的多样性是人类文明的宝贵财富。在全球一体化的背景下，文化之间的交流变得日益频繁，不同文化的相互影响和融合是常态。因此，大学生在学习外语文化时，应该具备开放的心态，学会欣赏不同文化的独特性和多样性。例如，在学习西班牙语的过程中，学生不仅会学到语言本身，还会接触到拉丁美洲的丰富文化，包括音乐、舞蹈、艺术和历史等。这些文化元素反映了拉丁美洲特有的生活方式和价值观。通过学习和理解这些文化特征，学生可以更全面地理解西班牙语，并且能够更加深刻地体验到文化多元化带来的丰富性和复杂性。

文化多元化也给学生带来了挑战。在全球化的浪潮中，外来文化与本土文化的交融可能会对本土文化传统产生影响。在这种情况下，大学生需要学会在全球文化环境中保持文化敏感性，学会从批判的角度理解和分析文化现象。这不仅包括对外来文化的理解和尊重，还包括对本土文化传统的认识和珍惜。在学习外语文化的过程中，大学生应该学会平衡全球视野和本土意识，理解不同文化之间的差异和联系，从而在全球多元文化的环境中找到自己的定位。通过这样的学习，大学生不仅能够提升语言技能，还能够在多元文化背景下发展出更为全面和成熟的世界观。

二、文化知识学习方法

(一)图片、实物观摩法

通过这种方式,学生能够直观地接触和理解外国文化中的具体物品和概念,从而更加深入和生动地学习外语文化。例如,对于西方文化中特有的食物,如汉堡、布丁、三明治、沙拉等,仅仅通过文字描述学生可能难以完全理解其特征和文化内涵。通过观看这些食物的图片或者实物,学生不仅能够直观地了解它们的外观、成分和制作方式,还能更好地理解它们在西方文化中的意义和地位,如快餐文化在美国生活中的普及。

实物展示对于理解中西方习惯上的差异同样非常有帮助。通过观摩真实的物品,如英美国家的信件和信封,学生可以了解到其书信格式和式样特点,这种直观的学习方式比仅仅通过文字描述学习更加有效。通过实际的信件展示,学生可以了解到西方国家在书写地址、日期、称呼等方面的习惯,这不仅有助于提高学生语言学习的实际应用能力,也有助于增进学生对西方文化习惯的理解。

(二)中外文化对比法

通过中外文化对比法,学生可以深入理解两种文化之间的异同,从而更好地掌握外语及其文化背景。中外文化对比法不仅仅局限于表面的形式比较,更涉及文化的深层内涵对比。例如,通过比较中英两国在节日庆祝、饮食习惯、社交礼仪等方面的不同,深刻理解西方文化与中国文化的差异。这种深层次的文化对比不仅可以帮助学生理解英语中的某些表达习惯和语境,还能让他们更深入地了解和尊重不同文化。

中外文化对比法还应该注意非语言元素的比较。语言是文化的载体,但文化的传达和理解远不止于语言本身。非语言元素,如身体语言、表情、手势甚至沉默,都在跨文化交际中扮演着重要角色。例如,中西方在肢体语言和面部表情上的差异可能会导致交流时的误解。通过对这些非语言元素的深入比较和理解,学生可以更全面地掌握跨文化交际的技巧，避免可能的文化冲突。此外，文化对比分析也可以延伸到社会习俗、价值观念、宗教信仰等更为广泛的领域。通过对这些领域的深入比较和分析，学生可以更全面地理解不同文化背景下人们的思维方式和行为模式，为今后在多元文化背景下的学习、工作和生活打下坚实的基础。

（三）文学作品鉴赏法

通过深入分析和鉴赏外国文学作品，学生不仅能够提升语言能力，更能充分理解和体验外国文化。文学作品往往蕴含着丰富的文化元素，如历史背景、社会风俗、人物信仰等，这些都是学习外语文化不可或缺的部分。例如，通过鉴赏莎士比亚的剧作，学生不仅能够欣赏其语言艺术，还能深入了解伊丽莎白时代的英格兰社会和文化。在阅读过程中，学生应该注重文学作品中的文化细节，如服饰、饮食、礼仪等，从而更好地理解作品背后的文化背景。

文学作品中的人物情感、交际方式以及文化冲突等也是学习外语文化的重要内容。文学作品往往通过人物的交往和冲突，展现不同文化背景下的人际关系和价值观，这对学生理解外国人的思维方式和行为模式大有裨益。例如，在阅读《傲慢与偏见》时，学生不仅能体会到英国19世纪的社会风貌，还能深入理解当时的婚姻观念、阶级意识等文化特征。在鉴赏这些文学作品时，学生应该学会运用批判性思维，对比分析中外文化的异同，从而更加全面地理解和吸收外国文化。通过这样的学习方法，学生不仅能够增强语言技能，还能在文化层面上拓宽视野，提升跨文化交际能力。

（四）同伴讨论交流法

同伴讨论交流法通过鼓励学生之间的互动讨论，使得学习过程更加主动和具有互动性。同伴之间的交流不仅能够提供不同的视角和理解，还能够创造一个更加放松和开放的学习环境。例如，在学习一种外语文化时，学生可以分组讨论该文化中的特定节日、习俗或历史事件，分享自己的见解，并从同伴那里获得新的信息和不同的观点。这种互动不仅能够增加学习的趣味性，还能够促进学生思维的活跃和深入。此外，同伴讨论交流也有助于培养学生的批判性思维和跨文化交际能力，对于未来在多元文化环境中的工作和生活非常重要。

同伴讨论交流法可以结合角色扮演、情景模拟等活动，使得学习过程更加生动和实用。例如，在学习外语时，学生可以模拟在特定文化环境下的交流场景，如在餐厅点餐、在商店购物等。在这些模拟活动中，学生不仅能够练习语言技能，在实际的文化语境中运用所学的知识，还能够体验和理解外语文化，适应不同文化背景下的交际方式。

（五）借助媒体法

通过电影、电视、互联网等媒介，学生能够接触到丰富多样的文化内容，从而在更加生动和直观的环境中学习外语文化。例如，电影和电视剧不仅能展示特定文化的日常生活场景，还能呈现那些文化背景下的历史、风俗、社会习惯等。这些视觉和听觉材料使得学生能够以更加全面和深入的方式理解和体验外国文化。比如，通过观看描述英美社会生活的电影和电视剧，学生不仅能学习到地道的日常用语和口语表达，还能了解西方国家的社交礼仪、家庭结构、节日庆祝等文化特点，从而帮助学生从多个角度深入理解外国文化，拓宽文化视野。

互联网作为一个信息丰富且易于获取的媒体平台，为大学生提供了更为广泛的外语文化学习资源。通过网络，学生可以轻松访问各种国际新闻、文化专题网站、在线论坛等，有助于学生及时了解外国的最新社会动态和文化趋势。例如，通过关注国际新闻网站，学生能够及时了解不同国家的政治、经济、社会事件，这不仅能够拓宽他们的知识视野，还能够帮助他们更好地理解外语文化中的实际应用。此外，通过参与在线论坛和社交媒体上的文化交流，学生能够与来自不同文化背景的人进行互动和讨论，这种直接的文化交流经验对于提升他们的跨文化交际能力至关重要。通过这样的媒体学习方式，学生不仅能够更深入地理解外语文化，还能够在实际交际中灵活运用所学知识。

第七章　大学生外语基本技能学习方法

第一节　大学生外语听力技能学习方法

一、学习听力技能的必要性

在大学生学习外语的过程中，听力技能的培养是不可或缺的一部分，其必要性体现在以下几个方面。

（一）有利于加强语言信息处理能力

听力技能的提升有助于加强大学生的语言信息处理能力。通过持续的听力训练，大学生不仅学会了如何识别和理解语言中的各种符号，还能将听到的信息与已有的知识结合起来，进行更深层次的思考和分析。这种技能的培养对于理解复杂的语言材料至关重要。例如，在听外语新闻或讲座时，大学生需要整合听到的信息，理解其背后的语境和含义。这一过程不仅增强了大学生的语言知识，还培养了他们的综合分析能力和批判性思维。

（二）有利于完善外语语言运用能力

听力技能的提升是完善大学生外语语言运用能力的基础。通过对不同场景下的外语听力材料的学习和实践，大学生可以熟悉各种口音、语速以及不同语境下的语言特点，从而更好地适应真实的外语交际环境。例如，在听力训练中，大学生会接触到不同国家和地区的外语使用方式，这样的经验积累使他们能够更自如地与不同背景的人进行交流。此外，通过听力训练，大学生还能学习到如何在具体语境中恰当地运用语言，提高实际交际能力。这种能力的提升对于学生在国际环境中的沟通交流非常重要，有助于他们在未来的学术或职业生涯中取得更好的表现。

（三）有利于塑造外语思维模式

听力技能的培养对于塑造外语思维模式同样重要。通过不断地聆听和理解外语材料，大学生逐渐适应并内化了外语的思维方式和表达逻辑，不仅使其外语表达更加自然和流畅，还有助于提高他们对新材料的理解能力。例如，通过频繁地听外语演讲和辩论，大学生可以学习到如何用外语进行有效的论证和表达，这对于提高他们的外语写作和口语能力有重要作用。

二、大学生需要掌握的听力技能

大学生需要掌握的听力技能如图 7-1 所示。

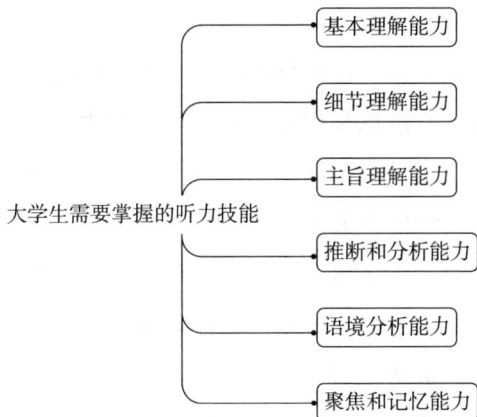

大学生需要掌握的听力技能

- 基本理解能力
- 细节理解能力
- 主旨理解能力
- 推断和分析能力
- 语境分析能力
- 聚焦和记忆能力

图 7-1 大学生需要掌握的听力技能

（一）基本理解能力

这是学习外语听力的基础，涉及对单词、短语和基本句型结构的理解。这一能力要求大学生能够准确识别和理解日常外语中常用的词汇和表达方式。例如，大学生应能理解常见的问候语、基本动词和名词的用法，以及常用的句式结构，不仅包括对单词本身含义的理解，还包括这些词汇在不同语境下的应用。基本听力理解能力的培养对于大学生进一步学习外语的其他方面，如阅读、写作和口语交流，都有着重要的基础作用。

（二）细节理解能力

这一能力要求大学生能够在听力过程中准确捕捉关键细节信息，如具体的事实、数字、日期或特定人物的陈述等。这不仅需要良好的集中注意力的能力，还需要较强的记忆力和处理信息的能力。细节理解在理解新闻报道、学术讲座或专业对话时尤为重要。例如，在听新闻报道时，大学生需要注意报道中的关键数据和事件细节，这对于完整理解报道内容至关重要。细节理解能力的培养有助于大学生在听力理解中更加准确和全面。

（三）主旨理解能力

这一能力涉及对听力材料整体内容和主题的把握。大学生需要能够从材料中提炼出核心信息和主要思想。这种能力对于理解各类听力材料都极为重要，无论是日常对话、学术讲座还是新闻报道。主旨理解能力的培养可以帮助大学生在大量信息中迅速找到重点，提高学习和工作效率。例如，听一个关于全球气候变化的讲座时，大学生需要能够理解讲座的总体目标和主要论点，而不是仅仅停留在表面的事实和数据上。

（四）推断和分析能力

这一能力是指在理解直接信息的基础上，对听力材料中的隐含意义、作者的态度或意图进行推断和分析。这种能力有助于大学生更深层次地理解听力材料。在日常听力实践中，这种能力尤其重要，因为在真实的语言环境中，很多信息是通过暗示、比喻或含蓄的方式表达的。例如，在听一个关于文化差异的演讲时，大学生需要能够理解演讲者的隐含观点和态度，而不仅仅是理解表面上的文字意义。

（五）语境分析能力

在听力理解中，对语境的分析至关重要。这一能力要求大学生能够根据不同的场合、说话者的关系和谈话主题来正确理解和解释语言表达。语境分析能力有助于大学生在实际交际中更准确地理解和应用语言。例如，在听一个商务会议的录音时，大学生需要理解会议的背景、参与者之间的关系以及讨论的主题，这些都会影响会议中使用的语言和表达方式。

（六）聚焦和记忆能力

对于长篇听力材料，如学术讲座或专业报告，大学生需要有能力长时间保持注意力集中并记住关键信息和细节。这种能力对于大学生在学术和专业领域中的成功至关重要。例如，在听一场关于经济学的讲座时，大学生不仅要理解讲座中的主要观点，还需要记住讲座中提到的关键理论和实例。这种长时间聚焦和记忆的能力有助于大学生在学习和工作中更有效地处理和应用信息。

三、提升听力技能的方法

提升听力技能是大学生外语学习中的一个重要部分，以下是五种有效的提升听力技能的方法（如图 7-2）。

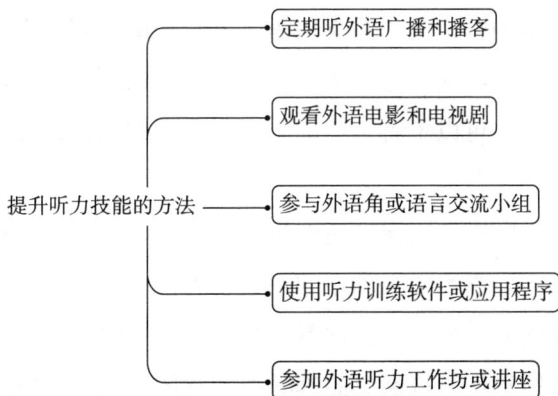

提升听力技能的方法 —— 定期听外语广播和播客

观看外语电影和电视剧

参与外语角或语言交流小组

使用听力训练软件或应用程序

参加外语听力工作坊或讲座

图 7-2 提升听力技能的方法

（一）定期听外语广播和播客

定期听外语广播和播客是提升听力技能的有效方法之一。这种方法通过持续地暴露在外语语境中，帮助大学生适应不同的语速、口音和表达方式。例如，大学生可以订阅一些外语新闻播客，每天花时间听一些关于国际事件的报道。这不仅能够提升他们适应不同口音和语速的能力，还能增强他们对实际语境下外语使用的理解。此外，听新闻播客还能帮助大学生在获取新知识的同时，提升对细节的捕捉能力和对主旨内容的理解能力。

通过定期听外语广播和播客，大学生还能学到如何从语境中推断含义。比如，在听一档关于文化差异的播客时，可以从对话中了解不同国家的文化习惯和交际方式。这不仅提升了大学生的听力理解能力，还增强了他们对非语言信息的理解和推断能力。此外，这种方法还能帮助大学生在长时间聚焦和记忆方面取得进步，因为他们需要持续关注播客内容并理解其深层含义。

（二）观看外语电影和电视剧

观看外语电影和电视剧是一种生动有趣的提升听力技能的方法。通过这种方式，大学生不仅能够在娱乐中学习，还能接触到真实的语言使用场景。例如，通过观看一部描绘美国日常生活的电视剧，大学生可以学到日常对话中的自然表达和常用语。电影和电视剧还提供了一个理解不同文化背景下人物交流方式的机会。例如，通过观看一部关于英国历史的电影，大学生可以了解到英国不同历史时期的语言使用习惯和社会风俗。

此外，观看电影和电视剧还能帮助大学生在语境分析和非语言交际方面取得进步。电影和电视剧中的场景、表情、肢体语言等都是理解对话含义的重要线索。例如，在观看一部悬疑电影时，大学生需要通过角色的表情和肢体动作来推断其心理状态和意图。这不仅提升了大学生的听力理解能力，还锻炼了大学生的观察力和推理能力。同时，这种方法还有助于培养大学生的外语思维方式，因为他们需要用外语去理解和分析电影或电视剧中的复杂情节。

（三）参与外语角或语言交流小组

参与外语角或语言交流小组是提升听力技能的实践方法之一。通过这种互动式学习，大学生可以在实际的交流中练习听力和口语。在外语角或小组讨论中，大学生有机会听到来自不同背景的人的外语表达，这有助于他们适应不同的发音和表达习惯。例如，参与一个国际大学生组织的周会，大学生可以听到来自不同国家的大学生用外语讨论各种话题，这不仅提升了他们理解多种口音的能力，还锻炼了他们对复杂话题的听力理解和反应能力。

在这些小组活动中，大学生还可以通过讨论和辩论等形式，锻炼自己的推断和分析能力。在这样的实际语境中，他们需要理解对方的观点，并做出相应的反应。例如，在一个关于环境保护的辩论中，大学生需要听懂对方的论点和论据，然后做出逻辑回应。这种活动不仅提升了他们的听力技能，还培养了他们的逻辑思维和外语表达能力。通过这种方法，大学生不仅能够在听力理解上有所提高，还能够在外语交际能力上取得进步。

（四）使用听力训练软件或应用程序

随着科技的发展，利用听力训练软件或应用程序成为提升听力技能的现代化方法。这些工具通常提供各种难度的听力练习，从基础到高级，覆盖了不同类型的听力材料，如新闻、讲座、对话等。例如，使用一个听力训练应用，大学生可以选择不同的听力练习，针对性地提升自己在特定领域的听力水平。这些应用通常还提供即时反馈和解析，帮助大学生更好地了解自己的错误和不足之处。此外，许多听力应用还包括模拟考试功能，能够帮助大学生为外语考试做准备。

利用这些工具，大学生可以在任何时间和地点进行听力练习，例如，在通勤途中或者在图书馆闲暇时，大学生可以利用这些应用进行短暂而高效的听力训练。这种灵活的学习方式使得大学生能够更有效地利用时间，持续提升听力技能。此外，一些应用程序还提供了互动式的听力游戏和挑战，增加了听力训练的趣味性和互动性，这不仅提升了大学生的听力技能，还激发了他们学习外语的兴趣。

（五）参加外语听力工作坊或讲座

参加外语听力工作坊或讲座是一种更加系统和专业的提升听力技能的方法。在这些活动中，大学生不仅能接触到专业的外语教学和听力训练，还能获得针对性的指导和建议。例如，参加一个关于外语新闻听力的工作坊，大学生可以学习如何理解新闻报道中的关键信息和背景知识，还可以了解如何捕捉新闻中的重点和细节。这种活动通常由经验丰富的教师或专家主导，能够提供深入的理论知识和实践技巧。

此外，这些工作坊或讲座通常包括互动环节，如小组讨论和模拟练习，提供了一个实践和应用所学知识的平台。在这些环节中，大学生可以与同伴一起练习听力技巧，如通过角色扮演练习应对不同场合下的外语听力，或者在小组内模拟听力场景，如模拟机场广播、餐厅对话等。这种实践环节不仅有助于巩固理论知识，还能提高大学生在实际外语环境中的应变能力。例如，在模拟练习中，大学生可以尝试理解不同口音的外语，或者练习在嘈杂环境中集中注意力。通过这些活动，大学生能够更好地适应各种听力环境，提高对复杂听力材料的理解和反应能力。

第二节　大学生外语口语技能学习方法

一、学习口语技能的必要性

在大学生的外语学习中，口语技能的培养扮演着至关重要的角色。学习口语技能的必要性有以下几点。

（一）有利于促进词汇学习

口语训练对于促进大学生词汇学习具有显著效果。通过口语练习，大学生能够在具体的语境中应用新学的词汇，从而加深对这些词汇含义的理解和记忆。与单纯的词汇记忆相比，这种方法更加自然和高效，因为它将词汇放入实际的交流场景中，使大学生能够在使用中加深对词汇的记忆。例如，当大学生在讨论一个关于环境保护的话题时，会使用到与这个话题相关的词汇，如"sustainability"（可持续性），"conservation"（保护），这种实际应用的过程有助于他们更好地记住这些单词和短语。

（二）有利于提高语言运用能力

口语技能的培养对于提高大学生的语言运用能力至关重要。口语训练不仅能帮助大学生掌握正确的发音和语调，还能提高他们的即兴反应能力和语言组织能力。在口语交流中，大学生需要快速思考并组织语言来表达自己的观点和想法，这种能力在日常交流和职场沟通中都是非常重要的。例如，参加模拟面试或团队讨论等活动，能够帮助大学生锻炼如何在紧张或正式的环境中流畅表达自己的思想。

（三）有利于培养外语语感

在大学生的外语学习过程中，学习口语技能对于培养和提升外语语感是非常必要的。外语语感是指在使用外语时能够自然而然地感知和运用语言规则的能力，这种能力对于提高语言运用的自然度和流畅性至关重要。通过口语练习，大学生不仅可以加深对外语语音、语调和语法结构的理解，还能够在真实的交流环境中实践和加强这些知识，从而逐渐培养出强烈的外语语感。

（四）有助于更好地融入外语环境

口语技能的提升还有助于大学生更好地融入外语环境，提高跨文化交际能力。在全球化的时代背景下，良好的口语交流能力使大学生能够更有效地与来自不同文化背景的人进行交流和合作。通过口语练习，大学生可以学习不同文化中的交际习惯和社交礼仪，这对于他们未来的国际交流和职业发展都是极为重要的。例如，参与国际大学生交流项目或参加国际会议，能够让大学生在实践中学习和体验不同文化背景下的交际方式，增强他们的跨文化交际能力。

二、影响口语技能的重要因素

影响口语技能的重要因素如图 7-3 所示。

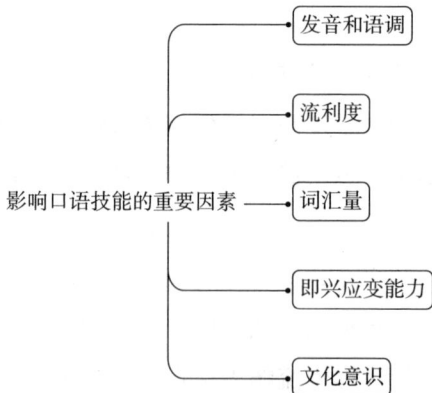

影响口语技能的重要因素 —— 发音和语调

流利度

词汇量

即兴应变能力

文化意识

图 7-3　影响口语技能的重要因素

（一）发音和语调

对于学习外语的大学生来说，掌握正确的发音和恰当的语调意味着他们能够更加清晰和准确地进行表达，使得交流更加有效。准确的发音不仅涉及元音和辅音的正确发声，还包括对特定语言中特有音素的掌握。例如，外语中的弱读央元音是许多非外语母语者容易忽视的部分，但它对于确保发音的自然和准确至关重要。此外，语调的掌握也是必不可少的，因为它不仅影响说话的自然度，还能传达情感和态度。例如，外语中的升调和降调在问句和陈述句中有不同的作用，正确使用有助于清晰地表达意图和情感。

（二）流利度

流利度指的是能够顺畅、迅速地表达思想和信息。一个流利的说话者能够减少犹豫和停顿，连贯地组织句子和思路。流利度的提升不仅使交流更加高效，还能提升说话者的信心和交流的影响力。例如，一个能够流利表达自己观点的大学生在课堂讨论、面试或公共演讲中更能吸引听众的注意，有效地传达信息。

（三）词汇量

充足的词汇量是有效口语交流的基石。具备丰富词汇量的大学生能够更准确地表达各种概念和思想，适应不同的交流场合和话题。例如，如果大学生参加一场关于环境保护的讨论，掌握相关的专业词汇，如"可持续发展""碳排放"和"生态系统"等，将使他们能够更准确和专业地表达观点。同样，在日常生活交流中，掌握丰富的日常用语和习惯用语也能帮助大学生更自然地与他人交流，提升交流的质量。

（四）即兴应变能力

即兴应变能力在口语交流中十分重要，特别是在需要迅速做出反应的交流场合。这种能力要求大学生在没有准备的情况下，能够灵活地运用语言和知识来回应。例如，在一场辩论赛中，参赛者可能会遇到意想不到的问题或观点，这时候就需要即时构思并表达自己的想法。这种能力不仅体现在语言的迅速反应上，还体现在能够快速组织思路、准确表达意见的能力上。在日常生活中，这种能力也非常重要。例如，在国外旅行时，与当地人交流可能会遇到各种突发状况，如询问路线、应对紧急情况等，这些都需要即兴应变的能力。即兴应变能力的提高不仅使得大学生在口语交流中更加得心应手，也能够增强他们在面对突发情况时的自信和应对能力。

（五）文化意识

文化意识对于跨文化交流的成功至关重要，尤其在学习外语和进行口语交流时更是不可或缺的。了解和尊重不同文化的交际习惯和禁忌，能够帮助大学生在不同文化背景下进行有效的交流。例如，学习英语的大学生在与英美人士交流时，需要了解西方的礼仪习惯，如握手的方式、保持适当的身体距离和使用适当的称呼等。这些看似小细节的文化差异却对交流的效果有着显著的影响。在更深层次上，文化意识还包括对不同文化价值观和思维方式的理解。例如，在与西方文化背景的人交流时，需要了解他们可能更注重直接表达和个人主义的价值观。这种深入的文化理解不仅能够帮助大学生避免文化冲突，还能够增进相互理解和尊重。通过增强文化意识，大学生能够在跨文化交流中展现出更高的敏感性和适应性，从而在全球化的环境中更加自如地交流和合作。

三、提升口语技能的方法

提升口语技能的方法如图 7-4 所示。

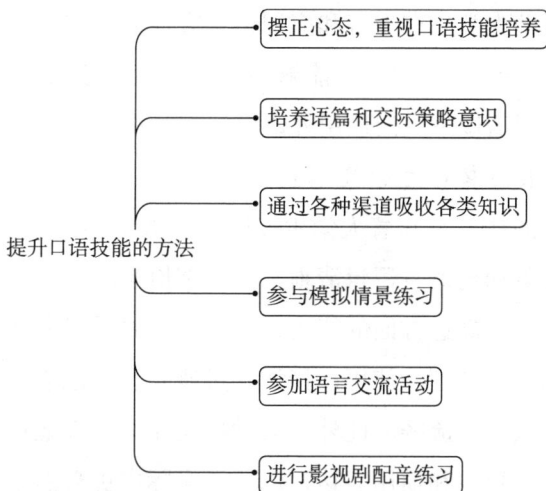

图7-4　提升口语技能的方法

（一）摆正心态，重视口语技能培养

大学生需要认识到口语能力的提升不是一蹴而就的，而是需要持续实践和不断努力的。口语技能的培养不仅仅局限于语言知识的积累，更重要的是实际应用和实践。因此，大学生应该把握每一个开口练习的机会，无论是在课堂上的口语练习，还是在日常生活中与同学的外语交流，都是提升口语能力的重要途径。此外，积极参加外语角、辩论赛和模拟面试等活动，也是提高口语能力的有效方法。通过这些活动，大学生不仅可以在真实的交流环境中练习外语，还能够接触到不同的话题和交流风格，从而在实践中提升自己的口语技能。

同时，大学生也需要意识到口语技能的提升并不意味着可以忽视语言基础知识的学习。语言基础知识是口语交流的基石，包括词汇、语法、句型结构等，只有掌握了扎实的语言基础，才能在口头交际中表达得更加准确和流利。因此，大学生需要平衡口语练习和语言基础知识的学习。例如，通过定期复习和扩充词汇量，学习和掌握常用语法结构，以及通过阅读和写作练习来巩固语言知识。此外，积极参与听力和阅读训练，也能帮助大学生在理解和应用语言方面取得进步。通过这样全面和系统的学习方法，大学生既能够在口语交流中表现得更加自信和自如，也能在不同语境下灵活运用外语进行有效沟通。

（二）培养语篇和交际策略意识

语篇能力的提升意味着大学生能够更有效地组织语言和表达思想，使得口语交际更加连贯、逻辑清晰，并能够恰当地提起、发展、维持和转换话题。为了提高这方面的能力，大学生需要学习和理解语篇构建的理论知识，如如何合理地使用连接词、过渡句和其他语篇标记，以确保句子之间的衔接自然流畅。此外，大学生还需要积极地积累和运用程式化语言，如固定短语和惯用表达，以便在交际中更自然地过渡和连接思想。例如，在参与团队讨论或进行口头报告时，大学生可以运用这些技巧来保持话题的连贯性和吸引力。通过有意识地练习这些技巧，大学生可以逐步提高语篇组织能力，使得口语表达更加流畅和有效。

同时，掌握有效的交际策略对于顺利进行语言交际活动同样至关重要。这些策略包括使用填充词来延长思考时间、采用迂回策略来阐述复杂的意思、进行自我修正、请求对方重复或解释，以及适当运用非言语的交际手段等。这些策略不仅可以帮助大学生在面对交际障碍时有效地应对，还能够使他们在交际中更加得体和自然。例如，参加外语面试时，大学生可以运用这些策略来更好地表达自己的想法，即使在遇到理解上的困难时也能够保持交际的流畅性。此外，通过有意识的训练和实践，大学生可以逐渐熟悉并掌握这些交际策略，在不同的交际场合中更加自如、有效地使用外语。通过这样全面和系统的训练，大学生可以在口语交际中展现出更高的灵活性和适应性，从而在各种语境下有效地表达自己的意见和想法。

（三）通过各种渠道吸收各类知识

口语表达的优劣不仅取决于语言的准确性和流畅性，更重要的是内容的丰富性和逻辑性。因此，广泛的知识积累对于提升口语表达能力至关重要。大学生可以通过阅读、观看外语新闻、参与学术讲座、浏览专业网站等多种方式来丰富自己的知识储备。例如，定期阅读英文报纸和杂志，不仅可以了解时事新闻，还能掌握专业领域的最新发展，这些都是口语交流中极好的话题素材。通过这些活动，大学生可以接触到不同领域的知识，如人文、科技、经济、政治等，从而在口语交流中有更多的话题可谈，更能够做到言之有物。

另外，通过广泛吸收知识，大学生还可以学习到各种描述、论证的技巧，并强化批判思维能力。了解不同领域的知识不仅可以拓宽大学生的视野，还可以提升他们的思维深度和广度。例如，观看和分析外语纪录片不仅能为大学生提供丰富的信息和知识，还能让大学生学习如何用外语进行有效的描述和论证。此外，参与外语辩论、学术研讨等活动也能让大学生在实际应用中锻炼自己的语言组织能力和逻辑思维能力。通过这样的综合训练，大学生可以在口语交际中更加自如地表达观点，提高口语交流的质量。

（四）参与模拟情景练习

模拟情景练习是一种能够显著提升口语技能的方法，尤其适用于大学生。这种方法通过模拟真实的交流场景，如在机场、餐厅、商店或职场中的对话，让大学生在具体的语境中实践口语，有助于他们适应在不同情境下使用外语的需求，同时锻炼即兴应对能力。例如，模拟在旅游景点询问路线或在餐厅点餐，可以让大学生在模拟的真实环境中练习使用外语，增强他们的自信心和适应能力。

模拟情景练习还可以通过角色扮演的形式进行，如在外语课上分组进行角色扮演，每名大学生扮演不同的角色进行对话练习。这种方法能够促进大学生在特定文化背景下的语言使用，如在模拟商务会议中学习专业术语和礼仪。这种练习方式不仅提高了大学生的语言实际运用能力，而且增强了其对外语文化背景的理解，从而使他们在多元文化交流中更加得心应手。

（五）参加语言交流活动

参加语言交流活动，如语言交换伙伴计划或国际大学生社交活动，是提高口语技能的有效方式，为大学生提供了与母语为外语的人交流的机会，使他们能够在自然的交流环境中使用外语。例如，通过参加国际文化节或语言角，大学生可以与来自不同国家的人进行交流，这不仅有助于提高口语的流利性，还能增进对不同文化和生活方式的理解。

参与这些活动还能使大学生在真实的语言环境中接触到地道的语言表达和口音。此外，通过与外国朋友的日常交流，大学生能够学习到实用的短语和表达，这些都是在课堂学习中难以获得的。通过这种互动，大学生不仅可以提高语言技能，还能建立跨文化友谊，扩大社交圈，这对于个人成长和未来的国际交流都是极有价值的。

（六）进行影视剧配音练习

进行影视剧配音练习结合了视觉和听觉学习，以及实际的语言应用，能够有效提升大学生的口语表达能力和语言理解能力。

1.学习和模仿

在影视剧配音法中，大学生首先需要观看选定的外语影视剧，专注于对话、语调、情感表达等。这一步骤不仅加深了大学生对语言实际使用方式的理解，而且通过视觉情景帮助大学生更好地把握语境和语言的表达风格。通过这种方式，大学生不仅能学到地道的语言表达，还能对文化背景和语言环境有更深入的了解。

2.实践和应用

在学习和模仿之后，大学生可以尝试给影视剧片段配音。这一步骤要求大学生模仿影视剧中的语音、语调和表达方式，以提高自己的发音准确性和表达自然性。大学生可以选择一段对话，重复观看并模仿其中的语言和情感表达。这有助于大学生在模仿中学习如何更自然地使用外语，提升口语表达的流畅性和自然度。例如，配音一段戏剧性强烈的对话，不仅锻炼了大学生的发音和语调，还提升了其情感投入和表达能力。通过反复练习，大学生能够逐渐提高口语表达的自信度和效果。

第三节　大学生外语阅读技能学习方法

一、学习阅读技能的必要性

大学生学习外语阅读技能的必要性体现在多个方面。

（一）有助于了解外语文化和社会

外语阅读为大学生提供了一个深入了解外语文化和社会的窗口。在日常生活中，大学生通常难以获得真实、自然的外语语言环境，而通过阅读他们可以接触到不同类型的外语文本，如小说、历史著作、新闻报道、学术论文等。这些文本不仅包含丰富的语言材料，更蕴含着外语国家的历史背景、文化特色、社会动态等信息。通过阅读，大学生能够拓宽国际视野，增强文化意识，理解和尊重不同文化的多样性。例如，通过阅读英国历史小说，大学生不仅能学习到地道的英语表达，还能深入了解英国的历史文化背景。这种知识的积累对于培养大学生的跨文化交际能力和全球化思维具有重要意义。

（二）有助于强化语言应用能力

外语阅读对于强化大学生的语言应用能力具有关键作用。通过大量阅读，大学生可以有效地积累词汇、短语和语法结构，对于提升其听、说、读、写能力至关重要。在阅读过程中遇到的新词汇和表达方式，不仅增加了大学生的语言知识储备，还可以在实际的口语和写作中得到应用。这种从阅读到实际应用的过程，不仅提高了大学生的语言运用能力，还增强了他们的语言创造力和表达能力。例如，大学生在阅读中学到的描述技巧或语言结构，可以在写作课程或口语表达中加以运用，从而使他们的语言表达更加丰富和有效。同时，阅读还能激发大学生对外语学习的兴趣，让他们在享受阅读乐趣的同时，不断提升自己的语言能力和文化理解能力。通过这样全面的阅读学习，大学生不仅能够提高外语水平，还能够在思维和知识层面上得到提升，为未来的学术和职业发展打下坚实的基础。

（三）有助于提升素质，促进全面发展

外语阅读教学对于提升大学生的情感和道德素质也起到了积极作用。通过阅读，大学生不仅能够感受到不同作者的情感世界，还能够体验到不同文化背景下的人类情感和道德观念，有助于提升大学生的同理心和道德判断力，使他们能够更好地理解和尊重不同的文化和价值观。例如，通过阅读关于不同国家和民族的文学作品，大学生可以深入理解不同文化背景下的生活方式和思维方式，进而培养出更加开阔的国际视野和更加包容的心态。这种跨文化的理解和认识将成为大学生未来在多元文化环境中的工作和生活的宝贵财富。

外语阅读还能够锻炼大学生的思维能力和创新能力。在阅读过程中，大学生需要对所阅读的内容进行深入思考，分析文章的主旨和结构，评价作者的观点和论据。这不仅锻炼了大学生的理解和分析能力，还激发了他们的批判性思维和创新思维。例如，大学生在阅读一篇关于环境保护的论文时，可以思考作者的观点和论据，对其所提出的问题和解决方案进行评价和思考，甚至提出自己的观点和建议。这种阅读中的思考和分析有助于提升大学生的独立思考能力和解决问题的能力。

二、大学生需要掌握的阅读技能

大学生需要掌握的外语阅读技能包括认读能力、阅读速度和理解能力，如图 7-5 所示。

大学生需要掌握的外语阅读技能

| 认读能力 | 阅读速度 | 理解能力 |

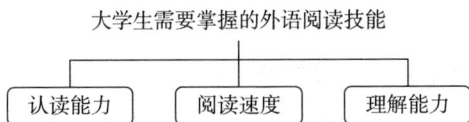

图 7-5　大学生需要掌握的外语阅读技能

（一）认读能力

认读能力是外语阅读的基础技能，涉及对单词和句子的识别和理解。认读能力的核心在于能够准确、迅速地识别单词和句子的结构，包括对单词的形态、音标、意义的识别，以及对句子的基本结构和语法功能的理解。例如，当阅读一段英文文本时，大学生首先需要能够迅速识别出文中的每个单词，了解它们的含义和用法。此外，对于句子的理解不能仅停留在字面意义，还需要理解句子的深层含义，如作者的意图、文本的语境和情感色彩等。良好的认读能力可以帮助大学生更加高效地进行阅读，提升阅读的理解度和准确性。

（二）阅读速度

阅读速度直接影响阅读效率和理解程度。高效的阅读速度意味着在理解文本内容的基础上，能够快速地完成阅读任务。阅读速度的提升不仅取决于词汇和句子的快速识别能力，还取决于对信息的快速处理和分析能力。例如，能够迅速抓住文章的主题和关键信息，避免在次要信息上花费过多时间。同时，有效的阅读策略，如跳读、扫读等也是提升阅读速度的关键。能够合理调整阅读速度，根据不同文本的难易程度和内容类型进行适应性阅读，对于提高阅读效率和理解深度同样重要。

（三）理解能力

理解能力在外语阅读中占据核心地位，是衡量阅读效果的关键指标。这种能力不仅涉及对文本字面意义的理解，更重要的是理解文本的深层含义、结构组织、作者意图和文化背景。

（1）理解文本结构和体裁。理解能力要求大学生能够识别并理解文章的体裁和结构。不同的文本类型（如小说、论文、报告、诗歌等）具有不同的结构和写作特点，理解这些特点有助于更准确地把握文章的整体框架和组织结构。例如，大学生在阅读一篇论文时，需要能够识别出引言、论点、论据和结论等基本结构，以便更准确地理解文章的主旨和论证方式。同样，在阅读小说时，大学生需要理解情节发展、人物塑造和主题表达等元素。

（2）准确理解词汇和句式。理解能力还包括对复杂词汇和句子结构的理解。多义词和惯用表达的准确理解对于把握文本意义至关重要；理解长句和复杂句子的结构有助于更好地把握文章的细节和深层意义。例如，大学生需要能够分析并理解长句中的主从句关系、被动语态和虚拟语气等，这对于深入理解文章的逻辑关系和深层意义非常重要。

（3）理解文章的中心和要点。理解能力还意味着能够抓住文章的主旨和重点，包括识别文章的中心思想、主题和主要论点，以及理解文章各部分之间的逻辑关系。此外，理解文章的写作特点和文风也是重要的能力。例如，大学生在阅读一篇讽刺小品时，需要理解其幽默和讽刺的手法，以及文章所传达的深层社会意义。

三、提升阅读技能的方法

（一）明确阅读目的

在进行外语阅读时，大学生首先要明确自己的阅读目的。这种目的意识将直接影响阅读的方法和效果。消遣性阅读，如读小说或杂志，通常旨在放松心情、获取乐趣，读者关注的是故事的情节、人物的命运和情感的体验。学习性阅读则注重知识的获取和理解，如在阅读学术文章或教材时，大学生的目标是理解概念、理论或事实的来龙去脉。这种阅读需要更加专注和细致，常常涉及对专业术语的理解和对复杂观点的分析。因此，在开始阅读之前，大学生应根据自己的目标选择合适的阅读材料，并采用适当的阅读策略。

　　在大学生的外语阅读实践中，两种非常有效的阅读方法是查读（scanning）和略读（skimming），它们各有特点，适用于不同的阅读目的。

　　1.查读

　　查读的主要特点是快速寻找文中的具体事实和信息。这种阅读方法特别适用于当读者需要找到文章中的特定细节，如特定的数据、事实、人物、时间或地点时。查读的过程类似于搜索，读者的目光会迅速扫过文章，寻找与问题相关的关键词或信息。例如，当需要在一篇文章中找到某个事件发生的具体时间或地点时，可以采用查读的方法，快速浏览文章，直到找到所需的信息。这种方法的优势在于它的速度和效率，能够帮助大学生在短时间内找到所需的具体信息。

　　2.略读

　　略读则注重对文章整体内容的快速把握。在采用略读方法时，读者的目的通常是快速了解文章的主题、作者的观点、写作风格或文章的整体结构。在进行略读时，读者会更多地关注文章中的关键信息，如标题、每段的首尾句，以及文中的观点陈述句。略读并不要求对每个细节都有深入理解，而是通过快速浏览捕捉文章的大意。例如，当需要快速了解一篇学术文章的主旨或作者的主要论点时，就可以采用略读的方法，快速阅读文章，抓住关键段落和句子，以获得对文章的整体理解。

　　（二）注重阅读质量

　　在提高外语阅读能力时，重视阅读的质量比单纯追求速度更为重要。阅读的准确性是基础，它要求读者能够正确理解文本中的信息和含义。为了达到这一目的，大学生需要有足够的词汇量和良好的语法理解能力。

　　1.扩大词汇量

　　扩大词汇量是提高大学生外语阅读能力的重要方法。词汇是构成语言的基本单位，词汇量的大小直接影响到阅读理解的深度和广度，以及阅读的速度和效率。每篇文章都是由一系列词汇构成的，当遇到不熟悉的单词时，阅读往往会被迫中断，以查找单词的意义，这不仅降低了阅读速度，也影响了理解的连贯性。因此，拥有较大的词汇量能让大学生在阅读时更加流畅，减少对词典的依赖，提高阅读效率。

扩大词汇量不是通过死记硬背实现的，更重要的是将新学的词汇运用到实际的语境中。这意味着大学生在学习新词汇时，应该重视词汇的实际应用，理解词汇在不同语境中的用法和含义。通过阅读各种类型的文本，如小说、报纸、学术论文等，大学生能够在真实的语境中接触和学习新词汇，从而更加深入地理解和记忆这些词汇。

2. 提升语法理解能力

提升语法理解能力是大学生提高外语阅读效率的关键方法之一。英语作为一种拼音语言，其逻辑性强且结构规整，掌握其语法规则对于理解句子结构和意义至关重要。

（1）外语语法的规律性意味着一旦大学生掌握了基本的语法结构，便能在阅读中迅速识别句子的框架和构成，包括了解句子的主谓宾结构、时态、语态、从句等。例如，当大学生能够识别并理解一个复杂句子中的主句和从句时，他们就更容易把握句子的整体意义。此外，熟悉各种句型和语法结构也有助于大学生在阅读中快速理解作者的意图和文章的逻辑流程。

（2）习惯用语和固定表达的记忆对于提高阅读理解能力同样重要。外语中存在许多习惯用法和固定搭配，它们往往具有特定的意义，直接影响到句子的理解。例如，熟知诸如英语中"as best I could"（尽我所能）这样的习惯用法，可以帮助大学生更快地捕捉并理解句子的含义，从而提高阅读效率和理解度。

（三）熟悉文化背景

熟悉文化背景是大学生提高外语阅读能力的一个重要方法。由于语言与文化紧密相连，很多语言表达都蕴含着特定的文化信息，特别是在成语、谚语等表达方式中更为明显。因此，了解和熟悉相关的文化背景对于深入理解语言意义非常关键。

举例来说，英语中的成语如"kick the bucket"（意为"去世"）或"spill the beans"（意为"泄露秘密"）等，如果不了解这些短语背后的文化含义，可能会导致误解或无法理解其真正的意思。此外，阅读外语文学作品时，如果对外语国家的历史、风俗、宗教或传统不够了解，可能会错过文本中的深层含义，无法完全理解作品的精髓。例如，在阅读英国文学经典时，对维多利亚时代的社会背景、宗教观念和生活方式的了解，可以帮助大学生更深入地理解作品的主题和人物性格。

将阅读材料中的文化内容与自己的文化背景进行对比，不仅能增进对外语文化的理解，还能促进跨文化交流。通过对比分析，大学生可以更加清晰地看到不同文化之间的差异和相似之处，这对于培养国际视野和跨文化交际能力具有重要意义。

（四）参加阅读会

通过参与各种读书会和阅读交流活动，大学生不仅能够增加阅读量，还能够拓宽视野，提升跨文化理解能力。

（1）参加读书会能够提供多元化的阅读环境。学校可以组织定期的读书会，邀请大学生共同阅读和讨论涉及中国文化和外国文化的图书。这不仅让大学生有机会接触不同文化背景的书籍，还能激发他们对阅读和学习的兴趣。通过读书会，大学生可以了解不同国家的历史、风俗、宗教和思维方式，从而加深对不同文化的理解和尊重。例如，参与一个关于法国文学的读书会，大学生不仅能够提高法语阅读能力，还能深入了解法国的历史和文化。

（2）读书会促进大学生之间的沟通和交流。在读书会中，大学生可以分享自己的阅读体会，讨论书籍中的观点和信息。这种交流不仅增加了阅读的深度和广度，还提高了大学生的批判性思维和表达能力。例如，在书籍交换阅读的活动中，大学生可以交换各自感兴趣的书籍，从而接触到更广泛的阅读材料和视角，不仅能提升大学生的阅读量和阅读质量，还增强了大学生的社交技能和团队协作能力。

第四节　大学生外语写作技能学习方法

一、学习写作技能的必要性

（一）有利于提升思维能力

写作是一个需要深入思考且逻辑严密的过程。对于非外语母语的大学生来说，用外语进行思考和表达是一种挑战，也是提升高阶思维能力的良机。在外语写作中，大学生需要学会如何清晰、有逻辑地组织语言，这不仅涉及语言表达的技巧，更是对思维模式和逻辑结构的锻炼。例如，撰写一篇批评性文章时，大学生需要先进行深入的文献研究，然后提炼出关键论点，最后以逻辑清晰的方式展开论证。这一过程不仅锻炼了大学生用外语表达思想的能力，还促进了他们批判性思维和问题解决能力的发展。通过不断的写作实践，大学生可以逐渐形成独立思考的习惯，提升分析问题和提出解决方案的能力，这对于其未来的学术发展和职业生涯都具有深远的影响。

（二）有利于增强沟通和表达能力

写作技能的学习对于大学生来说至关重要，尤其是在提升沟通和表达能力方面。写作不仅仅是文字的堆砌，更是思想和情感的传递。在学术领域，大学生需要通过写作来展示研究成果、表达和论证自己的观点。例如，撰写一篇学术论文时，学生必须清晰、准确、有逻辑地表达自己的研究思路和结果，这对于他们的学术发展至关重要。在非学术领域，如日记、信件或社交媒体的发文，良好的写作技能也能帮助学生更有效地表达自己的情感和想法，增强与他人的沟通。

随着全球化的发展，越来越多的工作和生活环境要求具备良好的书面表达能力。在职场中，无论是撰写报告、计划书还是进行电子邮件沟通，清晰、有逻辑、具有说服力的写作表达都是不可或缺的。这些技能不仅能提升个人的专业形象，还能有效提高工作效率和效果。例如，一份清晰、条理分明的项目提案更容易获得上级的认可和支持。

（三）有利于提升语言综合应用能力

写作不仅是学生对外语语法规则记忆和应用的检验，更是其综合语言运用能力的全面展示。在写作过程中，学生需要将所学的词汇、语法等语言知识灵活运用于实际文本创作中。例如，撰写一篇论文时，学生需要准确运用适当的时态、语态、连接词等语法结构，以确保文本的通顺和准确。此外，写作还要求学生能够将自己的思想和观点以逻辑性强、条理清晰的方式表达出来。这不仅锻炼了学生的语言组织能力，还提升了他们将语言作为思想和信息传递工具的能力。通过写作实践，学生可以更加深入地理解语言的表达美学和有效沟通的技巧，以及如何运用不同的修辞手法和论证方法来支持自己的观点，进而在实际交流和学术研究中更加得心应手。

二、大学生需要掌握的写作技能

大学生需要掌握的外语写作技能包括以下几个方面，如图7-6所示。

```
                                    ┌─────────────┐
                              ┌─────│  准确选用词汇  │
                              │     └─────────────┘
                              │     ┌─────────────┐
                              ├─────│  选择合适句型  │
                              │     └─────────────┘
                              │     ┌─────────────┐
                              ├─────│  保证逻辑严密  │
                              │     └─────────────┘
 大学生需要掌握的外语写作技能 ────┤     ┌─────────────┐
                              ├─────│  保证论证合理  │
                              │     └─────────────┘
                              │     ┌─────────────┐
                              ├─────│  调整写作风格  │
                              │     └─────────────┘
                              │     ┌─────────────┐
                              ├─────│  善用修辞技巧  │
                              │     └─────────────┘
                              │     ┌─────────────┐
                              └─────│ 善用编辑和校对 │
                                    └─────────────┘
```

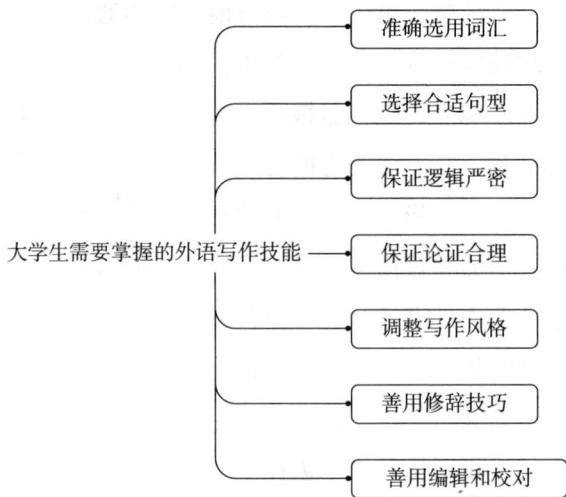

图 7-6 大学生需要掌握的外语写作技能

（一）准确选用词汇

有效的外语写作离不开准确且丰富的词汇应用。大学生在写作时需要避免使用重复和陈旧的表达，力求使语言生动和具体。此外，适当运用专业术语和习惯用语可以提高文章的专业性和深度。例如，在学术论文中，使用专业术语可以使论点更加精确，而在叙事或描述性的写作中，使用形象生动的词汇可以增强文章的感染力。此外，选择合适的同义词和反义词，运用不同的词汇以表达相似的意思，也能提高写作的变化性和阅读的趣味性。

（二）选择合适句型

掌握并运用恰当的句型对于外语写作同样重要。大学生应熟练掌握各种语法结构，包括时态、语态和句子类型，以确保写作的准确性和流畅性。例如，能够恰当使用复合句和条件句可以使文章的表达更加复杂和精细。此外，变换句子的长度和结构，如使用短句进行强调，使用长句展开描述，可以增加文章的节奏感和阅读的趣味性。合理使用各种句型不仅能提升文章的表达效果，还能增强文章的逻辑性和说服力。

（三）保证逻辑严密

外语写作中的逻辑性是至关重要的。一篇逻辑严密的文章应该有清晰的结构，包括引入、论述和总结。文章的每个部分都应紧密相连，逻辑清晰，论点明确。例如，文章的开头部分应明确提出主题和论点，主体部分应详细论述和支持这些论点，结尾部分应总结全文，强化主要观点。此外，合理运用逻辑连接词，如"因此""然而""此外"等，可以帮助读者更好地理解文章的逻辑关系。逻辑严密的写作不仅使文章更具说服力，也能帮助读者更好地理解和接受作者的观点。

（四）保证论证合理

外语写作中的论证合理性是评价文章质量的关键因素之一。大学生在写作时需要学会如何合理地组织文章结构，确保文章中的每个观点都有充分的论据支持，并且各部分之间逻辑连贯。例如，在撰写学术论文时，学生应该清晰地提出论点，并通过收集相关证据和数据来支持自己的观点。在论证过程中，注意使用逻辑连接词，如"因此""由此可见"等，来明确各个论点之间的逻辑关系。此外，避免逻辑谬误和无根据的假设是保证论证合理性的重要方面。学生在写作中应该批判性地思考，确保自己的论证既合逻辑又有说服力。

（五）调整写作风格

根据写作目的和类型调整写作风格对于提高外语写作能力同样重要。不同的写作类型要求不同的风格和语调。例如，学术论文要求客观、严谨，避免主观情感的渗入，而叙述性文章则更多侧重于描述细节和表达情感。大学生应能够根据写作的目的和读者群体灵活调整写作风格。在正式的学术写作中，使用精确、专业的词汇和结构化的段落；而在创意写作或故事叙述中，则可以采用更加生动和形象的语言，以吸引读者的注意力。

（六）善用修辞技巧

修辞技巧的运用是提高写作吸引力和表达效果的重要手段。大学生应该学会如何恰当地使用比喻、拟人、夸张等修辞手法来增强文章的表现力。例如，使用比喻可以使抽象的概念更加具体和生动，而使用拟人则可以使非生命物体或抽象概念具有生命特征，增加文章的情感色彩。适当运用修辞技巧可以使文章更加引人入胜，增强其说服力和感染力。但要注意不要过度使用或错误使用修辞手法，以免造成文章内容的混乱或误导读者。

（七）善于编辑和校对

在外语写作中，编辑和校对是提高文章质量的关键步骤。编辑不仅仅是纠正拼写和语法错误的过程，更是对文章内容、结构和风格进行全面审查和调整的过程。大学生需要学会如何有效地对自己的写作进行反思和修正。在编辑阶段，学生应关注文章的整体结构和内容的连贯性，检查每一部分是否紧密相关，论点是否有力，证据是否充分。例如，在审查一篇论文时，可能需要调整某些段落的顺序，确保论证的逻辑性和流畅性。同时，还需要确保文章的开头引入主题，结尾总结观点，并且各部分之间过渡自然。

三、提升写作技能的方法

（一）正确看待写作与其他语言技能的关系

提升大学生写作技能的关键在于正确看待写作与其他语言技能（听、说、读）之间的密切关系，并在实践中综合运用这些技能。

写作技能的提升与广泛的阅读密切相关。阅读不仅为写作提供丰富的素材，还能帮助学习者掌握有效的写作技巧和方法。在阅读过程中，学生可以学到不同作者的写作风格、句型结构和表达方式，这些都是写作的宝贵资源。例如，通过阅读学术论文，学生可以了解如何构建论证、如何组织文章结构；通过阅读文学作品，学生可以学习如何运用修辞技巧、如何进行生动的描写。因此，鼓励大学生多读书，尤其是阅读与其专业或兴趣相关的高质量文本，是提升写作技能的有效方法。

写作与听和说的能力也是相互促进的。日常的听力和口语练习不仅有助于提高语言理解和表达能力，也对写作能力的提升有着直接的影响。通过听力训练，学生可以接触到不同的语言表达方式和思维模式，这些都能在写作中得到体现。口语练习，特别是在讨论、辩论中的表达，能够锻炼学生的思维敏捷性和语言组织能力，这对写作中的逻辑表达和结构安排极为有益。因此，综合运用听说读写四项技能，通过实际应用中的互动和反馈，可以有效提高写作水平。

（二）撰写英文摘要

提升大学生写作技能的有效方法之一是撰写外语摘要。这项活动不仅是对原文内容的简化，更是一种对原文意思的忠实再现和创造性的再加工。

撰写外语摘要能够帮助学生深入理解原文的文化背景和中心思想。在摘要写作过程中，学生必须首先完全理解原文的内容，包括作者的观点、论证方式以及文化背景等。这一过程要求学生的阅读不仅仅停留在字面意义上，而需要深入挖掘文本的深层含义，这对提升学生的阅读理解能力极为重要。例如，在摘要一篇关于美国历史事件的文章时，学生需要理解事件背后的历史背景和社会影响，这样才能在摘要中准确地传达文章的核心内容和意义。

摘要写作可以提高学生的逻辑思维能力和文章组织能力。在将一篇较长的文章浓缩成一段简短的摘要时，学生需要确定哪些信息是关键的，哪些可以省略，这就要求他们能够逻辑清晰地分辨文章的主要论点和支撑细节。此外，摘要写作还要求学生有能力将提炼出来的信息重新组织，构成一篇连贯、简洁且独立的短文。这不仅锻炼了学生的提炼和概括能力，也提升了他们在有限的篇幅内清晰表达思想的能力。

（三）加强语言思维训练

提升大学生写作技能的另一个关键方法是加强语言思维训练，特别是在外语写作中培养和发展外语思维。

外语写作不仅仅是语言知识的应用，更是一种思维的外化过程。对于以汉语为母语的学生来说，习惯于用汉语思维的他们在进行外语写作时，往往难以摆脱母语思维的束缚，导致外语表达不够自然流畅。因此，发展外语语言思维能力对于提高外语写作技能至关重要。这需要学生通过持续的训练，逐渐习惯用外语直接思考和表达。例如，教师可以通过课堂讨论、小组作业和写作练习等方式，鼓励学生在思考和表达时直接使用外语，而非先用汉语思考再翻译成外语。

外语思维训练应包括广阔性、深刻性、发散性和创造性等各方面。这意味着学生不仅要学会用外语处理具体、形象的事物，还要逐步过渡到能够用外语进行抽象思考。在这个过程中，教师可以设计各种活动，如辩论赛、作文比赛、角色扮演等，促使学生在不同的情境和主题中运用外语思维，提高外语写作的灵活性和创造性。例如，在角色扮演活动中，学生不仅需要用外语表达自己的观点，还要根据角色的特点和情境来调整语言和表达方式，这对发展外语思维能力大有裨益。

（四）欣赏、背诵范文，模仿写作

提升大学生写作技能的有效方法之一是通过范文的欣赏、背诵及模仿等方式写作。这种方法不仅有助于学生理解和掌握高质量写作的技巧，还能够激发他们的创造性思维和表达能力。

1.范文欣赏和分析

教师可以选择与学生水平相匹配的优秀范文，引导学生从文章的结构布局、语言风格、句型构造和词汇运用等多个角度去分析这些文本。通过深入分析，学生不仅可以了解不同写作风格和技巧，还能学会如何在文章中有效地运用这些技巧。例如，学生分析一篇著名的演讲稿，可以学习到如何运用修辞手法增强说服力，或者分析一篇叙事文章，学习如何通过细节描写来营造情境和氛围。

2. 背诵和内化

通过背诵优秀的范文，学生可以在不知不觉中吸收和内化作者的语言表达方式和思维模式。背诵过程有助于学生熟悉外语的自然语感，加深对语言精髓的理解。这种内化过程是提高写作能力的关键，因为它能让学生在无形中掌握外语的表达习惯和逻辑结构。

3. 模仿写作

模仿写作是将所学知识应用于实践的重要环节。教师可以要求学生根据所学的范文，写一篇主题或结构类似的作文。例如，分析了一篇关于环境保护的议论文之后，学生可以模仿原文的论点展开和论证方法，尝试写一篇关于可持续发展的文章。在这个过程中，学生可以练习如何组织文章、如何选择合适的词汇和句型，以及如何运用不同的论证策略。模仿写作不仅能够加深学生对语言表达的理解，还能够提高他们的创造性思维和独立写作能力。

第五节　大学生外语翻译技能学习方法

一、学习翻译技能的必要性

（一）促进外语学习

翻译作为一种学习手段，为学生提供了深入理解和掌握外语的机会。在翻译过程中，学生不仅要理解源语文本的字面意思，还要深入分析其语境、语法结构和文化背景，然后将这些信息准确地转换成目标语言。这种对比和分析使得学生能够深入理解两种语言之间的细微差异，如词汇用法、句型结构和表达风格。例如，学生在翻译文学作品时，不仅需要理解原文的情感和风格，还要学习如何在译文中重现这些元素，这对于提高语言感知力和表达能力极为重要。

此外，翻译训练还能够促进学生的批判性思维和创造性思考。在将一种语言转换为另一种语言的过程中，学生需要不断做出选择和判断，这要求他们不仅要有扎实的语言基础，还要有灵活的思维能力和创新的解决问题的方法。例如，翻译一篇科技文章时，学生需要准确理解专业术语和复杂概念，还要找到恰当的方式将这些内容表达出来，这对于提升综合语言应用能力大有裨益。

（二）提升交际能力

翻译作为跨文化交际的桥梁，在全球化背景下显得尤为重要。随着国际交流的日益频繁，不同文化和语言之间的沟通需求日益增加，有效的语言转换能力成为一项宝贵的技能。在这种背景下，学习翻译不仅能够帮助学生提高语言水平，更重要的是能够培养他们的跨文化沟通能力。例如，当学生参与国际会议的同声传译时，他们不仅要快速而准确地进行语言转换，还需要理解不同文化背景下的言外之意和语境。这种能力的培养对于促进不同文化背景下的人们之间的理解和交流具有重要意义。

翻译训练使学生能够在实践中学习如何解读和传递跨文化信息。在翻译过程中，学生需要了解不同国家的文化习俗、社会规范和历史背景，以便更准确地传达原文的意图和情感。这不仅是语言技能的训练，更是一种文化敏感性的培养。例如，翻译一篇描述某国节日庆典的文章时，学生需要了解该节日的历史背景和文化意义，才能在翻译中准确传达文章的情感色彩和深层含义。通过这样的翻译实践，学生可以更深入地理解不同文化之间的差异和联系，提升自己在国际交流中的适应能力。

二、大学生需要掌握的翻译技能

（一）翻译方法和技巧

在翻译过程中，有效的方法和技巧对于实现准确和自然的翻译至关重要。常用的翻译方法和技巧包括直译、意译、省译、借译、对比翻译等，如图 7-7 所示。

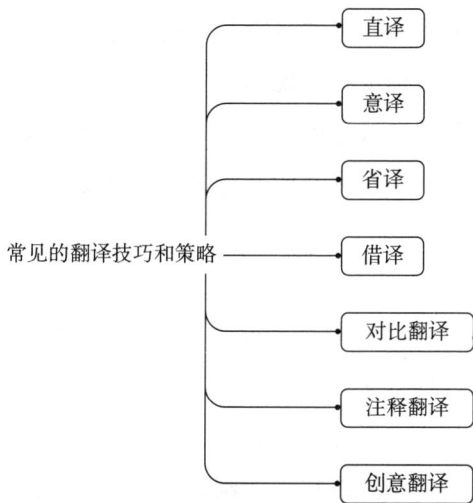

图 7-7　常见的翻译技巧和策略

1.直译

直译是指尽可能忠实于原文的字面意思进行翻译的方法。在直译中，翻译者努力保持原文的词汇、句式和语法结构，以尽可能接近原文的表达方式。例如，在翻译技术手册或法律文件时，直译通常是首选，因为这些文本要求高度的准确性和一致性。直译的优点是保持了原文的准确性和原汁原味，但缺点是可能导致译文读起来不够自然，特别是当原文和译文的语言结构差异较大时。

2.意译

意译是一种较为灵活的翻译方法，强调的是传达原文的意图、情感和精神，而不是逐字逐句地翻译。在进行意译时，译者会根据目标语言的文化和语言特点进行适当的调整和重新表述。举例来说，当翻译诗歌或广告文案时，意译可以帮助保持原文的情感色彩和修辞效果，使译文更符合目标语言的表达习惯。意译的优点是能够使译文更加流畅和易于理解，但它也有可能偏离原文的确切意思。

3. 省译

省译是指在翻译过程中省略原文中某些部分的做法。这种方法通常用于去除原文中对目标读者来说不必要或无关紧要的信息。例如，当原文包含大量的重复信息或过度的细节时，省译可以使译文更加简洁和集中。省译的关键在于保持原文的核心信息和意图，同时去除那些对于理解非必要的部分。

4. 借译

借译是指在翻译过程中改变原文中某些元素的方法，如改变词性、时态或语序等。这种方法有助于使译文更自然，更符合目标语言的语法和句式结构。例如，一个外语句子的主动语态可能在汉语中更自然地以被动语态表达。借译的挑战在于在调整语言形式的同时保持原文的意义和风格。

5. 对比翻译

对比翻译是一种分析性的翻译方法，通过比较不同语言文本来寻找最佳的翻译方案。这种方法特别适用于学术研究和教学，因为它有助于深入理解不同语言之间的结构和表达方式的差异。例如，在翻译学习中，学生可能会被要求比较同一文本的不同译本，以了解不同翻译策略的效果和适用性。通过对比分析，译者可以更好地评估自己的翻译选择，提高翻译质量。

6. 注释翻译

注释翻译是一种在翻译文本中加入额外注释的方法，特别适用于那些需要额外背景知识来理解的文本，如古典文学、法律文件、科学论文等。这种翻译方式能帮助读者更深入地理解原文的背景和内容。例如，翻译一部古代文学作品时，译者可能需要在文本中加入注释，说明历史背景、作者信息、使用的文学手法或文中特定术语的含义。这些注释对于读者来说是极其宝贵的，因为它们提供了理解和欣赏原文所必需的额外信息。此外，注释翻译也能反映译者对原文的理解和解释，从而使翻译过程更加透明，增强读者对翻译质量的信任。

7. 创意翻译

创意翻译更注重原作的艺术效果和目标文化的接受度。在文学、影视、广告等创意性很强的领域中，翻译不仅仅是语言的转换，更是文化和艺术的再创作。例如，在翻译一部文学作品时，译者可能会根据目标语言的文化背景和语言特点进行一定程度的改编，以保持原作的情感和风格。在影视剧本的翻译中，译者可能需要考虑如何传达原作的幽默感、紧张感或其他艺术效果，有时甚至需要根据目标文化的接受习惯对某些情节或对话进行创造性的调整。在广告翻译中，创意翻译尤为重要，因为广告的目的是吸引目标受众，这就要求译者不仅要准确传达信息，还要创造性地适应目标市场的文化和审美偏好。通过创意翻译，译者能够跨越文化障碍，使原作在不同文化背景下焕发新的生命力。

（二）研究和信息检索能力

研究和信息检索能力对于翻译工作同样重要。在翻译专业文本或专题文本时，学生需要具备良好的信息搜集能力，以确保翻译的准确性和专业性。这包括使用各种工具和资源进行资料的查找和分析，如字典、百科全书、专业网站和学术期刊等。例如，翻译医学文献时，学生需要查阅专业的医学词典和最新的医学研究，以确保使用正确的术语和理解最新的医学进展。此外，研究能力还包括对原文作者意图的深入了解和对目标读者需求的准确把握。这要求学生不仅关注文本本身，还要关注文本的创作背景、目的和目标受众。例如，在翻译一篇针对专业人士的报告时，学生需要深入了解该领域的专业知识和行业背景，以确保翻译内容对目标读者来说既准确又易于理解。通过提升研究和信息检索能力，学生可以在翻译中更有效地处理专业术语、复杂概念和文化差异，从而提高翻译的质量和专业性。

（三）编辑和校对技能

编辑和校对是翻译工作中不可或缺的一环，对于确保翻译作品的质量至关重要。学生在完成翻译后需要具备强大的编辑和校对能力，这意味着他们不仅要检查语法和拼写错误，还需要关注句子结构的逻辑性和文章整体的连贯性。例如，一篇好的翻译作品应该在语法上无误、在表达上流畅，且在风格上与原文保持一致。在编辑和校对过程中，学生还需要注意保持原文的语气和风格，同时确保译文读起来自然、符合目标语言的习惯。此外，高效的校对还包括对翻译作品的整体评估，如判断是否忠实于原文的意图，是否有效地传达了原文的信息。通过不断练习编辑和校对，学生可以提高自己的语言敏感度和细致度，从而提升翻译的整体质量。

（四）文化理解和跨文化沟通能力

在翻译过程中，对文化的理解和跨文化沟通能力同样重要。翻译不仅是文字的转换，更是一种文化传递的过程。因此，学生需要对源语言和目标语言的文化背景有深入的了解，包括历史、习俗、宗教信仰、社会习惯和思维方式等。例如，当翻译一篇描述特定文化节日的文章时，理解这一节日的历史背景和文化意义对于准确传达其精神是至关重要的。此外，跨文化沟通能力也体现在能够识别和适应不同文化背景下的沟通方式，避免因文化差异导致的误解和冲突。在翻译实践中，学生可以通过接触不同文化的文本，加强跨文化理解，提升跨文化沟通技能。这不仅有助于提高翻译质量，也能够在更广泛的国际交流中发挥重要作用。

三、提升翻译技能的方法

大学生如果想提升翻译技能，可以尝试采用以下方法和技巧，如图7-8所示。

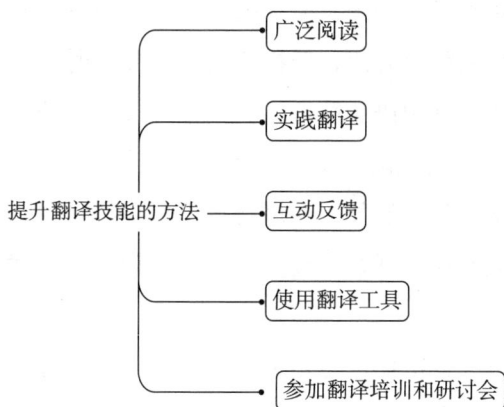

图 7-8　提升翻译技能的方法

（一）广泛阅读

广泛阅读是翻译技能提升过程中的关键步骤。通过阅读不同类型的文本，学生可以深入理解不同语言之间的结构差异和表达方式。例如，在英汉翻译学习中，学生可以通过阅读英文的专业文献、文学作品、新闻报道等来掌握英语的语言特点，如句式结构、词汇用法和表达风格。同样，阅读中文材料也能帮助学生理解汉语的特点，如汉语的语序和修辞方式。通过对比两种语言的特点，学生可以更好地理解翻译过程中需要注意的问题，如如何保持原文的意思和风格，同时使译文在目标语言中自然流畅。

另外，通过阅读原文和翻译对照的材料，学生可以直观地看到翻译中的不同策略和技巧。这种对照阅读有助于学生分析翻译中的选择和变化，理解为何某些表达会在翻译时被改变或调整。例如，一个英文句子的直译可能在汉语中显得生硬，而意译则可能更加符合汉语的表达习惯。通过这种练习，学生可以积累词汇，提高对复杂句式结构的理解，并逐渐掌握多种写作风格，从而使翻译更加灵活和准确。

（二）实践翻译

翻译练习对于提高翻译技能至关重要。这一过程要求学生将理论知识应用于实践，从而提升语言转换能力。刚开始时，可以选择简单的文本进行练习，如日常用语、简短的新闻报道或基础的学术文章。随着能力的提高，学生可以逐渐尝试翻译更复杂和专业的材料，如技术手册、法律文件或文学作品。例如，在进行英汉翻译练习时，学生可以先从翻译一些简单的英文新闻开始，逐步过渡到翻译更具挑战性的文学作品或专业论文。

在翻译练习中，定期进行是关键。通过持续的练习，学生可以不断提升对原文忠实度和译文准确度的控制。在这个过程中，反复练习和错误纠正是必不可少的。学生可以在老师或同伴的帮助下分析自己的翻译，识别并纠正错误。例如，学生在翻译一篇学术论文时可能会发现在某些专业术语的使用上存在误解，通过指导和讨论，他们可以更准确地理解和运用这些术语。此外，实践翻译还包括模拟真实翻译情景的练习，如模拟会议同声传译或翻译长篇文章，这些练习有助于学生适应不同的翻译需求和压力，提升其综合翻译能力。

（三）互动反馈

在翻译学习过程中，与他人的互动反馈是极为重要的环节。这不仅包括老师的指导，还涵盖了与同学或翻译社区成员的交流。通过分享自己的翻译作品，学生可以获得他人的观点和建议，这有助于他们从不同的角度审视自己的翻译，从而识别优势和不足。例如，学生可能在翻译一个英文成语时遇到困难，通过与同学讨论，可以探索不同的翻译选择，找到更贴切的表达方式。此外，参加翻译论坛或社群，与其他翻译爱好者交流，也是提高翻译技能的有效方式。在这些平台上，学生可以参与到更广泛的讨论中，了解行业动态，分享翻译经验，甚至可以参与到集体翻译项目中，如共同翻译一篇文章或报告，这种实践不仅增进了学生的团队合作能力，还有助于提升学生的个人翻译技能。

（四）使用翻译工具

翻译工具的使用对提高翻译效率和质量至关重要。翻译工具的范围很广，包括电子词典、在线翻译数据库、翻译软件等。例如，电子词典可以帮助学生快速查找生僻单词的意义和用法；在线翻译数据库则提供了大量的翻译实例，帮助学生了解不同表达方式的差异；而翻译软件，如 CAT 工具（计算机辅助翻译），可以帮助处理大量重复的短语或句子，提高翻译的一致性和效率。通过熟练使用这些工具，学生可以在翻译过程中节省大量时间，避免不必要的重复工作，同时可以学习到专业译者如何处理复杂和专业的翻译任务。此外，这些工具还可以辅助学生更好地理解和处理专业术语，特别是在进行科技、法律或医学等领域的翻译时。

（五）参加翻译培训和研讨会

参加翻译培训和研讨会是一个非常有效的学习方法，尤其是对于希望提高专业翻译技能的学生来说。这些活动通常由经验丰富的翻译家或行业专家主持，参与者可以直接从专业人士那里学习实用的翻译技巧和策略。例如，在一个关于文学翻译的研讨会上，学生可以学习如何处理文学作品中的隐喻、比喻和文化特定元素。在技术翻译的培训中，学生则可以了解如何准确翻译技术术语和遵循行业标准。除了技术技巧，这些活动还提供了关于翻译行业实际工作的深入见解，如时间管理、客户沟通等。通过参加这些活动，学生不仅能提升翻译技能，还能扩展职业网络，了解翻译行业的最新趋势和机遇。

第六节 大学生跨文化交际技能学习方法

一、学习跨文化交际技能的必要性

（一）跨文化交际的概念与内涵

1.跨文化交际的概念

跨文化交际的概念可以这样界定：在特定的交际情景中，具有不同文化背景的交际者使用同一种语言（母语或目的语）进行的口语交际。这个概念界定是明确的，它是立足于对外汉语专业的需要而界定的，因而与一般的跨文化交际概念是有区别的，主要包含以下几个要点。

（1）文化背景的多样性和影响。跨文化交际的一个核心特征是参与交流的个体来自不同的文化背景。这种背景差异不仅仅局限于不同国家或地区，还包括不同的社会、经济和教育背景。例如，一个来自北欧国家的人与来自南美洲的人进行交流，他们的文化背景、价值观和交际习惯可能截然不同。这种差异可能体现在多个方面，如语言使用、非语言沟通（如身体语言、面部表情）、社交习惯、处理冲突的方式等。在跨文化交际中，理解这些差异并适当调整自己的交际方式至关重要，能够促进有效的沟通和相互理解。

（2）共同语言的使用和挑战。在跨文化交际中，使用一种共同语言是基本的前提。这种语言可以是参与者之一的母语，也可以是双方共同的第二语言。例如，一个中文为母语的人和一个英文为母语的人可能会选择使用英语作为交际的媒介。在这种情况下，对于非母语使用者来说，语言本身可能成为一个挑战，因为他们需要在理解和表达上投入更多的精力。此外，即使是使用同一种语言，由于文化背景的差异，相同的词汇和表达也可能会有不同的内涵和解释。在跨文化交际中，识别和理解这些差异，并尽可能减少误解和沟通障碍是十分重要的。

（3）实时口语交际的特点和挑战。在跨文化交际中，实时的口语交际扮演着重要角色。这种交际形式要求参与者能够即时理解和响应对方的言语，这在不同文化背景下尤其具有挑战性。例如，当一个中国人与一个法国人面对面交谈时，他们不仅要克服语言上的障碍，还要适应彼此的交际习惯，如打招呼、礼貌用语的使用、轮流发言等。这种交际方式的优点是直接和即时，能够快速建立起双方的联系，但也要求双方具有较高的语言流利度和文化敏感性。在实时口语交际中，身体语言、面部表情和语调等非语言因素也起着重要作用，它们可以增强或改变言语信息的含义。因此，参与者需要具备一定程度的跨文化理解能力，以正确解读这些非语言信息，并有效地进行沟通。

（4）直接言语交际的重要性。在外语教学和跨文化交际研究中，直接言语交际被视为一种基本的交流方式。这种交际方式涉及直接使用目标语言进行交流，无论是口语还是书面形式。对于学习外语的学生来说，直接言语交际是测试和提高其语言能力的重要方式。例如，外语专业的学生在课堂上进行的角色扮演和讨论活动就是一种直接言语交际的实践。在职业领域，如国际贸易、外交和国际新闻报道等领域，跨文化交际更是日常工作的重要组成部分。在这些情境中，翻译（包括口译和笔译）起着桥梁的作用，帮助克服语言障碍，实现有效沟通。翻译不仅仅是语言转换的技术活动，更是一种跨文化理解和传递的过程。优秀的译者不仅需要掌握语言技能，还需要对涉及的文化有深刻理解，以确保信息的正确传达和文化内涵的恰当表达。因此，跨文化交际中的直接言语交际和翻译活动都对参与者提出了高度的语言技能和文化适应能力的要求。

2.跨文化交际的原则

跨文化交际的原则如图7-9所示。

```
                          跨文化交际的原则
        ┌─────────────────────┼─────────────────────┐
  ┌───────────┐       ┌───────────┐       ┌───────────┐
  │  准确性    │       │  适应性    │       │  尊重习俗   │
  │ 与充分性原则 │       │ 与得体性原则 │       │   原则     │
  └───────────┘       └───────────┘       └───────────┘
```

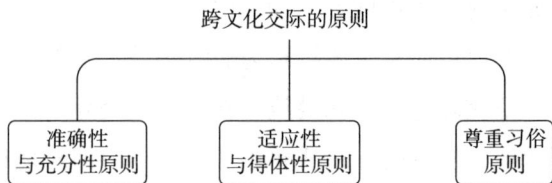

图 7-9 跨文化交际的原则

（1）准确性与充分性原则。在跨文化交际中，提供准确且充足的信息至关重要。这意味着交际者在传达信息时应确保信息的准确无误，并且提供足够的信息量，使对方能够完全理解所传达的内容。例如，在商务会谈中，如果一方因文化差异而误解了对方的意图或信息，可能会导致重大的沟通失误甚至合作失败。因此，交际者需要注意选择合适的词汇和表达方式，避免使用可能造成误解的隐喻或俚语。同时，他们也应确保提供足够的背景信息，帮助对方准确理解所传达的信息。例如，介绍一个产品时，应详细说明其特点、优势和适用范围，而不是仅仅提供一个模糊的概念。

（2）适应性与得体性原则。适应性和得体性原则强调在交际中考虑文化差异，确保言语和行为符合特定文化环境的规范和期望。在不同的文化背景下，相同的行为或语言可能会有完全不同的含义和影响。例如，东方文化背景的商务人士可能会更注重谦逊和间接的表达方式，而西方文化背景的商务人士可能更倾向于直接和坦率的交流方式。因此，在跨文化交际中，了解并尊重对方的文化习惯至关重要。同时，适应性原则也强调在尊重对方文化的同时，保持自身的原则和尊严。例如，尽管要尊重不同的商业习惯，但在遇到不公正或不道德的要求时，应当坚持自己的立场和价值观。这种平衡在跨文化交际中尤为重要，它不仅能够促进双方的理解和尊重，还能维护有效和健康的交际关系。

（3）尊重习俗原则。在跨文化交际中，尊重不同文化的习俗是极其重要的原则。每个国家和民族，乃至每个地区或社会群体，都有其独特的文化结构和内容。这些文化习俗深受其物质环境（如气候、地理条件）和社会环境（如社会制度、意识形态）的影响。例如，东方文化可能更重视集体主义和谦卑，而西方文化可能更强调个人主义和直接表达。在商务、教育或日常生活的交际中，理解并尊重这些差异是建立良好交际关系的关键。

尊重习俗的原则要求参与者在交际中认识到并适应这些文化上的差异。例如，当在不同文化背景下进行商务谈判时，了解对方的商业礼仪和谈判风格至关重要。在一些文化中，直接表达和快速决策可能是常态，而在其他文化中则可能更倾向于间接表达和长期建立关系。同样，在社交场合中，不同的文化可能有不同的餐桌礼仪、问候方式和交流习惯。了解和遵循这些习俗不仅能避免误解和冒犯，还能表现出对对方文化的尊重和理解。此外，尊重习俗原则还包括对文化差异背后深层因素的理解。不同的历史背景、宗教信仰和社会价值观都可能影响一个文化群体的习俗和行为。了解和尊重具有宗教色彩的习俗，如穆斯林的饮食禁忌或基督教的节日习俗，可以促进更和谐和有效的交流。在跨文化交际中，深入理解并尊重对方的文化习俗不仅是一种礼貌，也是实现有效交流的关键，有助于建立相互的信任和理解，为顺畅的交际和合作奠定基础。

3.跨文化交际的表现形态

（1）语言行为交际。语言是一门艺术，语言行为交际是利用语言完成的交际，也就是利用所说的话或写出的文字来达到交际的效果。语言行为交际的实质是交际主体根据对自己角色和语境的定位和选择，去组织有效的话语，以实现自己交际的全过程。利用话语因素，如利用语音和话语节奏来达到语言交际的最佳效果；充分利用语言的抑扬顿挫、轻重缓急来进行思想感情的沟通。如果语言表达得单调呆板，就很难吸引听者的注意力或激发听者的兴趣。要成为真正的跨文化交际高手，首先要成为善于运用语言技巧的艺术家，因为语言交际本身就是一个说与听的互动过程，交际成功与否取决于是否理解对方的语义。

在语言行为交际中，话语的选择对于信息的传达至关重要。在交流过程中，说话者需要选择恰当的词汇和表达方式，以便听者能够准确理解所传达的信息。例如，在一个多文化的工作环境中，使用简洁明了的语言有助于降低误解的风险，特别是当交际者的母语不同时。简洁的语言不仅让信息更容易被理解，还能减少沟通成本。同时，说话者应考虑听者的文化背景和语言能力，避免使用容易引起误解的俚语或文化特定的表达方式。例如，在与母语非外语的人交流时，避免使用复杂的比喻或典故，而选择更直接和通俗易懂的表达方式。

语言行为交际要求参与者根据不同的交际环境调整自己的言语和行为。在不同的社交或工作环境中，使用不同的语言或方言能够更好地适应交际环境，增进理解和亲近感。例如，在国际会议上使用外语作为交流语言，而在地方性的活动中使用当地方言或俚语，可以更有效地与听众建立联系。在家乡与亲人交流时，使用方言可能会让交流更加自然和亲切，而在正式场合则可能更倾向于使用标准语言。这种根据不同情境选择不同语言的能力，不仅反映了对交际环境的敏感性，也是有效沟通的关键。

在语言行为交际中，对文化习俗的理解和考虑是至关重要的。不同文化背景下的人们对于相同的言语行为可能有不同的解读和反应。例如，在某些文化中，直接表达批评可能被视为不礼貌，而在其他文化中则可能被视为诚实和坦率。同样，不同文化对某些特定话题的态度也可能大相径庭，如对死亡的表述和态度。在进行跨文化交际时，了解和尊重这些文化差异对于建立有效的沟通至关重要。例如，在与东亚文化背景的人交流时，可能需要采用更委婉和间接的表达方式，而在与西方文化背景的人交流时，则可能需要更直接和明确的表达。对文化习俗的敏感性和适应性有助于避免误解和冲突，促进交际的顺畅和高效。

（2）非语言行为交际。非语言行为交际涵盖了人们在交流中使用的各种非言语信号，如肢体语言、面部表情、眼神交流、姿态、空间使用等。这些非言语行为能够传递各种信息和情感，有时甚至比言语更加直接和有效。然而，这些行为在不同的文化中可能有截然不同的意义。例如，在一些文化中直视可能被视为信任和诚实的表现，在其他文化中则可能被视为挑衅或不尊重。同样，身体接触在某些文化中是亲密和友好的表达，而在其他文化中则可能被视为侵犯个人空间。因此，在跨文化交际中，理解并适应这些非语言行为的文化特定性是至关重要的。

非语言行为交际深深植根于社会心理学的领域。这些行为不仅是个体情感和态度的外在表现，而且是个体内在心理状态的反映。例如，一个人的姿态和肢体语言可以透露出其自信、紧张、开放或保守的心理状态。在跨文化交际中，通过观察和理解这些非言语信号，可以更好地理解对方的情绪和意图，从而更有效地进行沟通。然而，由于非语言行为交际常常是无意识的，交际者需要特别注意自己的非言语行为，以避免在不同文化背景下引发误解或冲突。

非语言行为交际不仅在传达信息方面发挥作用，还在建立关系、调节对话节奏、表达情感等方面起到关键作用。例如，在一次谈判中，参与者可能通过微妙的面部表情和身体语言来表达不同意见或确认共识。这些非言语行为有助于加深双方的理解，促进有效的沟通。在跨文化交际中，非语言行为的妥善使用对于跨越语言障碍、加深文化理解、建立亲密关系等方面都具有重要的意义。例如，适当的肢体语言和微笑可以在没有共同语言的情况下建立友好的交际氛围。因此，了解和运用非语言行为交际的技巧，是跨文化交际中不可忽视的重要组成部分。

（二）跨文化交际技能的概念与内容

跨文化交际技能是指在不同文化背景下进行有效沟通的能力，它涉及对多元文化的理解、适应和尊重，以及在此基础上的有效沟通技巧。

1.文化意识与理解

跨文化交际技能的核心在于深刻理解和尊重不同文化的特点和价值

观，包括对不同文化的历史、社会习俗、语言特点、宗教信仰、交际习惯等的认识和理解。例如，了解西方文化中直接表达观点的习惯和东方文化中间接表达的传统，可以帮助减少交际过程中的误解和冲突。这种文化意识不仅包括对他者文化的认知，也包括对自身文化的深刻理解，有助于在跨文化交际中更好地阐释和传达自身文化。

2.沟通技巧与适应能力

跨文化交际技能还涉及适应不同文化环境的沟通技巧，包括语言能力的运用、非言语交际（如肢体语言、面部表情等）的理解和运用，以及沟通策略的选择。有效的跨文化交际者能够根据不同的文化背景和沟通环境，灵活调整自己的交际方式。例如，在多元文化的工作环境中，通过调整交谈风格、言语表达和肢体语言，以适应不同文化成员的沟通习惯。

二、影响跨文化交际技能的因素

影响跨文化交际技能的因素如图 7-10 所示。

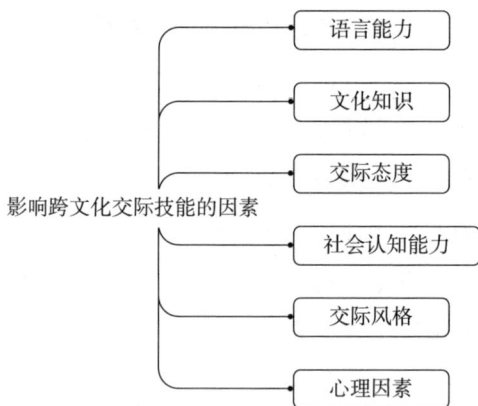

图 7-10　影响跨文化交际技能的因素

（一）语言能力

1.外语理解能力

外语理解能力是跨文化交际中极为重要的一环，它涉及能否准确地理解对方所表达的信息。在不同的文化背景下，即便是使用相同的语言，其表达的意图和方式也可能截然不同。例如，某些文化中的间接表达方式可能在另一种文化背景下被误解为含糊不清或不真诚。因此，理解外语不仅仅是对词汇和语法的理解，更是对语境、语气以及文化背景含义的理解。在跨文化交际中，理解能力不足可能导致重大的沟通误解。比如，在外语中，某些表达可能含有幽默或讽刺的成分，但这在其他语言文化中可能完全没有相应的语境，导致信息的接收方理解错误。此外，口音、语调等非语言元素也会影响理解。例如，即使双方都使用外语交流，但由于口音的差异，也可能会导致理解上的障碍。

2.外语表达能力

外语表达能力在跨文化交际中同样占据着核心位置。这不仅涉及语言的准确性和流利性，还包括语言的适当性和文化敏感性。在不同的文化背景下，同样的话语可能会有不同的含义和影响。例如，直接和坦率的表达方式在某些西方文化中可能被视为诚实和清晰，但在一些东方文化中可能被认为是粗鲁或不敬。在跨文化交际中，外语表达能力不足可能导致无法准确传达自己的意图，甚至可能无意中冒犯对方。例如，使用过于直接的语言可能会让某些文化背景的听众感到不舒服。同样，使用过于委婉或含蓄的表达方式，在某些直接性文化中可能被解读为不明确或避重就轻。

（二）文化知识

不同文化有着不同的价值观、习俗和行为准则，理解这些差异有助于更好地进行跨文化交流。

1.民俗文化

（1）节庆活动。节庆活动是民俗文化中极为重要的一部分，在跨文化交际中扮演着重要角色。不同文化的节庆活动往往具有独特的历史背景、宗教信仰、社会价值和传统习俗。例如，中国的春节、印度的排灯节、美国的感恩节等，每一个节日都蕴含着深厚的文化意义和社会影响。在跨文化交流中，对这些节庆活动的理解和参与，不仅能增进对不同文化的认知和尊重，还有助于建立跨文化的联系和沟通。

节庆活动中的具体习俗、仪式、风俗和庆祝方式都是了解和适应不同文化的关键。例如，了解西方圣诞节的家庭聚会和礼物交换习俗，可以帮助人们在跨文化环境中更好地融入和交流。反之，对节庆活动的无知或误解可能导致沟通障碍甚至文化冲突。因此，深入理解和尊重他人文化中的节庆活动，是提升跨文化交际能力的关键因素之一。

（2）饮食文化。饮食文化是民族文化的重要组成部分，每种文化中的饮食习惯、食物选择、烹饪方法和餐桌礼仪都有其特殊含义。例如，地中海地区的饮食强调新鲜蔬果和橄榄油的使用，而亚洲的饮食中则普遍以米和面食为主。在跨文化交流中，食物常常成为连接不同文化的桥梁。通过分享食物和餐桌经验，人们可以在轻松愉快的氛围中交流和学习。然而，饮食文化的差异也可能导致误解和冲突。例如，某些食物或饮食习惯在一种文化中可能是常见和可接受的，而在另一种文化中则可能被认为是不礼貌或不适当的。

（3）民间艺术。民间艺术是民俗文化的重要表现形式，包括音乐、舞蹈、绘画、手工艺等。它不仅是艺术表达的形式，也是文化传承和社会价值的载体。在跨文化交际中，对民间艺术的理解和欣赏能够极大地促进不同文化之间的理解和尊重。例如，非洲的鼓舞、中国的书法、印度的宝莱坞电影等，都是其文化特色的象征。

通过民间艺术，人们可以洞察一种文化的审美观念、历史传统和社会价值。艺术作品中蕴含的故事、符号和意义，为跨文化交流提供了丰富的话题和共鸣点。同时，艺术是一种普遍的语言，能够跨越语言和文化的界限，促进情感上的连接和理解。然而，对民间艺术的无知或误解也可能导致跨文化交流中的障碍。例如，不理解艺术作品背后的文化含义可能会导致错误的解读和评价。因此，深入了解和欣赏不同文化的民间艺术，是提高跨文化交际能力的重要途径。

2.交际文化

交际文化是指在社会互动中形成的一系列口头和非口头沟通的规则与习惯。它包括如何适当地使用称呼、问候与告别、表达感激和应对赞扬等方面。这些要素共同构建了社区的交流方式和礼节，对于文化的传播和维护人际关系至关重要。对于大学生而言，在学习外语的过程中深入了解交际文化，有助于更有效地理解和适应不同文化背景下的沟通环境。

（1）称谓表达文化。称谓表达是语言文化中一个重要的方面，反映了一个社会的文化特点和人际关系的复杂性。在中西文化中，称谓语的使用体现了各自独特的社会结构和价值观。

在中国文化中，称谓语是体现社会等级和人际关系的重要手段。通过使用不同的称呼，如"头衔"和"敬辞"，人们可以表达对对方社会地位的认识和尊重。这种对等级和身份的强调体现了中国社会对权威和尊老爱幼的传统价值观。在汉语中，称谓语系统极为复杂，不仅有"他称"和"自称"的区分，还有丰富的对称范畴表达形式，体现了中华文化的精致和深刻。例如，"他"和"她"分别用于男性和女性，但如果是长者或者地位较高的人，即使在谈论他们时也会使用更为尊敬的词语，如"老先生""老师傅"等。相比之下，西方社会的称谓表达则更加倾向于体现平等和亲密，人们通常习惯直呼对方的名字，来表达一种平等、友好的态度。尽管在西方文化中也存在尊称和谦称，但它们的使用频率和复杂度要远低于汉语。

（2）问候表达文化。问候方式作为社交互动的常用手段，在不同文化中展现出独特的风格和深层含义。在中国文化里，问候往往是详尽且带有关怀的，反映出对日常生活细节的关注和对他人福祉的关心。例如，在中国，人们在相见时可能会问："最近身体怎么样？""工作忙不忙？"这类问候虽然表面简单，实则蕴含着深刻的人际关怀和情感联系，是维护社交关系的关键。与此相对应的，英美文化中的问候则通常更为简明直接。典型的问候语如"Hey.""How's it going？"通常不期望得到详细的答复，更多地是作为一种礼节性的社交开场白。这种问候模式体现了西方文化中强调个人独立和尊重私人空间的价值观。这种问候文化在一定程度上降低了社交的复杂性，使得人际沟通变得更加快捷和高效。

（3）致谢表达文化。致谢是人类语言交流中不可或缺的一部分，其所包含的语言表达和文化内涵在不同文化背景下呈现出独特的特点和形式。在外语文化中，答谢语通常简洁明了，其主要功能是直接表达感谢之情，强调礼貌和尊重。常见的外语答谢语，如"Not at all.""Don't mention it.""You are welcome."和"It's my pleasure."都传达了一种乐于助人的态度，同时体现了西方文化中对平等、直接交流的重视。

相对而言，汉语文化中的答谢语则显得更加丰富和复杂。在中文中，答谢语不仅仅是对别人帮助的直接回应，更是一种维护和谐人际关系、表达谦虚和礼貌的重要方式。常见的汉语答谢语，如"不用谢""别客气"和"没什么"等，虽然表面上是在回应别人的感谢，但在深层次上蕴含了中华文化中对谦虚、低调和人际和谐的重视。在跨文化交流中，这些文化背景下形成的答谢表达方式可能会带来理解和沟通的难题。如前所述，汉语中表达责任和义务的答谢语在直译成外语后，其语用意义可能会发生扭曲，使得听者感到不适或困惑。这就要求在进行跨文化交流时，双方都需要有较强的文化敏感性和语用意识，能够正确解读对方的语言表达，避免可能的误解和沟通障碍。

（三）交际态度

在跨文化交际中，持有开放和尊重的态度是至关重要的。这种态度不仅体现在对不同文化的接受和尊重上，还包括适应和欣赏这些文化差异的能力。例如，当一个人面对不同于自己文化背景的人时，能够开放地接受其独特的交际方式、生活习惯和价值观，而不是草率以自己的文化标准来判断或评价。这种开放的态度有助于建立更为和谐的人际关系，并促进有效的沟通。

尊重不同文化的习俗和信仰也是展现跨文化敏感性和适应能力的关键。例如，当西方人在亚洲国家进行商务或社交活动时，了解并尊重当地的礼仪和习俗，如鞠躬问候、避免直接的肢体接触等，会显示出对对方文化的尊重。这不仅是对对方文化身份的认可，也是一种文化智商的体现，有助于促进跨文化间的理解和信任。

（四）社会认知能力

在跨文化交际中，社会认知能力指的是理解和解读不同文化背景下人们行为和意图的能力。这不仅涉及言语的直接交流，更重要的是对非言语沟通，如肢体语言、面部表情和声音变化等的理解。例如，微笑在大多数文化中都是友好和欢迎的表示，但其表达方式和程度在不同文化中可能有所不同。在某些文化中，微笑可能是礼貌的表现，而在另一些文化中则可能表示尴尬或不确定。在跨文化交流中，准确理解对方的非言语表达是有效沟通的关键。例如，美国人在交流中可能更倾向于直接的眼神接触和明确的肢体动作，而东亚文化中则可能更偏好保持一定的个人空间和避免过分的身体接触。对这些差异的理解不仅有助于避免误解和冲突，还能提升沟通的效率和质量。

在跨文化交际中，缺乏对非言语元素的理解和适应，可能导致沟通障碍甚至误解。例如，对于西方人来说，在会话中频繁地点头可能被理解为赞同或理解，但在某些文化中，这种肢体语言可能只是一种倾听的表示，而不代表认可。因此，学习和理解不同文化中的社会认知规则，不仅有助于提升交际能力，还是跨文化敏感性和适应性的体现。这种能力的培养对于生活在多元文化社会中的人们来说尤为重要。

（五）交际风格

交际风格影响着人们的沟通方式、言语理解和表达方式。中西文化在思维逻辑和表达方式上的差异，尤其在交际过程中显得尤为重要。中国文化中的归纳思维方式倾向于从具体事实出发，逐渐推广到一般性的结论，这种方式在言语表达中往往体现为先描述具体情况，再表达观点或结论。相反，西方文化中的演绎思维方式则是从一般原则出发，然后应用到具体情况上，这在言语表达中通常表现为直接提出主张，然后用事实来支持这一观点。这种思维方式和表达风格的差异，在跨文化交际中可能会导致理解上的偏差。例如，西方人可能会将中国人的间接表达方式理解为缺乏明确性或决断力，而中国人可能会将西方人的直接表达方式理解为过于冒犯或挑衅。因此，在跨文化交流中，理解对方的思维逻辑和表达习惯，尊重并适应这些差异，是提高交际效果的重要因素。

交际风格的差异不仅体现在言语表达上，还体现在对话中的互动方式上。例如，在中国文化中，打断他人讲话通常被视为不礼貌的行为，而在美国文化中，积极地插话被视为一种关注和参与对话的表现。这些差异在跨文化交际中可能会导致误解。因此，理解并适应不同文化中的交际风格，是提高跨文化交际能力的关键。在全球化日益加深的今天，跨文化交际能力成为人们必不可少的技能。无论是在商务、教育领域，还是在日常生活中，能够灵活运用和适应不同的交际风格都能大大提高沟通的效率和质量，促进不同文化之间的理解和和谐共处。

（六）心理因素

影响跨文化交际技能的心理因素包括个人的适应能力、压力管理以及跨文化情境下的心理舒适度。

1.个人适应能力

适应能力指的是个体在面对新的文化环境时，能快速调整自己的行为和思维方式以适应该环境。在跨文化交际中，适应能力强的个体通常能够更快地理解和接受不同的文化习俗和交际方式。例如，一个西方背景的人第一次到中国，如果能快速适应中国的交际礼仪和生活习惯，如使用筷子、遵守排队文化等，就能更容易融入当地社会，进行有效沟通。

适应能力不仅涉及外在行为的调整，还包括对内心态度和情绪的管理。在不同文化背景下，个人可能会遇到语言障碍、习俗不同、价值观冲突等挑战，适应能力强的个体能够更好地管理这些挑战带来的压力和焦虑，保持积极、开放的心态，从而更有效地进行跨文化交际。

2.压力管理

与不同文化背景的人进行交际时，个体可能会面临语言理解困难、文化误解、习俗不适应等压力。有效的压力管理包括识别这些压力源，并采取适当的策略来应对和减轻压力。例如，国际商务人员在与不同文化背景的客户交流时，可能会面临沟通障碍和文化差异带来的压力。事先的文化知识学习、语言能力提升和心理准备，可以帮助他们更好地管理这些压力，提高交际效率。此外，压力管理还包括如何处理交际过程中出现的冲突和挑战。在不同文化间的交际中，个体可能会因为对方的言行不符合自己的文化习惯而感到不适或困惑。在这种情况下，有效的压力管理不仅能帮助个体保持冷静和客观，还能促进双方更加深入和真诚的沟通。

3.心理舒适度

心理舒适度高的个体在面对不同文化的人和环境时，会感到更加自在和自信。例如，一个习惯于多元文化环境的人在与来自不同国家的人交流时，可能会感到更加轻松和自然。这种心理舒适度有助于减少交际时的紧张和尴尬，使沟通更加流畅和有效。相反，如果个体在跨文化交际中感到不舒适或焦虑，可能会影响沟通的质量。例如，面对不熟悉的文化习俗和交际方式，一些人可能会感到不安和拘束，这可能导致沟通中的误解和障碍。提高心理舒适度的方法包括增加对不同文化的了解和接触，积累跨文化交际的经验，以及培养对不同文化的尊重和包容态度。

三、提升跨文化交际技能的方法

（一）提高语言能力

1.语言能力与跨文化交流的紧密联系

语言能力在跨文化交际中的作用不仅仅局限于基础的沟通，更是理解另一种文化的桥梁，是对字面含义，以及言下之意、文化背景和社会语境的理解。例如，当学习西班牙语时，了解西班牙或拉丁美洲国家的历史、文化和社会习俗，将有助于理解语言中的隐喻和俗语。掌握语言不仅仅是能够流利地说话，还包括能够理解和使用特定文化中的幽默、双关语以及地方表达方式。这种深层次的语言理解能力使得交流更加真实和深入，有助于更好地建立情感联系和文化共鸣。

2. 语言学习方法与实践

有效地提升语言能力需要采取多种学习方法和实践。除了传统的课堂学习，还应涉猎该语言的文学作品、电影、音乐和电视节目，以便更全面地了解语言在实际使用中的多样性和丰富性。例如，通过观看法语电影，不仅可以提升听力理解能力，还能学习到法国的日常对话方式、幽默风格和文化背景。另外，与以母语为目标语言的人进行交流也是极好的学习方式。这种真实的语言环境可以提供即时的反馈和纠正，帮助更快地掌握语言的实际用途。通过这些多元化的方法，学习者不仅能提高语言技能，还能深入了解与目标语言相关的文化。

（二）学习和理解不同文化

1. 深入了解文化背景的重要性

学习和理解不同文化是提高跨文化交际技能的关键，不仅涉及对基本的历史和社会结构的了解，而且包括对特定文化中价值观、信仰、行为模式和交际风格的深入理解。例如，了解印度的社会结构和宗教信仰，有助于理解印度人在交流时的某些特定行为和表达方式。同样，了解韩国文化中的礼仪和尊重传统的重要性，有助于在与韩国人交往时做出恰当的行为选择，避免不必要的文化误解。这种深入的文化理解不仅能避免交际中的失误，还能增进双方的信任和亲近感。

2. 学习文化的方法与实践

深入了解不同文化的方法多种多样。参与文化交流活动、旅游，或者与来自不同文化背景的人建立友谊，都是了解新文化的有效途径。比如，参加一个国际学生交流项目，可以直接接触不同文化背景的人，学习他们的生活方式和思维习惯。此外，阅读有关该文化的书籍、学术论文，观看相关的纪录片和电影，也能提供深入理解的视角。比如，通过阅读关于中国历史的书籍，可以更好地理解中国传统文化对现代中国人日常生活和价值观的影响。这种全方位的学习方法有助于建立更全面和深入的文化理解，为有效的跨文化交际打下坚实的基础。

（三）培养开放和尊重的态度

1.开放和尊重态度的核心作用

在跨文化交际中，培养一种开放和尊重的态度至关重要。这意味着个体愿意接受和理解与自己文化不同的观点、习俗和行为方式。开放的态度使个体能够超越自己文化的局限，欣赏并理解其他文化的多样性和独特性。例如，一个西方人在与中东文化接触时，学习尊重他们的宗教习俗和生活方式，不仅能够避免文化冲突，还能加深彼此间的相互理解。尊重的态度也包括认识到每种文化都有其价值和合理性，避免怀有优越感或偏见来对待不同文化的人。

2.实践开放和尊重的方法

要实践开放和尊重的态度，首先需要自我反思，识别并改变可能存在的文化偏见和刻板印象。例如，通过阅读、讨论和参与文化多元性培训，可以帮助识别和挑战自己对不同文化的成见。此外，主动与来自不同文化背景的人交流，了解他们的观点和生活经历，也是培养尊重和开放态度的有效方法。通过这些交流，可以直观地了解多样文化的真实面貌，增强对不同文化的理解和尊重。开放和尊重的态度不是一蹴而就的，而是通过不断的学习、实践和自我提升逐渐培养的。

（四）自我反思和持续学习

1.自我反思

自我反思是提升跨文化交际能力的关键环节，它涉及对自己在跨文化交流中的行为、态度以及反应的深入分析和评估。这个过程不仅帮助个体识别在与不同文化背景人士交流时的潜在偏见和误解，还有助于个体发现自己的交际方式中可能存在的不足或错误。例如，一个人在与外国同事交流后，可能会反思自己是否过于直接或可能无意中忽视了对方的文化习俗。通过这种反思，个体能够更加深入地理解跨文化交流的复杂性，同时学习如何更加敏感和有效地与不同文化的人沟通。

自我反思也包括对自己在语言使用、非言语表达、社交礼仪等方面的评估。例如，在与某文化背景的人交流时，回顾自己是否正确使用了语言表达，是否恰当地运用了肢体语言，以及是否遵循了适当的社交礼仪。通过这种持续的自我评估和调整，个体能够不断提升自己在不同文化背景下的交际技能，增强跨文化交际的敏感性和适应性。

2.持续学习

跨文化交际是一个不断变化和发展的领域，因此持续学习和更新知识对于提升交际技能至关重要。这涉及对新兴文化趋势、社会变革以及全球交流模式的关注和理解。例如，随着全球化的加深，许多传统文化正在发生变化，新的交际方式和社会习俗正在形成。通过定期阅读相关书籍、学术文章、参加文化交流研讨会或在线课程，个体能够及时获取这些新信息，理解当前跨文化交际的最新趋势。

持续学习还包括对新技术和交际平台的适应和利用。在数字时代，跨文化交流越来越多地发生在虚拟空间，如社交媒体、在线会议等。适应这些新平台的交际规则和文化特点，对于提升跨文化交际能力也非常重要。例如，通过社交媒体与来自不同国家的人建立联系，了解他们的日常生活和文化特点，可以扩大个体的文化视野，增强跨文化交际的灵活性和有效性。总的来说，通过不断的自我反思和持续学习，个体能够不断适应文化的多样性和变化，有效提升自己的跨文化交际能力。

第八章　大学生外语学习的未来展望

第一节　大学生外语学习的发展趋势

目前中国大学生外语学习的趋势呈现出以下几个方面的特点，如图8-1所示。

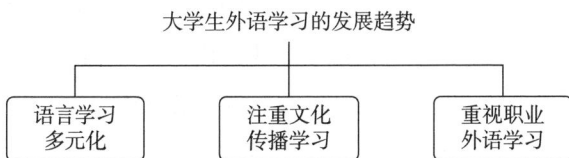

图 8-1　大学生外语学习的发展趋势

一、语言学习多元化

虽然英语依然是最主流的外语学习语种，但越来越多的中国大学生开始学习其他语言，如西班牙语、法语、德语、日语和韩语等，以适应全球化的需求和个人兴趣。这种多元化的语言学习趋势反映了中国与世界其他国家日益增长的交流和合作需求。

（一）语言学习多元化的动机

1.获取全球化就业机会

随着经济全球化的发展和国际市场的相互融合，多语种能力已成为现代职业市场的重要资产。这种能力不仅增加了个体在全球范围内获得工作机会的可能性，也为个人职业生涯的多样性和发展潜力带来了显著提升。

（1）多语种能力与国际就业市场。在全球化的就业市场中，多语种能力使得求职者能够适应不同国家和文化背景下的工作环境。例如，一个同时掌握英语、西班牙语和法语的人，在寻找国际职业机会时，不仅限于英语系国家，还可以涉足拉美和法语国家的市场。多语种能力不仅体现了语言交流的便利，还意味着对不同文化的理解和适应，这在国际商务、外交、全球项目管理等领域尤为重要。在多元文化的工作环境中，能够流利使用多种语言的员工更容易建立信任和有效沟通，从而在工作中取得更好的成效。

（2）多语种能力与职业发展。多语种能力不仅为初入职场的个人提供了更多选择，也为职业发展提供了广阔的平台。例如，在跨国公司工作的个体，如果能够掌握公司业务所涉及国家的语言，将更有可能被委派到海外分支机构，或在国际项目中扮演关键角色。此外，多语种能力也有助于个人在国际会议、研讨会和商务洽谈中更有效地表达和沟通，增加职业晋升和领导力发展的机会。因此，多语种能力不仅是进入国际市场的通行证，也是职业发展的加速器。

2.参加学术研究和交流

在当今的学术界，多语种能力已成为重要的资产。它不仅有助于获取和理解更广泛的研究资料，也是参与国际学术交流和合作的关键。

（1）多语种能力在学术研究中的作用。在许多学术领域，尤其是人文社会科学和国际关系等领域内，重要的研究资料和文献常常分散在不同语言的出版物中。掌握多种语言的研究人员能够直接阅读原文资料，避免了依赖翻译可能造成的信息丢失或误解。例如，研究中东历史的学者，如果能够理解阿拉伯语，将能直接阅读和分析该地区的历史文献和档案。此外，多语种能力还使研究人员能够跨越语言障碍，与来自不同国家的学者进行更深入的学术交流和合作。

（2）多语种能力在国际学术交流中的重要性。在全球化的学术环境中，国际研讨会、学术会议和合作项目日益增多，掌握多种语言的学者在这些国际活动中可以更有效地相互交流思想和研究成果，建立更广泛的学术网络。例如，同时掌握英语和西班牙语的社会学研究者，在国际会议上可以与来自不同国家的同行进行更深层次的讨论和交流。此外，多语种能力还有助于在国际合作项目中扮演桥梁角色，促进不同文化和语言背景下学者的合作和研究成果的共享。这种能力不仅提升了个人的学术影响力，也为全球学术界的知识交流和合作贡献了重要力量。

3. 探索文化，满足个人兴趣

（1）文化探索的动机。对特定文化的好奇心和兴趣是驱动许多学生学习新语言的重要因素。语言不仅是沟通的工具，也是文化的载体。通过学习一种语言，学生能够深入了解该语言所代表的文化背景，包括历史传统、艺术形式、文学作品和社会习俗。例如，学习日语的学生不仅能够欣赏日本的文学和电影原作，还能更深入地理解日本的历史和文化内涵。对于热衷于世界各地文化的学生来说，学习一门新的语言就如同踏上一场探索和发现的旅程，使他们能够从语言出发，逐步深入一个国家的文化心脏。

（2）文化学习的实践。学生在探索新文化的过程中，通常会采用多种方式。除了传统的课堂学习，他们也积极参与语言角、文化节等活动，以实践方式加深对语言和文化的理解。在线媒体平台，如 YouTube 和 Netflix 也为学习者提供了大量的文化内容，如外语电影、纪录片和音乐，帮助学生在娱乐中学习。此外，社交媒体和语言交换应用程序也为学生提供了与母语人士交流的机会，使他们能够在实时对话中了解日常生活中的语言和文化使用。这种多元化的学习途径不仅满足了学生的个人兴趣，也极大地拓宽了他们的文化视野。

（二）语言学习多元化的现状

1. 语种多样化

（1）选择多样化语种的原因。在当今的教育环境中，学生越来越倾向于学习多样化的语种，这不仅是因为全球化的要求，还因为对不同文化的兴趣和对个性化教育的追求。传统的英语、法语、德语等语言虽然依然占据重要位置，但小语种和非主流语言的学习也越来越受到重视。例如，随着中国与俄罗斯和中东国家的经济和政治联系加强，俄语和阿拉伯语成为越来越多中国学生的选择。同样，对日本和韩国文化的兴趣，如动漫、音乐、电影和电视剧等，也促使不少学生选择学习日语和韩语。这种多样化的语种选择不仅反映了学生对不同文化的好奇和尊重，也为他们将来在国际舞台上的发展提供了更多可能性。

（2）多样化语种学习的影响。多样化语种的学习不仅丰富了学生的学习经历，也拓宽了他们的视野和未来的职业路径。掌握小语种可以让学生在就业市场上具有独特的优势，特别是在外交、国际贸易、文化交流和教育等领域。同时，学习不同的语言还有助于培养学生的跨文化交际能力和全球意识，为他们在多元文化背景下工作和生活提供必要的技能。此外，多语种学习还促进了学生思维的开放性和创造性，使他们能够从不同的文化角度看待和理解世界。

2. 学术和实践相结合

在现代外语教育中，学术学习和实践应用的结合越来越受到重视。大学生在学习外语时，不仅注重语言的基础理论知识，如语法、词汇和发音，也着重于语言的实际应用能力的培养。这种融合不仅体现在教学内容上，还体现在教学方法上。许多教育机构采用情景教学、角色扮演、项目式学习等互动性和实践性强的教学方法，使学生能够在模拟的真实环境中学习语言。此外，大学还鼓励学生参与语言角、辩论赛等活动，通过实际对话和交流来提高语言能力。

3.跨学科学习趋势

（1）跨学科学习的发展。在当代的教育环境中，语言学习正越来越多地与其他学科领域相结合，形成跨学科的学习趋势。这种趋势源于对全球化背景下综合能力的需求，以及对专业化教育的追求。学生不再仅仅将语言学习视为单一的语言技能培养，而是将其与商务、国际关系、文化研究、政治学、法律、经济学等学科相结合。例如，学习西班牙语的学生可能同时参与拉丁美洲的经济和文化研究，或者学习国际商务中的西班牙语应用。这种跨学科的学习方式不仅增强了学生对语言的实际应用能力，还拓宽了他们的知识视野，使他们能够从多个角度理解和分析问题。

（2）跨学科学习的实践和效益。跨学科学习的实践通常涉及将语言课程与特定的学科内容相结合，以项目为导向的课程设计在这方面尤为有效。学生可以通过参与实际项目，如研究论文、案例研究、模拟会议等，将语言技能应用于具体的学科场景。例如，学习法语的学生可能会参与关于法国政治体系的研究项目，或者在商务法语课程中学习如何在法语环境中进行商务谈判。这种教学方式不仅加深了学生对语言的理解，也使他们能够更好地将语言技能应用于专业领域。此外，跨学科学习还促进了学生创新思维和批判性思维的发展，使他们能够在复杂多变的全球环境中更好地适应和创新。通过这种方式，学生不仅成为语言技能的专家，也成为具有广阔知识背景和深厚专业素养的综合型人才。

二、注重文化传播学习

（一）开展文化传播学习的必要性

1.文化传播的重要性

（1）全球化背景下的文化传播。在全球化的背景下，文化的传播对于增进国际理解和友好关系具有重要意义。外语学习不仅仅是掌握一种交流工具，更是一种文化传播的途径。大学生通过学习外语，可以成为本国文化的使者，向世界介绍中国的历史、文化、社会发展和现代成就。这种文化交流在国际关系日益密切的今天显得尤为重要。通过有效的文化传播，不仅能帮助世界更客观、全面地了解中国，还能够促进不同文化之间的相互理解和尊重，有助于打破文化隔阂和消除误解。

（2）文化传播在国际关系中的作用。大学生在国际舞台上通过外语展示中国文化，不仅提升了中国的国际形象，也为中国与其他国家的友好交往奠定了基础。在多个领域，如教育、文化、科技和经济领域的国际交流中，文化传播的作用日益凸显。例如，通过国际学术交流，学生可以介绍中国的科技发展和文化遗产，这不仅提升了中国在国际社会中的地位，也为国际合作开辟了新的途径。

2.促进文化自觉与认同

（1）增强文化自信。通过学习和传播中国文化，大学生能够加深对中国文化的认识和理解，从而增强文化自信。在了解和传播中国文化的过程中，学生不仅能够发现中国文化的独特魅力和深厚底蕴，还能够更加自觉地维护和弘扬中国文化。这种文化自觉是建立在深入理解本国文化历史和现状基础上的，它使学生能够在国际交流中自信地展现中国文化，树立起正面的文化形象。

（2）明确文化定位和身份认同。在与外国文化的交流和比较中，大学生能够更加清晰地认识到自己的文化定位和身份认同。通过比较学习不同文化，学生不仅能够认识到中国文化的独特价值，还能够在全球化背景下更加明确自己的文化身份。这种文化认同感对于培养具有国际视野的复合型人才至关重要。它使学生在拥抱世界文化的同时，能够坚守对本国文化的忠诚和热爱，形成一种既开放又根植于本土文化的全球视角。

（二）通过外语学习进行文化传播的可行性

1.外语人才是跨文化沟通的桥梁

（1）桥梁的建立与功能。掌握外语的大学生在文化传播中扮演着极其重要的角色，他们成为连接中国与世界其他国家的文化交流的桥梁。通过流利的外语能力，这些学生能够准确、生动地向外国人介绍中国的丰富文化，包括历史、传统、艺术、现代发展等各个方面。他们的语言传达不仅仅是信息的交流，更是文化价值和意义的传递。例如，在国际交流活动中，能够用外语讲述中国春节的由来和习俗，不仅能增加外国人对中国文化的理解，还能消除文化误解，增进相互之间的理解和尊重。

（2）文化的双向交流。这种桥梁作用不仅仅限于单向的文化传播，也包括对外国文化的理解和传达。大学生在学习外语的过程中也在接触和理解外国的文化背景，他们能够将外国的文化精髓通过自己的语言和理解介绍给同胞，促进文化的互鉴和交流。这种双向的文化交流对于建立一个更为开放、多元和包容的国际社会至关重要。

2.外语学习增进国际友谊和合作

（1）增进国际友谊。在全球化时代，国际友谊的建立对于促进和平与发展具有不可替代的作用。大学生通过外语学习进行的文化传播，不仅是知识和信息的分享，更是情感和理解的交流。当他们在国际场合用外语介绍中国的文化时，不仅是在传递信息，更是在建立与外国人民之间的情感联系。这种联系超越了语言和国界的限制，成为增进国际友谊的重要途径。通过共享文化体验，学生能够与来自世界各地的人建立起深厚的友谊，为促进国家间的理解和和谐奠定基础。

（2）促进国际合作。通过文化交流，大学生在国际合作和交流中也扮演着至关重要的角色。在学术会议、文化节、交换项目等国际活动中，他们能够用外语精确传达，从而成为促进文化交流和深化国际合作的重要力量。例如，中国学生在国际学术会议上用外语展示中国的研究成果，不仅提升了中国学术研究的国际影响力，也为未来的国际学术合作和科研项目搭建了桥梁。这种文化交流和国际合作的深化，对于推动全球范围内的科技、教育、经济等领域的合作具有长远意义。

（三）在外语学习中培养文化传播能力的方法

1. 融入课程和学术研究

（1）与教育课程融合。在外语教育课程中融入中国文化元素是培养学生文化传播能力的重要方法。将中国的文学作品、历史事件、社会现象等内容纳入外语教学，可以使学生不仅能学习语言，还能深入了解中国文化的多样性和复杂性。例如，利用中国古典文学作品来教授外语，不仅能提高学生的外语水平，还能让他们对中国的历史和文化有更深刻的认识。这种教学方法有助于学生在语言学习的过程中，形成对中国文化的深入理解和自豪感。

（2）与学术研究融合。鼓励学生将文化传播融入学术研究中，也是培养学生文化传播能力的关键途径。学生可以在国际学术会议上介绍自己关于中国文化的研究成果，不仅展示了学术研究的深度，也是传播中国文化的有效方式。通过这样的学术交流，学生不仅能提升自己的研究水平，还能提升中国文化在国际上的影响力。

2. 利用现代技术传播文化

（1）利用数字平台。利用互联网和社交媒体平台进行文化传播是现代外语学习的重要组成部分。学生可以通过制作中文教学视频、撰写关于中国文化的博客文章、参与在线文化讨论等方式，将中国文化的多样性和丰富性展示给全世界。这不仅让全球观众能够方便地接触到中国文化，也提供了一个互动性强的平台，使学生能够与世界各地的人进行直接交流。

（2）将技术与创新相结合。例如，利用虚拟现实技术创造沉浸式的文化体验，或使用多媒体工具来讲述中国故事，可以使文化传播更加生动和吸引人。通过这些现代技术手段，学生不仅可以提高自己的技术技能，还能更有效地进行文化传播。

3. 开展多元化的文化交流活动

（1）参与国际交流。参与国际文化节、组织中外文化交流活动、参与国际志愿者项目等是大学生提升文化传播能力的有效途径。这些活动提供了实践的平台，让学生能够亲身参与到文化的传播和交流中。通过这些活动，学生不仅能展示中国文化的独特魅力，还能理解和学习外国文化，促进不同文化背景的人的相互理解和尊重。

（2）多元化的文化体验。在这些文化交流活动中，学生可以通过表演、展览、讲座等多种形式展示中国文化。同时，这些活动也是学生体验外国文化、学习外语和提升跨文化交际能力的良好机会。例如，参与国际文化节时，学生可以通过烹饪展示、传统艺术表演等方式介绍中国文化，也可以通过参与其他国家文化的展示和体验活动，拓宽自己的国际视野。

三、重视职业外语学习

随着全球化的加深和国际职业市场的扩展，职业外语学习已成为大学生外语学习的重要趋势。这一趋势反映了教育领域对学生未来职业发展需求的响应和对实用主义教学方法的重视。

（一）职业外语学习的重要性

1.适应全球化职业市场

在全球化日益加深的背景下，具备良好的职业外语能力已成为进入国际职场的基本要求。掌握职业外语不仅能帮助学生更好地适应国际工作环境，也能增强他们在跨国公司、国际组织以及外贸领域的竞争力。例如，能够熟练使用职业外语的学生，在国际贸易、外交、国际法律等领域的工作中将更为得心应手。

2.提升专业性和实用性

职业外语的学习注重语言的专业性和实用性，使学生能够在特定的领域中有效地运用外语。这不仅涵盖商务沟通、技术写作、专业术语等方面，还包括了解和应对国际职场的文化差异和沟通策略。通过职业外语的学习，学生能够更好地为未来的职业生涯做好准备，适应不断变化的全球工作环境。

（二）职业外语学习的实施方式

1.课程设置和教学方法

（1）针对性的课程内容设计。针对职业外语学习的需求，许多大学精心设计了一系列专门的课程，这些课程紧密围绕特定职业领域的语言需求展开。例如，商务外语课程可能包括商业信函写作、商务报告制作、会议谈判技巧等内容，而法律外语课程则可能涵盖法律文件翻译、法庭辩论术语等方面。教学内容不仅涉及专业词汇，还包括专业领域内的文化习俗、沟通方式以及业务流程，确保学生能够全面掌握职业语言的使用场景。这种针对性的课程设置使得学生能够直接学到与未来职业发展密切相关的语言技能。

（2）教学方法的创新。在教学方法上，注重实用性和互动性是职业外语课程的一大特点。大学通常采用案例分析、角色扮演、模拟商务谈判等互动式教学方法，使学生能够在接近真实的职业情境中学习和练习外语。例如，通过模拟商业会议，学生可以在安全的学习环境中尝试和练习商务谈判技巧，提高自己在真实商务环境中的沟通能力。此外，一些课程还采用项目式学习，让学生团队合作完成特定的商务项目，如市场调研、产品策划等，这不仅提高了学生的语言实际运用能力，也锻炼了他们的团队协作和项目管理能力。

2.结合实际工作经验

（1）实习与工作经验的结合。职业外语学习不仅仅局限于课堂内的理论学习，将学习内容与实际的工作经验相结合同样重要。许多教育机构与企业建立了合作关系，为学生提供了丰富的实习机会。在实习过程中，学生可以将课堂上学到的知识应用于真实的工作环境中，如参与国际商务谈判、编写商务报告、参与国际项目管理等。这种实际的工作经验不仅帮助学生加深对职业外语的理解，也让他们能够更好地适应未来的工作环境。同时，实习经历还能够提供职业网络建设的机会，对学生未来的职业发展大有裨益。

（2）参与国际会议和项目合作的机会。除了实习之外，通过参与国际会议、研讨会和项目合作等活动，学生还能在国际职业环境中练习职业外语。这不仅能够让学生接触到国际业界的最新动态和前沿知识，还能提供与来自不同文化背景的专业人士交流和合作的机会。例如，学生可以在国际学术会议上用外语发表自己的研究成果，或在国际合作项目中与外国同事共同解决问题。这些经历对于帮助学生提高职业外语沟通能力、了解不同文化的工作方式、建立国际视野都是极其宝贵的。

第二节　大学生外语学习的主要挑战

大学生学习外语的过程并不是一帆风顺的，在学习外语的过程中会面临各种各样的挑战，这些挑战可能会影响他们的学习效率和最终学习效果。

一、语言学习的难度

（一）多方面的学习挑战

外语学习是一个涉及多个方面的复杂过程，包含语法、词汇、发音、听力、口语和写作等诸多部分。每个部分都有其独特的难点和挑战。例如，语法学习需要理解和掌握不同的规则和结构，这可能会因为外语与母语的差异而显得尤为困难；词汇学习则要求记忆大量新单词和短语，这对于记忆力和持续的复习能力是一个考验；发音的学习需要模仿和实践，以达到准确和自然的水平，这对于很多学生来说是一大挑战。

（二）不同语言的难度差异

不同的语言具有不同的难度级别，这往往取决于其语法结构、发音体系与学生母语的相似度。例如，对于母语是汉语的学生来说，学习英语可能相对容易一些，因为英语和汉语在语法结构上有一定的相似性；学习阿拉伯语或俄语等语言则可能相对困难一些，因为它们在语法、发音和文字系统上与汉语有较大差异。此外，学习一门全新的语言还需要适应不同的语言环境和文化背景，这对学生来说是一个全面的挑战。

为了有效应对语言学习的难度，学生需要采取多样化的学习方法和策略。这可能包括结合视觉、听觉和动手实践的学习方式，如通过观看外语电影、听外语歌曲、参加语言角等活动来提高语言能力。同时，定期复习和实践是掌握外语的关键，学生需要持之以恒地练习和应用所学知识。此外，利用外语学习软件和在线资源也可以帮助学生更有效地学习和克服困难。

二、实用性与学术性的平衡

（一）理论学习的重要性

在外语教育中，理论学习是构建语言知识体系的基础。学生需要掌握外语的基本语法、词汇以及文化背景等基础知识。这种学术性学习不仅仅是记忆和理解语言规则，更是对语言运用背后逻辑的深入探究。例如，学习一门外语不只是记住单词和语法规则，而是要理解这些语法规则是如何形成的，单词背后的文化含义是什么。这样的学术学习有助于学生建立起对外语的深入理解，为实际应用打下坚实的基础。

（二）实际应用的必要性

外语学习的目的在于能够将所学知识运用于实际交流，这就要求学生能够将理论知识转化为实际的交流技能，如听说读写能力的提升。在这个过程中，学生需要不断练习，通过模拟对话、参与讨论、写作练习等方式，提高自己的语言运用能力。例如，参加语言角活动或国际交流项目，可以让学生在真实或模拟的语言环境中练习，使语言学习更加贴近实际需求。这种实用性学习不仅增强了学生的语言运用能力，也提高了他们的跨文化沟通技巧。

（三）平衡点的寻找

找到学术性学习和实际应用之间的平衡点是外语教育的一个挑战。这要求教育者在设计课程和教学方法时，既要注重语言的理论基础，又要提供充足的实际应用机会。例如，可以在语法和词汇教学中结合文化背景和实际情景，使学生在理解语言规则的同时，了解其在实际交流中的应用。同时，通过案例研究、角色扮演、实际交流等教学方式，帮助学生将理论知识转化为实际交流技能。这样的教学策略不仅能提高学生的学习兴趣，还能提高他们的语言综合运用能力。

三、文化差异和跨文化交流

（一）理解文化差异的必要性

外语学习不只是语言本身的学习，更是对其背后文化的深入理解。不同国家和地区的文化差异可能会在交际习惯、价值观念、行为方式等方面体现出来。例如，东西方文化在表达方式、礼节习惯、沟通风格等方面存在显著差异。学生在学习外语的同时，面临着理解和适应这些文化差异的挑战。这不仅需要他们学习相关的文化知识，更需要他们在实际交流中观察、体验和理解不同文化的特点。理解和适应文化差异对于进行有效的跨文化交流至关重要，有助于避免误解和冲突，使沟通更顺畅。

（二）跨文化交流中的挑战

在进行跨文化交流时，学生所面临的挑战不仅局限于语言本身，还涉及对不同文化的非言语交流方式的理解与适应。例如，手势、姿态和接触方式在不同文化中可能具有不同的含义。同时，由于文化背景和价值观的差异，相同的行为或言语在不同文化中可能被解读为不同的含义。因此，学生需要学习如何在不同的文化环境中适当地进行表达和交流，并且要学会理解和尊重不同文化中的行为习俗和沟通方式。

四、资源和机会的获取

（一）资源质量和适用性的问题

尽管互联网为外语学习提供了海量资源，但高质量、适应个人学习需求的资源并不容易找到。面对海量的信息，学生往往需要花费大量时间来筛选和评估材料的适用性和质量。例如，对于初学者来说，寻找适合自己水平且有效的学习资料可能变得尤为困难。此外，网络上的资源质量参差不齐，不准确或过时的信息可能会误导学生，影响学习效果。

（二）小语种学习的特殊挑战

对于学习小语种（如泰语、希腊语等）的学生来说，挑战更加显著。与广泛使用的语言相比，小语种的学习资源相对匮乏，难以找到全面、系统的教学材料和练习工具。此外，这些语言的母语者和学习社群可能较少，使得寻找语言交流和实践的机会更加困难。这种资源的缺乏限制了学生对语言的全面理解和实际运用能力的提高。

（三）资源获取策略

为了克服这些挑战，学生需要采取主动策略来获取资源，包括利用学校图书馆的资源；参加在线论坛和社交媒体群组来寻找推荐；或使用专门的语言学习平台和应用程序。对于小语种学习者来说，寻找专门的学习社群或参与相关文化活动也是一种有效的途径。学生还可以考虑与母语为目标语言的交换生或社区成员建立联系，以获得更多实际的语言练习机会。

五、技术应用和远程教学

（一）远程教学的挑战

远程教学和在线学习平台的普及虽然为外语学习提供了便利和灵活性，但也带来了技术接入、网络稳定性以及学习平台的操作复杂性等一系列问题。此外，远程教学还可能影响师生之间以及学生之间的互动和沟通，降低学习的参与度和效果。

（二）技术适应和技能要求

对于许多学生和教师来说，掌握和适应新的技术工具是一个学习过程。学生需要学会使用各种在线学习平台和工具，如视频会议软件、在线课堂平台、互动练习工具等。同时，也需要培养良好的网络学习习惯和自我管理能力，以保证在非传统教学环境中的学习效率。对于教师而言，设计适合在线教学的课程内容和活动，以及有效地利用技术工具来促进学生的参与和互动，也是一项挑战。

（三）提升远程教学的有效性

为了克服远程教学中的挑战，学校可以采取多种措施，如提供技术培训和支持，帮助学生和教师更好地适应和使用在线学习工具。同时，教师可以通过创新的在线教学方法，如虚拟角色扮演、互动式讨论和在线项目合作，来提高学生的参与度。此外，提供灵活的在线学习资源和自主学习选项，也有助于适应不同学生的学习需求和风格。通过这些措施可以最大限度地发挥远程教学的优势，同时减少其潜在的负面影响。

六、学习计划和自我管理

在大学生外语学习的过程中，学习计划的制订和自我管理构成了两个主要的挑战，其在很大程度上影响着学生学习外语的效率和成效。

（一）学习计划

1.制订合理有效的学习计划的难度

对于大多数大学生来说，制订一个既实际又有效的外语学习计划是一个挑战。首先，在这个过程中，学生需要准确评估自己的语言水平和学习需求，这本身就需要一定的自我认知能力；其次，制订学习计划时，需要考虑到个人的时间安排、学业负担、兴趣点以及学习目标。例如，学生可能需要在紧张的课程和兼职工作之间找到学习外语的时间，此外还需要考虑如何将外语学习与自己的专业学习或未来的职业规划相结合。

制订学习计划的另一个挑战在于如何保持计划的灵活性和适应性。学习环境和个人情况可能会随时发生变化，如课程负担增加、兴趣转移或生活中的突发事件，这就需要学生对学习计划进行及时调整。因此，一个有效的学习计划不仅要明确具体的学习目标和时间表，还需要有足够的灵活性来应对这些变化。

2. 学习计划的持续执行和调整

即使学生制订了良好的学习计划，持续执行计划也是一大挑战。学习动力的维持、时间管理的技巧，以及不断的自我激励都是实现学习计划所必需的。学生需要找到保持学习动力的方法，如设定短期和长期目标、寻找学习伙伴或参加学习小组。同时，有效的时间管理技巧，如优先级设定、避免拖延和有效利用碎片时间，对于保证学习计划的顺利进行至关重要。

（二）自我管理

1. 自我管理的复杂性

自我管理不仅涉及时间管理，还包括情绪管理、学习动力的维持以及自我激励。例如，学生可能会在学习过程中遇到挫折或挑战，包括语言障碍、学习进展缓慢等，这些都需要学生有足够的情绪调节能力和恢复能力。此外，保持学习动力和兴趣也是自我管理的一部分，学生需要找到适合自己的学习方式和激励手段，以避免学习过程中的倦怠感。

2. 自我管理技巧的培养

培养有效的自我管理技巧对于外语学习至关重要。学生需要学会合理安排学习时间，确保既有时间进行深入学习，又能避免过度劳累。有效的时间管理策略包括制定日程安排、设置学习提醒和分配学习任务等。此外，设定实际可达的目标和里程碑可以帮助学生跟踪进度，并在达成这些小目标时获得成就感。

3. 自我评估和调整

学生需要定期评估自己的学习进度和效果，以及学习方法的有效性。基于这些评估，学生可能需要对学习计划和策略进行调整。如果发现某种学习方法不适合自己或效果不佳，学生应迅速寻找新的学习方法或资源。自我评估和及时调整有助于学生更高效地进行外语学习，并确保持续进步。

第三节　大学生外语学习的现实机遇

在当今教育领域，混合学习模式（Blended Learning）为大学生外语学习提供了新的机遇。这种模式结合了传统面对面教学和现代在线学习的优势，创造了一个更灵活、高效的学习环境。

一、混合学习模式的概念

混合学习模式是当代教育学界所关注的一种热门学习模式，但不同的人对"混合"二字的理解不同。有些学者认为混合学习就是多种学习理论和教学理论指导下的学习模式，如由认知主义、建构主义、行为主义等理论指导设计出的学习模式；有些学者认为混合学习综合了"以教为中心"和"以学为中心"两种教学模式；有些学者认为混合学习应同时包含面授学习模式和在线学习模式，这种看法与将混合学习定义为多种数字媒体结合学习模式的观点类似，还有些学者认为混合学习是面授学习、自主学习与合作学习模式的融合。

中国学者何克抗认为，所谓混合学习就是在引导学习者开展学习活动的过程中，结合传统学习方式和网络学习方式的优势帮助学习者掌握相关知识和技能；既要发挥教师在学习过程中的主导作用，又要体现学生作为学习主体的主动性与创造性。只有将二者的力量结合，才能获得最好的学习效果。

结合当今时代互联网教育迅速发展的教育教学背景，本书将混合学习定义为一种融合了传统学习方式、数字化学习方式和在线学习方式的综合学习模式。这种模式广泛应用于学校教育、各类教育机构的培训，以及社会教育培训项目中，旨在根据教育培训的目标、学习者的具体需求、可用的教学资源以及教学活动的设计来开展学习。

混合学习模式的核心特点在于融合了传统面授教学和在线学习的优势。例如，面授学习提供了直接的师生互动和同伴交流，有利于增强学习者的参与感和获得即时反馈；在线学习则提供了灵活的学习时间、个性化的学习路径以及丰富多样的学习资源。这种模式的实施使学习者能够根据自己的节奏和学习风格进行学习，同时保留了传统教学中的互动和协作元素。混合学习模式的另一个显著特点是对在线学习模式中的某些缺陷进行了有效弥补。单一的在线学习虽然灵活，但可能缺乏足够的监督和指导，学习者有时可能感到孤立无援。通过引入面授学习环节，混合学习模式增强了学习的结构性和互动性，有助于提升学习效果和动力。此外，这种模式还利用了数字化工具和平台的优势，如虚拟现实、人工智能辅助教学等，进一步丰富了学习方法，提高了学习效果。

二、混合学习模式的优势

混合学习模式作为一种灵活多变的学习模式，能够根据大学生的个人学习特性、需求和外部条件来定制化实施，它不仅充分利用了不同学习模式的综合优势，而且为学习活动的多样性和创新性提供了空间。混合学习模式的优势主要体现在以下几个方面，如图 8-2 所示。

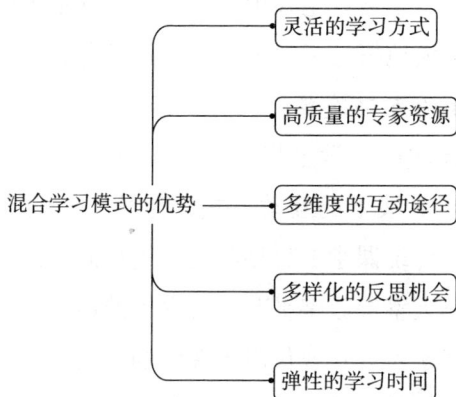

图8-2　混合学习的优势

（一）灵活的学习方式

在混合学习模式中，学生被给予了选择和组合不同学习方式的自由。例如，学生可以优先参与课堂讲授以获得直接的知识传授，随后利用在线平台进行额外的练习和复习。这种方式使学生能够在获得基础理论知识的同时，通过在线资源加深理解和巩固学习成果。同时，学生也可以先通过在线课程和视频自主学习新概念，然后再在课堂上与同学和教师进行互动讨论，以此提升对知识的深入理解。例如，学生在学习一门外语时，可以先通过在线课程学习基础语法，然后再在课堂上通过角色扮演或小组讨论来实践语言技能。这种灵活的学习方式使学习过程更加贴合学生的个人需求和学习风格。

（二）高质量的专家资源

混合学习模式的另一个显著优势是能够整合高质量的外部教学资源，甚至邀请行业专家参与教学过程。通过网络技术的支持，学生可以接触到来自不同领域的专家，获得他们的专业知识和见解。这些专家通常在其研究领域拥有深厚的学术背景和丰富的实践经验，能够为学生提供比常规课程更深入的专业指导。例如，在市场营销课程的学习中，学生不仅能从教师那里学习理论知识，还能通过网络平台听取业界专家的实战经验分享，极大地拓宽了学生的视野并提高了学习的实用性。

（三）多维度的互动途径

在混合学习模式中，学生将获得更多与教师和同学沟通交流的机会，它结合了线上和线下的互动方式，为学生提供了多元化的交流平台。学生不仅能在传统课堂上直接与同学进行面对面的讨论，还能利用在线论坛和课程聊天室等数字平台进行深入的话题讨论。这种双重交流方式比单一的在线学习方式或仅限于课堂的传统学习方式更为全面，能够有效促进学生之间的互动交流和知识共享。

在传统的面对面学习中，由于课堂时间和物理空间的限制，学生的互动机会可能受到限制；而在单纯的在线学习环境中，尽管信息交流方便，但缺乏真实的人际互动，容易产生孤立感。混合学习模式通过线上线下的结合，使学生能在课堂外延续和深化在课堂上的讨论，同时能在线上获取更广泛的观点和资源，从而克服了单一学习模式的局限性。

（四）多样化的反思机会

混合学习模式通过提供多样化的学习活动和互动机会，鼓励学生更深入地反思和理解所学内容。例如，在学习外语时，学生不仅在课堂上接受直接教学，而且能通过在线论坛和学习小组讨论来加深对语言结构和文化背景的理解。这使得学生能够在不同的环境中应用所学知识，从而更好地理解和消化新信息。学生可以利用网络资源进行额外的研究，探索语言的更多维度，如通过在线新闻、播客和文化交流平台来加强语言实践。同时，与其他学生的互动讨论也能激发新的思考，帮助学生从不同角度审视和评价自己的学习策略和方法。

（五）弹性的学习时间

混合学习模式特别适合那些无法参加全日制课堂教学的学习者，为他们提供了灵活的学习时间安排。在外语学习中，这种模式允许学生根据自己的日程灵活安排学习时间，无论是在家里、通勤途中还是在等待的间隙，学生都可以利用手机、平板或电脑等移动设备进行学习。例如，一位忙碌的职场人士可以在晚上或周末通过在线平台观看外语课程视频，进行语言练习或参与在线讨论。这种灵活性不仅使学习者能够更好地平衡工作和学习，也大大提高了学习的可及性和便捷性。通过这种方式，混合学习模式为不同需求的学习者提供了更多学习的机会，使他们能够更有效地利用碎片时间进行外语学习。

三、混合学习课程的参与

在大学外语学习活动中，学习者对混合学习课程的参与可以分为三个阶段，即课前参与阶段、课中参与阶段和课后参与阶段。

（一）课前参与

在混合学习课程的设计与实施中，学生的角色至关重要。他们需要积极参与并适应教师制定的课前设计和实施计划，以确保学习效果的最大化。以下是学习者在混合学习课程中需要做的一些课前准备活动。

1. 积极参与课前预习

学生应主动利用教师提供的在线课程资源进行课前预习，包括浏览教师在教学平台上设置的教学知识页面、观看相关微课程视频和阅读预习材料。积极的预习不仅有助于学生掌握基础知识点，而且为课堂上的深入学习奠定了基础。

例如，如果学生正在学习西班牙语，他们可以预习有关特定时态的语法规则，观看关于日常对话的微课程，或阅读有关西班牙或拉丁美洲文化的文章。这种预习不仅有助于学生掌握基本的语言结构，而且为课堂上的进一步学习打下了坚实的基础。

2. 参与线上讨论与交流

学生应在课程论坛或聊天群中参与教师发布的讨论题目，与同学们共同探讨和交流学习心得。通过这种线上讨论，学生可以更好地理解和消化所学内容，同时还能从同伴那里获得不同的视角和见解。

在外语学习中，线上讨论和交流对于提高语言技能至关重要。学生应积极参与课程论坛或聊天群中的讨论，与同学们交流有关语言学习的体会和疑问。例如，在学习法语时，学生可以在论坛上分享对法国电影的理解，或在聊天群中讨论日常会话中常用的表达方式。这样的线上互动不仅有助于学生深入理解所学内容，还能让他们从同伴那里获得新的观点和见解。

3. 完成在线考试和任务

对于学习者来说，完成在线考试和任务是检验学习成效的重要环节。学生应完成教师设定的各种在线测试，如语法测验、听力理解练习或口语表达任务。这些在线评估活动不仅能帮助教师了解学生的学习进度和理解水平，也使学生能够对自己的语言能力进行自我评估，并在必要时进行调整。

4. 准备面授课程

在面授课程之前，学习者应对所学的内容进行全面复习，并准备参与课堂讨论。例如，在学习德语的面授课程前，学生可以准备关于德国文化的讨论话题，或练习在日常情境下使用德语进行对话。在课堂上，他们应积极参与小组讨论和角色扮演活动，利用这些机会实践和加强语言技能。通过这种方式，学生能够将课前学习的理论知识应用于实际的语言使用场景中，从而提高他们的外语沟通能力。

（二）课中参与

1. 积极参与在线和面授活动

在混合学习模式中，学生的积极参与对于实现有效学习至关重要。在线和面授活动的结合提供了一个全面的学习体验，让学生能够在不同的环境中发展和应用他们的知识和技能。例如，在外语学习的场景中，学生通过小组活动可以与其他学生合作，讨论不同的话题或完成指定的项目。这种互动不仅促进了语言实践，还增强了团队合作能力和沟通技巧。此外，课堂讨论和成果汇报环节使学生能够练习公开演讲和展示技巧，促进学生对学习内容的理解和吸收。积极参与这些活动，学生可以从同伴的观点中学习，也能得到即时的反馈，从而更好地提高自己的语言能力和综合素质。

2. 利用平台资源进行自主学习

混合学习模式中的自主学习部分对于学生而言同样重要。学生应充分利用教师提供的网络资源，如互动教学视频、在线模拟测试和仿真场景等，加深对外语的理解和应用。例如，在学习英语的过程中，学生可以通过在线平台观看不同文化背景下对话场景的视频，然后模拟这些场景进行练习，以提高口语交流能力。这种学习方式使学生能够在真实或模拟的环境中实践语言，增加学习的实用性。此外，通过人机互动和仿真场景的自主学习，学生可以在无压力的环境中自由探索和实践，这不仅提高了学习的趣味性，也增强了学生的学习动力和自信心。

3. 积极反馈和参与课堂管理

学生在混合学习环境中的另一个重要角色是参与课堂管理和提供反馈。例如，作为小组长的学生需要负责协调小组内的活动，确保每个成员都能积极参与并完成分配的任务。这不仅有助于提高小组的整体效率，也能培养学生的领导能力和组织能力。此外，学生在课程中的积极反馈对于教师调整教学策略和改善课程内容非常重要。学生应积极参与课程评价和讨论，提出自己的见解和建议。例如，学生可以反馈哪些教学方法最有效，或者提出改善学习体验的建议。通过这种积极的反馈和参与，学生可以更好地掌握学习过程，提高学习质量。

（三）课后参与

在混合学习课程的课后阶段，学生需要积极参与各种练习和作业，以巩固和扩展课堂上学到的知识。

1. 完成在线和离线的课后练习

学生应充分利用教师通过在线学习系统布置的课后作业资源，包括利用题库练习、完成教师布置的在线作业等。例如，学生可以在学校机房或使用个人设备进行在线单词和语法练习。这种自主学习方式允许学生根据自己的进度和理解程度来选择练习内容，使学习更加个性化和高效。考虑到网络覆盖的局限性，学生还可以利用离线的方式继续学习。例如，将需要的学习材料下载到移动设备上，这样即使没有网络也能进行学习。这种离线学习方式使学生在任何时间和地点都能进行外语学习，增加了学习的灵活性和便捷性。

2. 参与互动式平台的学习活动

学生要积极完成教师利用网络交互式教学平台布置的各种作业，包括传统的写作和语法练习，以及创新的口语和视频对话任务。例如，在学习英语时，学生可以与同伴合作录制一个对话视频来练习口语交际能力。这不仅提高了学生的语言实践能力，还增加了学习的趣味性。学生还要利用在线平台跟踪自己的学习进度和作业完成情况，包括定期查看自己的学习记录、完成情况和教师的反馈，从而及时了解自己的学习成效，找出需要改进的地方，并据此调整学习策略。

第四节 创新技术在大学生外语学习中的应用

在大学生的外语学习过程中，可以应用多种创新技术，特别是互联网技术和人工智能技术，以提高学习效率和互动性。

一、互联网技术

（一）互联网技术概述

1. 互联网技术的起源

互联网技术的起源可以追溯到 20 世纪 60 年代末期，当时 ARPANET 在美国国防部下属的高级研究计划局（ARPA）的资助下创建。这是为了建立一个在核战争中也能保持通信的稳健、分散式网络。

1969 年，ARPANET 的首次实用化测试标志着现代互联网的诞生。此网络最初主要用于科学研究和军事目的，后来逐渐演化成为全球性的信息基础设施。19 世纪 80 年代初，TCP/IP 协议的引入成为现代互联网的基础，而 1991 年蒂姆·伯纳斯－李发明的万维网（WWW）进一步推动了互联网的普及和增长。

2. 互联网技术的发展

互联网从最初的研究和军事用途网络发展成为全球性的信息网络，其发展历程包括商业化、公共访问的开放，以及高速宽带和无线通信技术的普及。20 世纪 90 年代，随着网络的建立和扩展，互联网开始进入商业领域并对公众开放。随后，互联网逐渐成为日常生活的重要组成部分，影响了人类生活的方方面面，包括通信、商业、教育、娱乐等。最近，物联网和云计算的发展进一步拓展了互联网的应用范围，使其渗透到生活的各个方面。

3. 互联网技术的定义

互联网是一个全球性的计算机网络系统，连接着全世界各种不同类型的计算机网络，包括私人、公共、学术、商业和政府网络。通过一套标准的通信协议（TCP/IP），这些网络能够相互连接和交换数据。互联网提供了丰富的信息资源和服务，如网页、电子邮件、社交媒体、在线商务、远程教育和数据共享等，已成为现代社会信息交流和资源共享的重要平台。

4. 互联网技术的现实应用

互联网在现代社会中的应用几乎涵盖了所有领域，包括通信、信息检索、社交媒体、电子商务和教育等。在通信方面，电子邮件、即时消息和视频会议等成为日常沟通的主要方式；Google、百度等搜索引擎提供了快速、便捷的信息检索服务；社交媒体平台，如微信、微博，改变了人们的交流和信息分享方式；电子商务和网络银行让购物和交易变得更加便捷。此外，互联网还极大地影响了教育领域，提供了丰富的在线学习资源和平台。随着物联网和云计算的发展，互联网开始渗透到智能家居、远程医疗和智慧城市等多个领域，极大地提升了生活的便利性和效率。

（二）互联网技术的主要内容

互联网技术涉及的内容繁多，主要可分为以下五种类型，如图 8-3 所示。

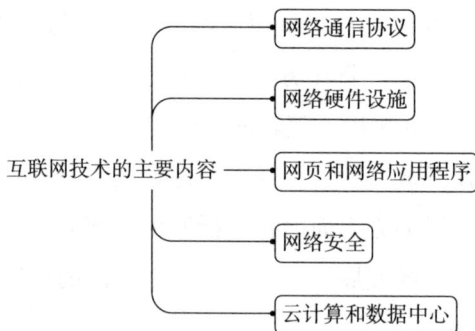

图 8-3　互联网技术的主要内容

1. 网络通信协议

互联网技术的基石是网络通信协议，其中最为核心的是传输控制协议/互联网协议（TCP/IP）。这套协议规定了如何在网络中传输数据。TCP 负责将大块数据分割成小的数据包，确保数据的完整性和顺序。IP 协议则负责数据包的寻址和路由，确保数据包能够找到正确的目的地。这些协议的标准化使得不同类型的计算机和网络设备能够顺畅地交换信息，从而形成全球互联的网络。

2. 网络硬件设施

互联网的物理基础设施包括路由器、交换机、服务器和光缆等硬件设备。路由器和交换机是网络中的核心设备，负责数据包的接收、处理和转发。服务器则提供各种网络服务，如网页托管、数据存储和应用程序运行等。光缆等传输媒介则是数据传输的物理通道，连接着全球范围内的计算机和网络设备，确保数据能够快速、稳定地在世界各地传输。

3.网页和网络应用程序

网页浏览器、网络服务和应用程序接口（API）构成了用户与互联网互动的界面。浏览器使用户能够访问网页内容，为其提供丰富多彩的信息和服务。网络服务，如电子邮件、社交媒体和在线视频流等，已成为人们日常生活的一部分。API则提供了不同软件和服务之间数据交换的通道，允许开发者构建功能更加强大、交互性更高的应用程序。

4.网络安全

随着互联网的普及，网络安全变得愈发重要。加密技术、安全协议（如SSL/TLS）和网络安全工具（如防火墙、VPN）是保护数据传输安全和隐私的关键技术。加密技术保障数据在传输过程中不被窃取或篡改。SSL/TLS等安全协议为网络通信提供了一个加密的通道。防火墙和VPN则用于防止未授权访问和保护用户隐私。

5.云计算和数据中心

云计算和数据中心是现代互联网的重要组成部分，提供了强大的远程存储和处理能力。用户可以通过互联网访问这些资源，而不需要在本地拥有复杂的硬件设施。云服务提供商，如Amazon Web Services、Microsoft Azure和Google Cloud Platform提供了各种计算资源，包括虚拟服务器、数据存储和各种应用程序服务，使得企业和个人能够灵活、高效地使用计算资源，加快了信息技术的创新和应用。

（三）互联网技术在外语学习中的创新应用

1.在线教育平台和课程资源

网易云课堂、学堂在线等在线教育平台提供了丰富的语言学习资源，包括英语、法语、德语等多种语言的基础课程和进阶课程；Bilibili等视频平台上还可以观看语言教学视频，如外语教学博主的视频等，这些资源都能够为学习者提供实用的语言学习技巧和文化背景知识。

2.社交媒体和论坛

学习者可以加入知乎、豆瓣等中文论坛上的语言学习小组，与其他学习者交流经验。在这些平台上，用户可以找到许多语言学习的经验分享、学习方法讨论以及资源推荐；还可以在微博上关注外语教师和语言学习博主，从他们那里获取实用的学习方法和最新的学习资源。

3.语言交换和沟通平台

学习者可以使用微信、QQ 等国内通信软件加入语言学习群组，进行语言交换。在这些群组中，既可以找到想要练习中文的外国人，也可以找到自己想要学习的目标语言的母语者；还可以利用钉钉、腾讯会议等视频会议软件参与在线语言学习小组，通过视频交流实践语言技能，提高口语表达和听力理解能力。

4.在线词典和翻译工具

可以使用金山词霸、有道词典等翻译工具来帮助理解外语材料。这些工具提供单词翻译、例句、发音等多种功能，能帮助学习者更好地理解和记忆新单词；还可以利用百度翻译、腾讯翻译君等在线翻译服务进行句子或段落的翻译，帮助理解复杂的外文材料。

5.数字化阅读和听力材料

可以在中文电子书平台，如京东读书、掌阅等阅读外文电子书籍，提高阅读理解能力。这些平台提供了大量的外文原版书籍，适合不同水平的学习者；还可以听喜马拉雅、荔枝 FM 等播客平台上的外语节目，加强听力和语感。这些平台上有各种外语教学节目、原声广播剧等，适合听力练习和学习发音。

二、人工智能技术

（一）人工智能的定义和分类

人工智能是计算机科学的一个分支，它试图理解、模拟和复制人类智能的各个方面，包括但不限于认知、感知、逻辑推理、解决问题、学习和适应等。简言之，人工智能旨在创建能够执行需要人类智能的任务的机器或软件。人工智能可以分为以下两大类。

1.窄域（或弱）AI

窄域 AI 是目前应用最为广泛的 AI 类型，它被设计和训练来执行特定任务或解决特定问题。由于其专注于单一或少数任务，窄域 AI 通常不具备通用的推理能力或全方位的学习能力。例如，搜索引擎算法就是为了帮助用户快速找到相关信息而优化的；语音识别软件，如苹果电子产品中的 Siri 和小米旗下的小爱同学则是专门为了理解和执行语音指令而设计的。

在医疗领域，窄域 AI 可以用于影像分析，识别癌细胞或其他异常结构。在金融领域，它能进行风险评估、自动交易等。在物流和制造业，窄域 AI 可以用于优化供应链、预测设备维护需要，从而提高效率。在自动驾驶技术中，窄域 AI 被用于识别路标、其他车辆和行人，以确保安全行驶。尽管窄域 AI 在特定任务上表现出色，但它们通常无法进行跨任务学习或自我改进，需要人为地进行训练和调整。

2.通用（或强）AI

与窄域 AI 不同，通用 AI 的目标是创建一个能够执行任何智能任务的系统，这些任务通常需要人类智能来完成。理论上，通用 AI 应具备各种各样的能力，包括推理、问题解决、知觉、语言理解，甚至可能包括自我意识和情感理解。通用 AI 的一个核心挑战是"转移学习"，即将在一个任务或领域中学到的知识应用到其他任务或领域。这是人类智能中非常自然的一个方面，但对于现有的 AI 技术来说却极其困难。

目前，通用 AI 还是一个远期目标，科学家们正在多个方向上进行研究，以期能够模仿或复制人类的全面智能，包括认知建模、多模态感知、自适应学习算法等。尽管有一些初步的突破，如 GPT-3 等自然语言生成模型在多个任务上表现出一定的灵活性，但距离实现真正的通用 AI 还有很长的路要走。

（二）人工智能技术的主要内容

人工智能的实现主要依赖于多种技术和方法，其中包括机器学习（尤其是深度学习）、自然语言处理、计算机视觉、语音识别、专家系统、强化学习等，如图8-4所示。

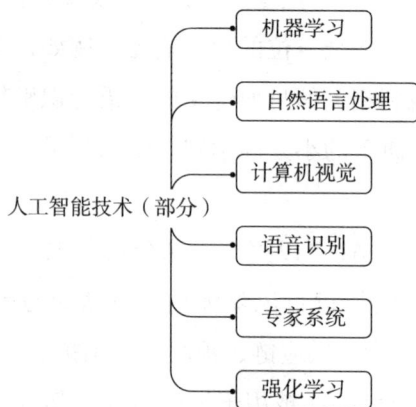

人工智能技术（部分）

- 机器学习
- 自然语言处理
- 计算机视觉
- 语音识别
- 专家系统
- 强化学习

图8-4　人工智能技术（部分）

1.机器学习（尤其是深度学习）

机器学习是人工智能的一个子领域，它让计算机系统具备从数据中学习的能力，而不是仅通过明确的程序指令来执行任务。深度学习是机器学习中的一个分支，它试图使用类似于人脑的神经网络来解析各种形式的数据。深度学习算法包括卷积神经网络用于图像识别，循环神经网络用于时间序列数据，以及变分自编码器用于生成模型等。这些算法已经在多个应用场景中取得了突破，如自动驾驶、医疗诊断、自然语言处理和游戏。

2.自然语言处理

自然语言处理是一门交叉学科，涉及语言学、计算机科学和人工智能，旨在使计算机能够理解、解释和生成人类语言。这不仅包括基础任务，如词性标注、命名实体识别和句法解析，还包括复杂任务，如情感分析、机器翻译和问答系统。自然语言处理技术已广泛应用于聊天机器人、自动摘要生成、语音助手等。

3. 计算机视觉

计算机视觉不仅关注如何让机器"看"，更关注如何让机器"理解"视觉数据。这其中包括各种级别的任务，从低级的像素操作到高级的对象识别、追踪，甚至到场景重构。例如，在自动驾驶汽车中，计算机视觉技术能够实时识别和跟踪周围的车辆、行人，甚至是交通信号。在医疗诊断中，计算机视觉应用可以从医疗图像（X 光、MRI 等）中自动检测和诊断疾病。除此之外，计算机视觉也在零售、制造和农业等多个行业实现了应用，如通过图像识别技术进行库存管理或疾病检测。

4. 语音识别

语音识别的进展十分惊人，特别是在深度学习算法得到广泛应用之后。它不仅用于识别单个词或短语，还能理解更复杂的自然语言对话。在消费者电子产品中，如智能音箱、手机等，语音识别已经成为一项基础功能。商业领域也在逐渐采用这项技术。例如，在呼叫中心，语音识别技术可以用来自动处理客户服务请求，极大地提高了效率。语音识别的核心挑战之一是消除背景噪声和方言、口音的影响，以达到更高的准确率。近年来，使用深度神经网络，特别是循环神经网络和长短时记忆网络已经取得了显著进展。

5. 专家系统

专家系统尝试模拟人类专家的决策能力，以解决特定领域内的复杂问题。这通常涉及使用"if-then"规则或更复杂的推理算法。这些系统广泛应用于金融市场分析、医疗诊断、工程设计和更多领域。例如，在金融领域，专家系统可以用于信贷评估，通过分析个人的财务状况、历史记录和其他相关因素来决定贷款的可行性。不过，随着机器学习和数据挖掘技术的发展，专家系统也在逐渐融合这些先进技术，以提高其准确性和可靠性。

6.强化学习

强化学习（RL）是一种特殊类型的机器学习，它允许模型通过与环境的交互来学习。不同于监督学习，强化学习不需要带标签的数据集，它是通过试错来学习的。这使得RL非常适用于那些难以手动编程解决的问题，如机器人导航、游戏策略优化等。在强化学习的应用中，AlphaGo是一个很好的例子。它通过与自己和其他强大的围棋选手对战，不断调整策略，最终击败了世界级的围棋冠军。这展示了强化学习在解决高度复杂和不确定问题方面的巨大潜力。

（三）人工智能技术在外语学习中的创新应用

人工智能技术在外语学习中的创新应用如图8-5所示。

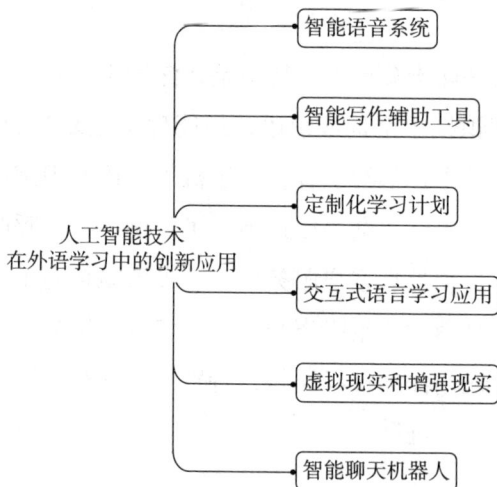

图8-5　人工智能技术在外语学习中的创新应用

1.智能语音系统

（1）扩展学习方式和时间。人工智能技术，尤其是智能语音系统在外语学习中的运用，为学生提供了更加灵活多样的学习途径。传统的外语口语训练通常局限于课堂互动或面对面的沟通，但随着智能语音技术的应用，学生现在可以在任何时间和地点进行自我训练。这种技术的运用不仅打破了学习场所和时间的限制，还提高了学习的可及性和便利性。智能语音系统使得学生能够在私人空间中自主练习，无需担心外界干扰或自身隐私问题。

（2）即时反馈与个性化学习。智能语音系统的另一个显著优势在于其能够提供及时且个性化的反馈。系统不仅关注学生发音的准确度，还涵盖口语的连贯性、语调和重音等多个方面。这些综合的评价指标使学习过程更加精准和高效。个性化反馈针对每个学生的特定需求和弱点，使得学习过程更加符合个性化需求。通过系统的综合评估，学生能够清晰地认识到自己在外语口语方面的具体弱点，从而有针对性地进行改进和提升。总体来说，智能语音技术的应用在外语学习中增加了一种动态的、交互性强的学习元素，极大地提升了学习效果和体验。

2. 智能写作辅助工具

智能写作辅助工具的应用在外语学习领域的进步是显著的。这些工具，如写作机器人，利用先进的人工智能技术，能够即时识别和纠正学习者在写作中的语法、拼写以及句式结构错误。它们的核心优势在于其算法，这些算法不仅仅是简单的错误检测工具，而是能够深入分析学习者的写作风格，提供定制化的改进建议。例如，这些工具不仅能指出一个句子中的语法错误，还能提供更好的词汇选择或更流畅的句子结构选项。

除此之外，这些工具还能帮助学习者了解和使用复杂的语法结构，从而提高他们的写作技能。在写作练习中，它们能提供全面的反馈，帮助学习者理解哪里出错以及如何改进。这样的反馈既不限于文法纠正，还包括风格改进、语义清晰度以及语境适宜性等方面。这种即时和全面的反馈，对于学习者来说是极其宝贵的，因为它提供了一个持续的学习过程，而非孤立的错误纠正。

3. 定制化学习计划

定制化学习计划通过机器学习算法的应用，提供了一种高效、个性化的学习方法。这些算法可以根据学习者的进度、学习历史和偏好，自动创建和调整学习计划和课程。如果一个学生在某个特定的语言技能上表现不佳，如阅读理解或听力，系统就会自动推荐相关的练习和资源。这种个性化的学习方法使得学习过程更加贴近学生的实际需求，从而大大提高了学习效率。此外，这些计划还可以根据学生的反馈进行调整，确保课程内容始终符合学生的学习进度和能力水平。学习者通过这种方法不仅能够在自己薄弱的领域得到加强，还能在已经掌握的领域得到巩固和深化。

4. 交互式语言学习应用

在中国，类似于 Duolingo 或 Babbel 的交互式语言学习应用，如"沪江开心词场"和"百词斩"，利用了人工智能技术来提供游戏化的学习体验。这些应用结合了语音识别技术，不仅能够评估学习者的发音准确性，还能提供即时的反馈和改进建议。此外，它们还运用了重复记忆和间隔重复等高效记忆技术，帮助学习者更好地记住新词汇和语法结构。

这种应用的优势在于其互动性和趣味性，能够激发学习者的兴趣，提高学习者的学习动力。学习者可以通过完成各种任务和挑战来积累积分，解锁新的学习内容，从而在轻松愉快的环境中提升语言能力。这种形式的学习特别适合初学者和需要持续激励的学习者，因为它把学习变成了一种有趣的活动，而非单调的任务。

5. 虚拟现实和增强现实

虚拟现实（VR）和增强现实（AR）技术在外语学习中的应用也日益增多。例如，学习者可以通过佩戴 VR 头盔，进入一个以目标外语为母语的虚拟国家中，与虚拟角色用外语进行互动。这种沉浸式体验有助于增强学生对语言环境的适应能力，并提高他们的语言应用技能。同样，AR 技术也被应用于语言学习。例如，在看到某个物品时，AR 应用可以显示出该物品的英文名称和相关短语。这种交互方式使学习更加直观和实用，学生能在日常生活中自然而然地学习和应用新词语。

6.智能聊天机器人

智能聊天机器人在中国外语学习领域的应用也日益普及，如小爱同学和微软小冰。这些聊天机器人通过自然语言处理技术，可以与学习者进行流畅的对话，从而提供了一个练习外语口语的绝佳平台。学习者可以通过与机器人进行日常对话，练习常用表达和提问，从而在实际交流中提高口语能力。这些智能聊天机器人的另一个优点是提供了一个无压力的学习环境。不同于与真人交流可能带来的紧张感，机器人提供了一个更为私密和放松的练习环境。学习者可以在不担心被评判的情况下练习外语，这对于初学者或自信心不足的学习者尤为重要。此外，机器人还能根据学习者的问题提供即时反馈和建议，有助于学习者及时改正错误并提升语言技能。

智能聊天机器人还能为学习者提供有关目标语言和文化的信息。例如，学习者可以询问机器人关于特定国家的文化习俗、节日、风俗等，从而在语言学习的同时增强对该语言背后文化的理解和兴趣。这种综合性的学习方式不仅有助于提高语言技能，还能培养学习者的跨文化交际能力。

参考文献

[1] 孙田. 外语学习理论与方法教程 [M]. 芜湖：安徽师范大学出版社，2017.

[2] 崔刚. 外语学习的心理与神经理论 [M]. 南宁：广西教育出版社，2021.

[3] 肖巧萍. 外语学习策略理论与实践研究 [M]. 太原：山西人民出版社，2013.

[4] 王志敏. 外语学习动机激发策略的理论与实证研究 [M]. 北京：光明日报出版社，2015.

[5] 干静枫，肖末. 移动外语学习的理论和实践研究 [M]. 北京：中国原子能出版社，2016.

[6] 于元芳. 外语学习策略理论与实践研究 [M]. 长春：东北师范大学出版社，2016.

[7] 徐锦芬. 大学外语自主学习理论与实践 [M]. 北京：中国社会科学出版社，2007.

[8] 朱晓申，邓天中，等. 交互性外语教学：理论与实践 [M]. 上海：上海外语教育出版社，2007.

[9] 尹晓琴. "互联网 +"时代外语学习信息素养 [M]. 青岛：中国海洋大学出版社，2022.

[10] 顾伟勤，秦悦，葛现茹，等.多外语学习的语言习得原理、认知规律及学习方法研究 [M].上海：上海教育出版社，2011.

[11] 王俊，钟正，靳帅贞，等.生态和社会文化视角下元宇宙赋能外语学习初探 [J].教育评论，2022（12）：3-9.

[12] 束定芳.语言、外语学习与外语教育生态系统 [J].当代外语研究，2022（1）：5-6，11.

[13] 宛风庆.大学生自主外语学习在线教学策略探究：以商务英语为例 [J].科教文汇（上旬刊），2021（1）：173-175.

[14] 吴旻泽，朱振雷.基于外语学习动机的高职院校英语语音教学提升策略 [J].连云港职业技术学院学报，2020，33（4）：84-86.

[15] 杨楠.教师多模态课堂话语与外语学习动机相关性的行动研究 [J].黑龙江教育（理论与实践），2019（9）：76-78.

[16] 陈晗霖.多维度立体感知外语学习的方法探究：评《多模态话语分析理论与外语教学》[J].中国教育学刊，2019（8）：143.

[17] 王立德.外语学习中的生态语言观形成研究 [J].黑龙江工业学院学报（综合版），2019，19（7）：119-124.

[18] 姚思敏.语言测试对外语学习动机的反拨效应及教学启示 [J].长春教育学院学报，2019，35（3）：42-46.

[19] 黄文红.外语学习文化概念及对中国特色外语教学理论构建的启示 [J].考试与评价（大学外语教研版），2019（1）：17-21.

[20] 马晶.外语学习动机及其对外语教学的影响 [J].佳木斯职业学院学报，2018（11）：275-276.

[21] 江世勇，杨东.论 E-learning 环境下外语学习的变革及其复杂生态系统 [J].黑龙江工业学院学报（综合版），2018，18（9）：103-107.

[22] 赵文璐，许睿.自我的形成过程对期望价值理论的影响及其在外语学习行为选择中的应用 [J].现代职业教育，2018（25）：26-28.

[23] 韦豪.高中生外语自主学习动机研究 [J].佳木斯职业学院学报，2018

（8）：416.

[24] 赵婴，俞芹.跨文化视频会议对外语学习动机的影响：以跨文化交际课程为例 [J].现代教育技术，2018，28（5）：82-88.

[25] 刘昕.基于翻转课堂的大学外语学习方式变化分析 [J].安徽文学（下半月），2018（4）：109-110.

[26] 张航，王红如，董欣，等.手持终端的移动学习模式在 ESP 医学外语学习中的积极作用 [J].价值工程，2018，37（9）：151-152.

[27] 米春艳.活动理论视角下的移动外语学习体验：基于手机短信辅助词汇学习的实证研究 [J].张家口职业技术学院学报，2018，31（1）：74-75.

[28] 初春玲，王志军.建构理念下多模态外语学习效果的实证研究 [J].湖北经济学院学报（人文社会科学版），2018，15（2）：154-157.

[29] 史利红.国内外二语习得中的自我效能研究 [J].北京印刷学院学报，2017，25（7）：58-60.

[30] 杨天娇.新媒体时期外语学习范式转型：兼谈外语教育技术学科性 [J].辽宁广播电视大学学报，2017（4）：48-49.

[31] 束定芳.外语学习中的使用与记忆：桂诗春先生关于外语学习的再思考 [J].现代外语，2017，40（6）：861-866.

[32] 曾爽.共创性学习理论视野下的网络外语学习 [J].外国语文，2017，33（3）：143-148.

[33] 陈雪，周若潇.外语学习理论流派及其对教学设计的影响 [J].太原城市职业技术学院学报，2017（4）：92-94.

[34] 周翔.二语习得理论对外语教学的启发 [J].开封教育学院学报，2017，37（2）：85-86.

[35] 关合凤，王永亮.动机理论与教学实践的融合：兼评《动机与外语学习：从理论到实践》[J].安徽文学（下半月），2017（1）：148-149.

[36] 卓之会，李顺才.浅谈动机理论及其对外语学习的影响 [J].海外外语，

2016（23）：94-96.

[37] 李程程 .MOOC 在我国外语学习环境下的现状研究 [J]. 语文学刊（外语教育教学），2016（8）：163-166.

[38] 姚宁 . 浅谈外语学习初级阶段教师如何发挥其引导作用：来自班杜拉社会学习理论的启示 [J]. 教育教学论坛，2016（18）：226-227.

[39] 刘会英 . 深层外语学习法述介：课程论的视角 [J]. 广东外语外贸大学学报，2016，27（2）：138-144.

[40] 王韵 . 飞行技术专业学生英语学习的动机形成：以 Dornyei 外语学习动机理论为视角 [J]. 亚太教育，2016（1）：144-145.

[41] 陈意德 . 言说理论视野中的外语课堂二语习得 [J]. 学海，2015（6）：157-161.

[42] 常丽，高凤兰 . 现代外语学习理论的哲学思考 [J]. 黑龙江高教研究，2015（9）：61-63.

[43] 赵鸣霄，张立杰 . 二语习得学习负动机研究述评 [J]. 湖北函授大学学报，2015，28（12）：158-159.

[44] 陈晓彤 . 二语习得学习动机研究的新发展 [J]. 重庆广播电视大学学报，2015，27（3）：74-80.

[45] 阎晓雨 . 基于 MOOCs 样态的外语学习模式建构 [J]. 亚太教育，2015（16）：96-97.

[46] 王洁欣，张枫，崔伟丽 . 河北省大学生移动外语学习调查研究 [J]. 高教学刊，2015（9）：20-21.

[47] 王琦，孙健，赵越，等 . 外语学习中艺体专业学生个体差异的理论研究 [J]. 林区教学，2015（4）：34-36.

[48] 刘景 . 关注艺术专业大学生外语学习中情感因素的必要性研究 [J]. 知识经济，2015（6）：164.

[49] 王治琴 . 认知语言学在外语学习中的应用 [J]. 上海电力学院学报，2014，31（增刊2）：130-132.

[50] 张晨洁. 谈外语学习动机及其教育学意义 [J]. 才智，2014（28）：24-25.

[51] 李江骅. 体验哲学与外语学习 [J]. 遵义师范学院学报，2014，16（4）：36-38，75.

[52] 高丽娟. 基于 Dornyei 外语学习动机三维构建理论对汉语作为第二语言教学模式的研究 [J]. 宁波教育学院学报，2014，16（4）：58-60，68.

[53] 曹凤静. 归因理论视域下影响二语习得的非智力因素探讨 [J]. 辽宁师范大学学报（社会科学版），2014，37（4）：521-524.

[54] 叶薇. 从需求层次理论看外语学习需要：经典理论与本土研究的融合 [J]. 渭南师范学院学报，2014，29（12）：38-40.

[55] 郭爱萍，李壮爱. 外语学习中英汉博弈的动态系统理论分析 [J]. 西安外国语大学学报，2014，22（2）：5-8.

[56] 宁毅. 外语学习中的"反射输入"理论的提出及其在外语教学中的应用 [J]. 中国成人教育，2014（8）：142-144.

[57] 程娥. 浅析二语习得中的动机理论 [J]. 科技信息，2014（7）：140-141.

[58] 李兴忠. 外语学习中隐喻思维模式的构建 [J]. 广东农工商职业技术学院学报，2014，30（1）：80-82.

[59] 古隆梅. 人本主义视野下高职学生外语学习焦虑探究及应对策略 [J]. 长沙铁道学院学报（社会科学版），2014，15（1）：269-271.

[60] 徐建. 二语习得输入强化理论及国内外研究综述 [J]. 漯河职业技术学院学报，2014，13（1）：162-164.

[61] 李成臻. 职业院校外语专业大学生婚育观现状研究 [J]. 秦智，2023（9）：157-159.

[62] 张茜，王建华. 教师支持与大学生外语学习投入的关系探究：学业情绪的多重中介作用 [J]. 中国外语，2023，20（5）：69-77.

[63] 王英娜，田芃，朴冬云，等.大学生英语网课学习焦虑影响因素及应对策略研究 [J].吉林省教育学院学报，2023，39（7）：118-123.

[64] 王莉.高职高专院校大学生英语学习焦虑多维度调查分析：基于移动教学平台的翻转课堂实证研究 [J].现代职业教育，2023（18）：133-136.

[65] 孙一帆，张艺馨，李其文，等.东北高校大学生外语学习状况调查研究 [J].吉林省教育学院学报，2023，39（6）：161-168.

[66] 菅爽，郜俊茹，崔奇.外语慕课环境下大学生自主学习策略研究 [J].海外外语，2023（6）：163-165.

[67] 程盈.大学生外语学习焦虑的年级差异研究 [J].林区教学，2023（3）：73-77.

[68] 许诺.非英语专业大学生外语学习焦虑与外语学习成绩的关系研究 [J].林区教学，2023（3）：78-82.

[69] 徐晶晶.新文科视域下大学生外语自主学习能力的内涵及挑战 [J].现代职业教育，2023（7）：169-172.

[70] 陆道恩，张燕琳.在线学习环境下大学生学业自我效能感对外语学习投入的影响研究 [J].大学，2022（34）：193-196.

[71] 张婷婷.大学生自我效能感、外语学习焦虑与学习倦怠的关系实证研究 [J].西南交通大学学报（社会科学版），2022，23（6）：55-64.

[72] 程艳.大学生英语交际意愿、外语焦虑和教师即时行为关系研究 [J].巢湖学院学报，2022，24（6）：143-150.

[73] 安琪，张晓鹏.中美英三国大学生外语学习动机对比研究 [J].解放军外国语学院学报，2022，45（5）：68-76，161.

[74] 安琪，张晓鹏.中美英大学生外语学习动机结构研究 [J].外语界，2022（3）：61-69，88.

[75] 王宗英，黄志芳.大学生外语在线学习投入水平及影响因素实证研究 [J].高教论坛，2022（7）：28-31.

[76] 陈忆浓，张玉双．虚拟仿真实验教学对本科生外语学习绩效的影响机制研究 [J]．外语电化教学，2022（3）：52−57，110.

[77] 代建轲，林墨丞，林雨彬．当前非英语专业本科生英语学习需求状况及大学英语教学现状分析：以福州外语外贸学院为例 [J]．现代英语，2022（11）：119−122.

[78] 李欣，刘睿．信息化背景下二语习得与外语教学改革的研究：评《二语习得内容与形式的认知研究》[J]．人民长江，2022，53（2）：225.

[79] 惠良虹，王勃然．大学生数字原住民特征对在线英语学习投入的影响研究 [J]．外语界，2022（1）：83−91.

[80] 尹贞姬，苏君业．基于叙事视角的大学生外语学习行为分析研究 [J]．大连大学学报，2022，43（1）：122−128，133.